Give Yourself a Nudge
더 똑똑한 결정을 위한 넛지

더 똑똑한 결정을 위한 넛지

초판 1쇄 인쇄일 2021년 1월 11일 **초판 1쇄 발행일** 2021년 1월 15일

지은이 랠프 L. 키니 | **옮긴이** 조미현
펴낸이 박재환 | **편집** 유은재 | **관리** 조영란
펴낸곳 에코리브르 | **주소** 서울시 마포구 동교로15길 34 3층(04003) | **전화** 702-2530 | **팩스** 702-2532
이메일 ecolivres@hanmail.net | **블로그** http://blog.naver.com/ecolivres
출판등록 2001년 5월 7일 제201-10-2147호
종이 세종페이퍼 | **인쇄·제본** 상지사 P&B

ISBN 978-89-6263-217-0 03320

책값은 뒤표지에 있습니다. 잘못된 책은 구입한 곳에서 바꿔드립니다.

더 똑똑한

결정을 위한 넛지

랠프 L. 키니 지음 | 조미현 옮김

에코리브르

더 나은 결정을 내리는 일의 중요성을 인식하도록 수백만 명에게 영향을 주었고,

그들의 그러한 욕망과 결의를 높이는 데 핵심 역할을 한

대니얼 카너먼, 아모스 트버스키, 리처드 탈러, 하워드 라이파, 댄 애리얼리에게.

차례

머리말

당신은 더 좋은 의사 결정자가 될 수 있다. 지금 당신이 얼마나 결정을 잘하고 있는지는 상관없다. 의사 결정 기술을 향상시키려면 약간의 시간을 들일 가치가 있다. 왜냐하면 당신이 삶에서 어떤 것에 의도적으로 영향을 줄 수 있는 방법은 오직 결정에 의해 가능하기 때문이다. 삶에서 나머지는 그냥 일어난다. 이 책은 당신이 의사 결정 능력을 높이도록 안내할 실질적 개념과 유용한 절차를 제시하려 한다. 당신이 회사를 운영하거나, 가정을 꾸리거나, 악기를 연주하거나, 운동을 하거나, 요리를 하거나, 기금에 투자하거나, 글을 쓰거나, 그 밖에 어떤 일을 하는 데 필요한 뛰어난 기술을 갖고 있다 하더라도, 어떤 결정을 내리기 전까지는 당신은 물론 다른 어느 누구도 당신의 능력으로부터 혜택을 보지 못한다. 당신이 이를테면 특별한 가족 모임을 갖거나, 여행을 떠나거나, 친구들과 단체 또는 동호회에 참여하거나, 다른 사람을 돕는 비영리 단체에 시간과 노력을 들이는 활동을 엄청나게 좋아하더라도, 만일 당신이 이런 활동을 하겠다는 결정을 내리지 않는다면 아무 일도 일어나지 않는다. 그러니까 당신은 결정을 내려야 하고, 더 나은 결정을 내리면 내릴수록 당신의 삶과 일을 더 많이 즐길 수 있으며, 다른 이들의 삶에도 더 많이 기여할 수 있을 것이다.

나는 오랜 시간을 개인 및 단체가 더 나은 결정을 내리도록 돕는 데 바쳐왔다. 경력으로는 세 대학의 교수, 결정 및 리스크 분석 팀을 이끄는 엔지니어링 회사의 부대표, 국내외 기업과 정부의 개인 컨설턴트를 역임했다. 대학에서 가르치고 기관에 프로그램을 제공할 때 나의 목표는 더 나은 결정을 내리기 위한 실질적 절차를 제공하는 것, 그리고 참가자들이 그것을 자신이 직면한 개인적·조직적 결정에 적용하도록 돕는 것이다. 기업이나 정부 기관을 위해 컨설팅할 때는 집단이 이런 똑같은 절차를 굵직한 결정에 활용하도록 돕는다.

물론 나는 그 어떤 결정도 직접 내리지 않으며, 어떤 분석이 하나의 결정을 도출하도록 하지도 않는다. 개인이나 조직과 작업하는 모든 경우에 나의 목적은 고려 중인 결정을 더 잘 이해하고 통찰하도록 정보를 개발하는 데 있다. 바로 그 새로운 정보가 의사 결정자로 하여금 더 나은 결정을 내리도록 안내하는 넛지(nudge)다. 이 책은 당신이 더 나은 결정을 내리도록 자신에게 넛지하는 데 사용할 수 있는 실질적 절차에 관한 것이다.

의사 결정자들(당신과 나, 기업, 정부 기관, 그 외 단체)이 우리 자신이나 조직에 최상의 이익이 되는 결정을 내리지 않을 때가 많다는 사실은 현재 익히 알려져 있다. 대니얼 카너먼(Daniel Kahneman)과 아모스 트버스키(Amos Tversky)로 대표되는 심리학자들은 의사 결정에서 많은 단점의 원인이 되는 다양한 편향을 찾아냈다. 지난 몇십 년간 행동경제학 분야의 연구자 및 현역 종사자 다수는 이런 단점이 거의 모든 결정과 관련되어 있음을 입증해왔다. 근본적으로 의사 결정자의 대안 선택은 여러 대안의 잠재적 영향보다는 결정을 어떻게 정의하느냐와 그 대안들을 어떻게 제시하고 인식하느냐에 따라 상당히 달라진다. 우리는 더 나은—훨씬 더 나은—결정을 내릴 수 있으며 그래야만 한다.

리처드 탈러(Richard Thaler)와 캐스 선스타인(Cass Sunstein)은 2008년 저서 《넛지》[1]에서 개인들이 자연스러운 결정 과정을 통해 자신의 삶에 엄청나게 부정적 영향을 미치는 열등한 대안을 수시로 선택하는 많은 결정을 보여주었다. 그들은 또한 '넛지'라는 용어를 소개하고, 이 개념의 쓰임새가 개인들이 더 나은 결정을 내리는 데 상당한 영향을 미친다는 것을 입증했다. 넛지에는 의사 결정자의 이익을 가장 잘 달성할 수 있는 대안을 선택하는 방향으로 그 또는 그녀를 밀어붙이려는 목적을 가지고 어떤 결정을 위한 대안을 그 의사 결정자한테 제시하는 설계가 포함된다. 이 책에서 그들은 권력 기관(authority)—예를 들어 정부 기관, 단체 또는 책임자—이 다른 의사 결정자가 골라야 할 대안을 제시하는 책임을 지는 결정에 초점을 맞추었다. 이 개념은 선택 양식(choice architecture)과 자유주의적 개입주의(libertarian paternalism)로 지칭되는 2개의 원칙에 바탕을 두고 있다. 선택 양식이란 의사 결정자에게 대안을 제시하는 방식의 선택을 말한다. 자유주의적 개입주의란 의사 결정자들이 정의하는 대로 상황을 개선하는 더 나은 선택을 하도록 그들에게 넛지하는 한편 그들의 선택권도 유지하는 것을 가리킨다.

탈러와 선스타인의 넛지 개념은 지난 10년 동안 전 세계 수많은 권력 기관에 의해 널리 실행되었다.[2] 전체적으로 이것은 많은 나라에서 수백만 명의 개인에게 긍정적 영향을 미쳤다. 넛지는 영양 개선, 은퇴 대비 저축액 증가, 교통사고 감소, 오염 감소, 고졸자의 대학 진학률 증가로 이어졌다.

지금까지는 직면한 결정을 파악하거나 의사 결정자한테 대안을 제시해야 하는 권력 기관이 부재한 결정에는 넛지 개념을 적용한 적이 없었다. 여기에는 개인이나 기업 또는 정부가 마주치는 특정한 결정이 모두 포함된다. 이런 중요한 결정의 경우, 그 결정의 틀을 짜고 대안을 제시하는 일은 의사 결정자 본인이 해야 한다.

이 책은 넛지 개념을 당신 자신의 결정에 어떻게 활용할지 알려준다. 당신이 더 나은 결정을 내리는 데 도움을 줄 수 있는 여러 다른 종류의 개인적 넛지를 설명하고 보여준다. 이러한 넛지의 바탕은 당신이 직면한 결정을 명확히 정의하고, 그 결정을 내림으로써 당신이 무엇을 달성하고 싶은지를 철저히 표현하고, 고려할 만한 더욱 좋은 대안을 창출하고, 대면해야 할 더욱 바람직한 결정을 신중하게 파악하는 것이다. 개별적인 넛지는 당신의 모든 결정에 적용할 수 있다.

탈러와 선스타인은 책의 말미에서 이렇게 말한다. "선택 양식에 대한 이해와 넛지의 힘으로 다른 사람들이 그 밖의 영역에서도 인류의 삶을 개선할 창의적 방식을 생각해냈으면 하는 것이 우리의 가장 큰 바람이다."[3] 나는 이 책의 생각이 그들의 바람에 부합한다고 믿는다.

특정 결정에 대해 당신 자신에게 넛지할지 여부는 그 자체로는 소소한 결정이다. 넛지를 창출하려면 집중적 사고의 시간이 어느 정도 필요하기 때문이다. 문제는 이 시간의 사용이 내려진 결정의 개선된 결과로 보상을 받느냐는 것이다. 즐거움은 더하고 스트레스는 덜한 2주간의 휴가 또는 출장을 만들어줄 더 나은 항공 스케줄을 고르는 데 30분을 쏟을 가치가 있을까? 당신의 기동성을 수년간 제한할지도 모를 질병에 확연히 다른 세 가지 치료법이 미치는 영향을 이해하는 데 며칠을 바칠 가치가 있을까? 직원이 100명인 당신 회사에 맞는 시내의 고급 사무실을 고르는 데 3개월간 공들일 가치가 있을까? 이상은 내가 보기에 집중적으로 생각할 가치가 있는 결정이다. 우리 모두 이런 결정에 많이 직면한다. 이 책은 생각할 가치가 있는 결정에 직면했을 때 무엇에 대해 고민해야 하는지, 더 나은 결정을 내리도록 자신한테 강하게 넛지하려면 정확히 어떻게 해야 하는지 설명한다.

연습이 중요하다. 자신에게 넛지를 시도하는 최초의 결정이 당신이 마주친 가장 복잡한 결정이어서는 안 된다. 5~15분의 적절한 시간을 투자해야 하는 결정이 바람직하다. 어느 정도의 기술을 요하는 특정한 실제 과제는 당신이 처음 수행해보는 것일 터이다. 이 과제를 해나가면서 결정에 관한 유용한 생각을 조금 갖게 되겠지만, 당신의 노력을 정당화할 만큼 충분히 값진 것이었는지는 잘 모를 수도 있다. 하지만 기억하라, 새로운 생각과 절차를 처음으로 사용해봤다는 것을. 어떤 기술이든 개발하려면 연습이 필요하다. 스스로에게 넛지하는 매 순간이 틀림없이 당신의 결정에 긍정적 영향을 미칠 것이며, 당신의 넛지 창출 기술을 향상시키는 연습이 될 것이다. 연습과 더불어 당신은 훨씬 더 나아질 테고, 더욱 효율적이 될 것이며, 당신이 직면하는 결정 하나하나를 위한 넛지는 분명 그만한 가치가 있을 것이다.

감사의 글

결정은 내 인생의 모든 측면에 아주 중요한 영향을 미쳤다. 나는 많은 친구, 스승, 동료, 가족과 결정 및 의사 결정에 대해 생각하고 얘기를 나눠왔다. 그리고 그들 모두로부터 배웠다. 나는 많은 조직을 상대로 기업 및 정부의 결정에 관한 컨설팅을 해왔다. 그리고 예상대로 함께 작업한 동료와 고객들로부터 배웠다. 내가 진심으로 감사하는 그들 모두가 이 책의 아이디어와 개념 그리고 진행에 도움을 주었다.

인구가 약 7000명인 몬태나(Montana)주의 소도시 루이스타운(Lewistown)에서 자라던 시절, 나의 어머니 앤 키니(Anne Keeney)는 내가 스스로 결정을 내리고 그 결과를 경험하게 하는 막대한 자유를 주셨다. 그래서 어릴 때부터 나는 결정을 내린다는 게 말썽을 부리거나 다른 이들을 괴롭히지 않는 한 원하는 걸 할 수 있는 힘을 부여한다는 사실을 깨달았고, 이것을 잘하는 방법을 익히는 데 공을 들였다. 내가 보기에 좋은 의사 결정은 확실히 즐겁고 가치 있는 삶의 열쇠였다.

학부 때 나는 공학을 전공했다. 테크놀로지 및 적용에 관한 지식과 그것이 작동하도록 만드는 결정 사이의 균형을 요하는 학문이었기 때문이다. 대학원 때 MIT에서 석사 논문 지도교수인 앨 드레이크(Al Drake)와 정식으로 의사 결정에 대해 공부하기 시작했다. 얼마 지나지 않아 하버드 대학의 하워드 라이파(Howard Raiffa)를 만났는데, 그는 다중 목표가 있는 결정을 주제로 한 내 박사 논문의 지도교수가 되었다. 영광스럽게도 나는 하워드와 함께 연구하며 계속 배웠고, 그가 세상을 떠난 2016년까지 특별한 친분을 누렸다. 아울러 데틀로프 폰 빈터펠트(Detlof von Winterfeldt), 데이비드 벨(David Bell), 로빈 그레고리(Robin Gregory), 팀 맥대니얼스(Tim McDaniels), 크레이그 커크우드(Craig Kirkwood), 로버트 윙클러(Robert Winkler), 폴 슬로빅(Paul Slovic), 존 해먼드(John Hammond), 리처드 존(Richard John), 요하네스 시버트(Johannes Siebert)와 오랜 시간 개인적·직업적 영역이 결합된 관계로 지내며 많은 것을 얻었다.

인간이 어떻게 기술적으로(descriptively) 결정을 내리는지와 어떻게 처방적으로(prescriptively) 더 나은 결정을 내릴 수 있는지에 관한 집합적 지식을 쌓는 데 많은 사람이 커다란 영향을 미쳤다. 짧은 만큼 당연히 불완전하기는 하지만 큰 공헌을 한 인물 목록에는 위에서 이미 언급한 이들 외에도 워드 에드워즈(Ward Edwards), 허버트 사이먼(Herbert Simon), 아모스 트버스키, 대니얼 카너먼, 로널드 하워드(Ronald Howard), 래리 필립스(Larry Phillips), 리처드 탈러, 캐스 선스타인, 댄 애리얼리(Dan Ariely), 칼 스페츨러(Carl Spetzler)를 빼놓을 수 없다.

몇몇 동료는 이 책의 초고를 읽고 상세한 논평을 하는 부담스러운 과제를 수락해줬다. 요하네스 시버트, 리처드 존, 로빈 그레고리, 데틀로프 폰 빈터펠트, 래리 닐(Larry Neal)의 여러 제안은 확실히 내용을 보강하는 데 유익했다. 키스 페퍼(Keith Pfeffer)는 적합한 출판사를 찾는 과정 내내 유용한 조언을 해줬다.

작가이자 마케팅 컨설턴트인 나의 아내 재닛 비치(Janet Beach) 역시 이 책의 많은 원고를 읽고, 개선할 내용뿐 아니라 누락된 중요한 주제와 아이디어를 보충하는 데 탁월한 제안을 해줬다. 아들 그레그 키니(Greg Keeney)는 학부를 졸업한 직후 언젠가 "'목표가 뭐냐?'와 '더 나은 대안을 만들어보지그래?'라는 말을 얼마나 많이 들어야 했는지 상상하실 수 없을 거예요"라며 힘들었던 자신의 성장기에 관해 재담 섞인 논평을 했지만, 이제는 이러한 개인적 넛지를 일상적으로 의사 결정에 활용한다. 재닛과 그레그는 모두 여러 측면에서 내 삶의 질에 기여한다. 그중 한 측면은 내가 직면한 어떤 결정에 대해 나 자신에게 넛지하도록 이끄는 이 책의 아이디어를 그들도 가끔은 사용한다는 것이다. 이보다 나은 게 어디 있겠는가?

01

더 나은 결정을 내리도록 자신에게 넛지하라

당신의 결정은 삶에 의도적으로 영향을 미칠 수 있는 유일한 방법을 당신에게 제공한다. 그 밖의 것들은 전부 당신의 통제권을 벗어난 상태에서 그냥 일어난다. 그러므로 오직 더 나은 결정을 내리는 것만이 당신의 삶이나 당신이 신경 쓰는 그 밖의 모든 것을 개선하는 유일한 방법이다.

이 책의 근거는 세 가지 사실을 바탕으로 한다.

1. 방대한 양의 실제 연구 및 조사 결과, 우리가 각자 결정을 내리는 데 사용하는 직관적이고도 의식적인 사고 과정 속에는 많은 단점이 있는 것으로 밝혀졌다.
2. 보충 연구 및 조사를 통해 신중한 결정을 내리기 위한 논리적으로 탄탄한 접근법이 개발되었다. 의사 결정에 이 접근법을 사용하려면 특별한 지식 및 기술이 필요하고, 시간과 노력을 들여야 하며, 많은 비용이 발생할 수도 있

다. 결과적으로 이 접근법은 극소수 개인 및 기업의 결정을 이끄는 데만 사용된다.

3. 가장 중요한 결정을 포함해 거의 모든 결정은 우리의 직관적이고 의식적인 잘못된 사고 결정 과정에 의해 이뤄진다.

신중한 대안 평가의 혜택을 많이 얻으려면 균형 잡힌 접근법, 복잡하거나 시간을 많이 잡아먹거나 비싸지 않은 접근법이 필요하다. 이 책은 우리의 자연스러운 결정 과정에서 발생하는 많은 단점의 빈도와 강도를 낮춰주고, 당신이 더 나은 결정을 내리도록 이끄는 이런 실용적 접근법의 개념과 절차를 제시한다.

의사 결정에 대한 우리의 이해

의사 결정을 연구하는 분야는 지난 세기 중반에 번성하기 시작해 이후 급속히 성장해왔다. 조사와 실용적 연구는 확연히 다른 두 측면에 조점을 맞춘다. 즉 사람들이 실제로 어떻게 결정을 **내리고 있는지 기술하는 것**과 어떻게 더 나은 결정을 **내려야 하는지 처방하는 것**이다.

심리학자들이 주도하는 기술적 연구(descriptive research)는 사람들의 의사 결정 습관에서 수많은 단점을 발견했다. 경영 및 정책 분야 학자들이 주도하는 처방적 연구(prescriptive research)는 의사 결정자의 이익과 입수 가능한 정보에 부합하는 대안을 평가하고 선택하는 테크닉 및 절차를 개발했다. 이 두 가지 연구 경로는 서로 얽혀 있고 상호 보완적이다. 결정을 내리는 방법은 단점을 파악하고 그 영향을 이해할 수 있는 기초를 세워준다. 아울러 단점은 의사 결정에서 처방적 테크닉 및 절차가 가장 쓸모 있는 측면들을 나타낸다.

1954년 워드 에드워즈는 결정이 실제로 어떻게 내려지는지에 대한 연구를 촉발한 영향력 있는 글을 한 편 썼다.[1] 이듬해 허버트 사이먼은 제한된 합리성(bounded rationality)에 관한 연구를 통해 개인들은 대개 자신의 결정에서 대안 선택을 최적화하려 하지 않는다고 설득력 있게 설명했다.[2] 오히려 쓸모 있는 정보를 추가로 알아내 얻고 처리하는 데 드는 시간과 어려움을 감안할 때 그런대로 괜찮은 대안을 선택하려 한다는 것이다.

1970년대부터 대니얼 카너먼과 아모스 트버스키는 많은 개인이 의사 결정을 단순화하기 위해 사용하는 경향이 있는 중요한 직관적 절차에 초점을 맞춰 여러 편의 글을 발표했다.[3] 그들의 연구는 다른 많은 심리학자와 경제학자에게 영향을 미쳤고, 역사적으로 '경제적 인간 이론(economic man theory)'이라 일컫는 것이 가정하는 합리성에 기초했던 기존의 경제학 연구 대부분의 의존성에 의문을 제기하게 만들었다. 그 결과, 의사 결정에 관한 연구의 양과 실험 횟수 및 그 성과에 대한 관심이 상당히 증가했다.[4] 이런 유형의 연구를 이르는 구체적 명칭도 결정 연구(decision research)와 행동과학(behavioral science)에서 행동경제학(behavioral economics)으로 진화했다.

이제 우리는 개인이 결정을 내릴 때 드러내는 약점에 관해 많이 알고 있다. 결정이 직관을 활용해 내려지든 의식적 사고 과정을 통해 이뤄지든, 우리 의사 결정 습관의 공통적 단점이 다수의 구체적 편향으로 파악

및 분류되었으며, 결정 함정(decision trap)이라 불리는 이것들이 흔히 우리가 열등한 결정을 내리도록 이끈다.

댄 애리얼리는 이런 편향이 우리가 하는 거의 모든 일에 눈에 띄게 영향을 미친다는 사실을 지난 20년간 연구하고 세상에 알린 선구자였다.[5] 그는 소소한 결정에서 우리가 저지르는 반복적인 비합리적 행동의 원인을 이해하면 개인적으로나 집단적으로 대면하는 중요한 결정을 다루는 데 통찰력이 생긴다는 것을 입증했다. 그는 또한 삶의 중요한 측면에 미치는 이런 비합리적 영향을 줄이기 위해 어떻게 이러한 통찰력이 우리의 행동을 이끌 수 있는지도 보여준다.

1960년대 초 하워드 라이파가 주도한, 의사 결정에 대한 처방적 연구는 논리적이고 체계적인 방식으로 한 결정의 다양한 측면을 다루는 일련의 단계를 개발했다.[6] 각 단계에 필요한 정보 수집은 대안의 상대적 타당성을 평가하는 기초를 제공했다. 이러한 단계는 직면한 결정을 서술하고, 달성할 목표를 구체화하고, 대안을 파악하고, 각 대안의 결과(즉 달성 가능한 수준 및 그 수준의 확률도 포함한다)를 기술하고, 각 대안의 장단점을 측정하고, 각 대안의 전반적 타당성을 계산하는 것이었다.[7]

당신은 결정 과정이 지나치게 복잡하거나 시간이 너무 많이 걸리거나 비용이 크게 들지 않는 한 당연히 할 수 있는 최선의 결정을 내리고 싶어 한다. 안타깝게도 기본적으로 개인의 모든 결정에 대해 처방적 조언에 따라 결정을 이끌어내자면 시간이 너무 많이 걸리고 지나치게 복잡한 데다 대부분의 개인은 철저한 대안 평가를 수행할 배경지식도 없다. 따라서 거의 모든 개인적 결정이 체계적인 처방적 평가보다는 직관이나 자체 개발한 사고 과정을 통해 내려진다. 중요한 기업 및 정부 결정의 경우 훈련받은 결정 컨설턴트를 고용하기도 하지만 보통은 고비용에 시간도 많이 든다. 그 결과 대다수 기업 결정 또한 체계적인 처방적 대안 평가 없이 내려진다.

넛지의 중요성과 쓰임새

개인의 의사 결정 방식을 더 잘 이해하고, 그 의사 결정 과정에 으레 나타나는 많은 단점을 알아내면서 리처드 탈러로 대표되는 행동경제학 분야가 탄생했다. 그는 캐스 선스타인과 함께 수행한 연구에서 더 나은 결정을 내리도록 개인들에게 넛지한다는 개념을 개발해 대중화시켰고, 오늘날 전 세계 수많은 조직이 이것을 사용하고 있다.[8] 다음은 도움이 될 만한 적용 사례다.

몇 년 전 나는 규모가 큰 대학의 교수직을 수락했다. 모든 새 직원한테는 대학의 퇴직연금 가입 여부 결정권이 주어졌다. 이 제도의 규정에 따르면 내 연봉의 5퍼센트가 자동으로 개인 퇴직연금 계좌로 들어가고 대학 측이 매년 그 액수의 2배를 보태주게 되어 있었다. 퇴직연금 적립을 확정하려면 몇 장의 서류를 작성해야 했다. 반대로 적립 제도에 가입하지 않는 기본 대안을 선택하면 아무것도 할 필요가 없었다. 내게는 퇴직연금에 가입하는 게 당연해 보였고, 그래서 그렇게 했다. 얼마 후 나는 신규 직원 중 55퍼센트만 퇴직연금에 가입했다는 사실을 알고 놀랐다. 대학 행정 관계자들도 퇴직연금을 택하지 않은 직원이 45퍼센트라는 데 실망하면서도 한편으론 걱정을 했다. 그들에게는 이것이 다수 직원들한테 훨씬 더 나은 대안으로 보였던 것이다.

심리학 조사 및 연구에 따르면 의사 결정자에게 대안을 설명하고 제시하는 방식이 대안의 선택에 강력한 영향을 주는 것으로 나타난다.[9] 이런 사실을 감안해 대학 측은 퇴직연금 프로그램에 가입하는 쪽으로 새 직원들을 넛지하는 한편, 고민 끝에 비가입 쪽을 택한 이들도 그들이 선호하는 선택을 하게끔 놔두기로 한 터였다. 대학 측은 이런 절차를 바꿔 퇴직연금 프로그램에 가입하지 않을 경우 필요한 서류를 작성하게 하고, 그렇지 않으면 신규 직원은 자동으로 연금에 가입하는 걸 기본 대안으로 만들었다. 그 결과 약 90퍼센트의 새 직원이 퇴직연금에 가입했고, 그로부터 많은 혜택을 봤다.

넛지란 의사 결정자가 자신의 이익을 가장 잘 달성할 수 있는 대안을 선택할 확률을 높이도록 고안한, 사용 가능한 대안을 그 의사 결정자에게 제시하는 것이다. 지금까지 넛지의 사용은 조직(가령 정부나 민간 기업)이 비슷한 결정에 직면한 개개인에게 대안을 제시할 책임을 지는 정책 결정에 집중되어왔다. 그런 조직은 어떻게 대안을 제시할지 결정권을 갖고 있고, 이런 대안 제시의 방식으로 의사 결정자에게 넛지할 수 있다. 내용이나 결과의 수정 없이 유효한 대안이 똑같으므로 넛지는 의사 결정자의 자율성을 제한하지 않는다. 퇴직연금 가입에 관한 결정은 수백만 명이 더 나은 결정을 내리도록 도움을 준 수천 개의 적용 사례 중 하나다.[10]

당신의 개인적·사업적 결정의 경우, 당신한테 대안을 제시할 책임이 있거나 더 나은 결정을 내리도록 당신에게 넛지할 기회를 가진 조직은 없다. 당신의 가장 중요한 결정을 포함한 이 모든 결정에 대해 당신이 대면하고 싶은 결정을 창출할 뿐 아니라 이 결정을 스스로에게 제시할 책임과 기회 또한 당신한테 있다.

더 나은 결정을 내리도록 자신에게 넛지하라

개인적 넛지는 당신이 궁극적으로 선택할 대안에 영향을 줄지 모르는 당신의 결정에 대한 선택 양식의 수정이다. 이러한 수정은 본질적으로 그 결정에서 당신이 더 나은 선택을 하도록 넛지하는 측면을 개선하고 명료하게 해준다. 결정의 본질을 잘 알면 알수록 당신의 이익에 더욱 부합하는 대안 선택이 용이해진다.

이 넛지 개념을 분명히 하기 위해, 당신 업체의 잠재 고객 한 명이 당신이 사는 도시를 방문했는데 당신에게 저녁 식사를 함께하면서 새 프로젝트를 논의할 것을 요청했다고 상상해보자. 레스토랑 선정이 중요하다. 당신은 음식이 최상이고 고객층이 트렌디하며 손님의 호텔과 가까운 곳을 골랐다. 레스토랑은 이런 관심사를 제대로 충족시켰으나 시끄러워 대화하기가 힘들었다. 그 결과 그날 저녁은 실패로 돌아갔고, 당신은 새 프로젝트에서 배제되는 쪽으로 결론이 났다. 만일 당신이 레스토랑을 선정함으로써 무엇을 달성하고 싶은 것인지 좀더 신중하게 고려했다면, 대화를 용이하게 할 조용한 장소인지 여부도 파악했을지 모른다. 이 추가적 고려 사항에 대한 숙지가 당신이 고른 레스토랑이 아니라 당신의 모든 관심사를 고려한 훨씬 더 나은 곳을 선택하도록 당신에게 넛지했을 텐데 말이다.

이 책은 넛지 개념을 당신에게 넛지하는 기회가 권력 기관에 있는 그런 결정에서 당신이 직면한 그 밖의 모든 결정으로까지 확장해 적용한다. 당신이 더 나은 선택을 하도록 당신 자신에게 넛지할 아이디어와 절차를 제시한다. 이런 넛지 대부분은 다음의 세 가지 과제 중 하나 이상을 명확하고 철저하게 수행하는 것을 기반으로 한다. 즉 당신이 직면한 결정의 본질 정의하기, 그 결정을 내림으로써 당신이 달성하고자 하는 것 구체화하기, 그리고 고려할 만한 더 나은 대안 창출하기가 그것이다. 어떤 결정에 직면하건 이 세 가지 과제를 찬찬히 추구한다면 대개는 대안을 선택할 더 포괄적인 기초와 고를 수 있는 훨씬 나은 대안을 확보할 테고, 각 대안의 장단점 평가 방법도 더욱 잘 알게 될 것이다. 그러면 당신의 결정에 대해 더 나은 대안을 선택할 강력한 넛지가 생겨날 것이다. 아울러 당신의 결정에 이러한 넛지를 수시로 개발한다면, 이런 더 나은 결정의 집합적 결과가 당신 삶의 질에 크게 이바지할 것이다. 게다가 당신 자신에게 넛지하는 것이 전적으로 당신의 통제하에 있으니, 이러한 넛지는 의사 결정자인 당신의 자율성을 침해하지도 않는다.

개인적 넛지는 우리가 결정을 내리는 데 사용하는 자연스러운 결정 과정에서 발생하는 편향의 부정적 영향을 줄여준다. 아울러 우리의 직관적인 개별적 결정 과정의 두 가지 심각한 결함을 제거한다.

첫 번째 결함은 우리의 자연스러운 의사 결정 방식이 거꾸로라는 점이다. 일단 직면한 결정을 인식하고 나면 자연히 해결하고 싶어지고, 따라서 우리가 맨 처음 들이는 노력은 그것을 해결할 대안을 파악하는 것일 때가 많다. 보통 이런 행동은 우리가 그 결정을 내려서 달성하고 싶은 것이 무엇인지 전부 알기도 전에 발생한다. 대안이란 오로지 우리가 결정을 내림으로써 달성하고 싶은 바를 제공하는 수단이기 때문에 의미가 있다.

결정을 내려서 달성하고 싶은 게 뭔지 완전히 알기도 전에 어떻게 양질의 대안을 창출할 수 있겠는가?

두 번째 결함은 우리가 결국 대면하게 되는 대부분의 결정이 우리의 통제력을 벗어나 발생하는 결정 문제라는 점이다. 그것은 타인의 결정이나 우연으로 인해 일어난다. 예를 들면 사고로 심각한 의학적 문제 또는 결과가 생겼거나, 관리자가 우리에게 부정적 영향을 미칠 직장의 변동 사항을 알려주거나, 혹은 회사 제품이 작년만큼 잘 팔리지 않을 때가 여기에 해당한다. 분명 이런 상황을 우리가 의도적으로 유발하지는 않지만, 그렇더라도 우리는 거기에 대처하는 결정을 내려 대응해야 한다. 보통 이런 결정에서 우리의 목적은 그 문제가 일어나기 이전 상태로 상황을 되돌리는 것이다.

문제가 일어나기를 왜 그냥 기다리기만 하는가? 결정 문제가 일어나기를 기다릴 게 아니라 내가 **결정 기회**(decision opportunity)라 부르는 것을 사전에 창출해 추구함으로써 당신의 삶을 더 나은 내일로 만들 수 있을 텐데 말이다. 결정 기회의 창출은 더 나은 의사 결정을 향한 중요한 넛지다. 당신이 직면하는 결정 기회는 상황을 곧바로 개선시키고 그리고/또는 향후 원치 않는 결정 문제의 발생을 차단하거나 감소시키기 때문이다.

당신한테 스스로 넛지할 힘과 권한이 있기는 하지만, 이를 효과적으로 하려면 특정 기술을 개발해야 한다. 이 책은 당신이 더 나은 선택을 하도록 넛지할 결정의 근본적 측면을 신중한 방법으로 다루는 실질적 아이디어와 절차를 제시한다. 특히 다음과 같은 것에 초점을 맞춘다.

- 당신이 직면하고 싶은 결정의 정의를 내린다.

- 당신의 가치를 파악해 어떤 결정에 왜 당신이 관심을 갖는지 명확히 한다. 가치는 그 결정을 다룸으로써 당신이 달성하고자 하는 것을 설명해주는 토대다.
- 처음 머릿속에 떠오르는 것보다 더 나은 혁신적 대안을 창출한다.
- 당신 삶의 질을 현재 수준 이상으로 끌어올리는 당신 자신의 결정—결정 기회를 뜻한다—을 파악한다.
- 당신이 바라는 대안의 실행 가능 여부를 남들이 좌우할 때는 그들의 승인을 획득한다. 그리고 당신의 전략적 삶의 가치를 파악하고, 체계화하고, 사용하는 방법을 기술해 당신의 모든 결정을 위한 일관된 지침을 제시한다.

결정의 이런 근본적 측면을 다루기 위해 실용적 아이디어를 익히고 절차에 숙달하는 것이 당신의 의사 결정 기술을 키우는 넛지를 구성하며, 이로써 당신은 특정 결정에 대해 더 나은 넛지를 일상적으로 창출할 수 있다. 따라서 이런 아이디어와 절차를 의사 결정에서 당신이 스스로에게 넛지하는 넛지라고 간주해도 좋다. 특정 결정에 대해 자신에게 넛지하는 절차를 적용하는 연습은 그 결정을 위한 넛지인 동시에 의사 결정 기술을 한층 더 향상시키는 넛지이기도 하다.

개인적 넛지에 유용한 개념이나 절차 중 어떤 것도 정량적이지 않을뿐더러 당신의 기분과 감정을 도외시하지 않는다. 그것들은 당신의 믿음, 관심사, 그 결정과 관련해 당신이 느끼는 기분 및 상식에 기초한다. 그러므로 의사 결정에 그것들을 어떻게 써먹을지에 관한 아이디어와 절차는 당신이 사용하는 데 무리가 없을 것이며, 상당히 긍정적 영향을 미칠 것이다.

이 책은 의사 결정의 전단(front end), 즉 당신이 다뤄야 할 결정을 정의하고, 그것을 다룸으로써 당신이 달성하고 싶은 바를 구체화하고, 고려해 볼 만한 우수한 대안을 창출하는 쪽에 초점을 맞춘다. 다른 의사 결정 서적과 의사 결정 방법론은 대부분 후단(back end)에 초점을 맞추는데, 대안의 잠재적 결과와 그 리스크를 기술하기 위해 정보를 수집하고, 각 대안의 장단점을 판단하고, 최고를 선택하는 작업이 여기에 속한다. 모든 결정의 질은 후단의 대안 평가보다는 그 결정에 대한 전단의 명료화 및 제시의 질에 훨씬 더 많이 달려 있다. 대안을 평가하는 데 열등한 목표 조합을 사용해 좁은 범위의 대안 중에서 최선의 대안을 선택해서는 뛰어난 결정을 내리지 못한다. 이 중요한 요점은 알베르트 아인슈타인이 말한 것으로 알려진 인용문에 명확히 밝혀져 있다. "만일 내게 지구를 구할 1시간이 주어진다면, 문제를 정의하는 데 55분을 쓰고 그것을 해결하는 데 5분을 쓰겠다."[11]

의사 결정은 기술이다

의사 결정에 관한 수많은 행동 실험과 나의 컨설팅 경험에 의하면, 중요한 결정을 위해 양질의 전단을 발달시키는 일이 매우 어렵다는 게 확실히 드러난다. 대부분의 의사 결정자는 이 과제를 일상적으로 잘 수행하는 데 필요한 의사 결정 기술을 개발해본 적이 없다. 그 결과 실제로 직면한 결정에서 정작 핵심 요인을 빠뜨린 부적절하게 서술된 결정을 흔히 다루게 된다.

어떤 기술이건 능숙해지려면 먼저 그 기술에 필요한 활동을 수행하는 방법부터 익힌 다음 그것들을 사용해 연습해야 한다. 의사 결정을 훈련받은 사람은 거의 없고, 의사 결정 기술을 향상시키기 위해 연습한다는 개념에 대해 생각해본 사람은 더더욱 없다. 이 책은 당신이 직면한 결정을 완벽하게 이해하려면 무엇을 해야 할지 설명할 뿐 아니라, 그것을 어떻게 효과적으로 실행할지에 대해 상세한 절차를 제시하고 많은 실제 사례를 생생하게 보여주려 한다.

의사 결정 능력을 키우기 위해 아주 중요한 결정에만 그 기술을 사용한다면 충분한 연습(즉, 경험)이 되지 못할 것이다. 이런 결정은 별로 많지 않다. 더욱이 중요한 결정에는 으레 뒤얽힌 복잡성이 수반되므로 기초 기술을 익히기가 매우 어렵다. 다행히 우리 모두는 생각해볼 만하되 덜 중요한 결정과 많이 마주친다. 이런 결정에 그것을 적용하면 의사 결정 기술을 향상시키는 데 필요한 개념과 절차를 발전시킬 수 있다. 9장에는 우리 모두가 수시로 직면하는, 생각할 만한 흔한 결정 사례가 많이 나온다. 이것들을 이 훈련 과정에 유용하게 쓸 수 있다.

이 책의 많은 실제 적용 사례는 당신의 삶에 새로운 의사 결정 기술을 편리하게 도입할 수 있는 방법을 보여준다. 처음에는 이 기술을 적용하는 데 시간이 좀 걸리겠지만, 얼마 지나지 않아 더욱 신속하고 자신감 있게 더 나은 결정을 내리게 될 것이다. 궁극적 이익은 당신의 의사 결정, 나아가 당신의 개인 생활과 직장 생활의 두드러진 개선일 것이다.

이 책의 모든 내용은 기업, 기관, 정부, 비영리 단체 및 모든 종류를 포함한 조직의 결정과 관련이 있다. 개인과 조직의 결정이 다른 점은 그것을 다루는 생각과 절차가 아니라, 바로 결정의 맥락과 전문성이다. 모든 생각은 개개인의 머릿속에서 일어나고 우리 각자가 살아가면서 결정을 하며 비슷한 경험을 하므로 양질의 의사 결정에 필요한 아이디어와 절차를 도입하는 가장 효과적인 방법은 개별 결정의 맥락 속에 있다. 이 책의 각 장 마지막 단락에서는 아이디어와 절차가 조직의 결정과 어떤 관련이 있고 어떻게 적용할 수 있는지를 명료하게 보여준다.

02

결정과 삶

당신의 결정은 당신이 원하는 삶을 추구하는 데 중요하다. 이것을 이해하기 위해 삶에 대한 비유를 생각해보자. 당신은 여러 곳에 갈림길이 있는 인생 행로를 걷고 있다. 각각의 갈림길은 당신이 내려야 할 결정을 나타내며, 그 갈림길에서 비롯된 다른 경로는 그 결정의 대안에 해당한다. 당신이 경험하는 삶은 각 갈림길마다 어떤 경로를 택할지에 관한 당신의 결정에 달려 있다.

이제 당신의 삶에 아무런 결정도 없고, 따라서 갈림길도 없다고 상상해보자. 지금부터 당신은 여생을 시작하는 경로를 열심히 걷기 시작한다. 처음에는 어떤 갈림길에도 도달하지 않는다. 부푼 희망을 유지하며 당신은 더 걷는다—그런데 여전히 갈림길은 없다. 당신이 할 수 있는 일이라고는 그저 시간의 속도로 계속해서 걷는 것뿐이다. 이제 환멸을 느낀 당신은 계속 걷지만, 당신의 경로에는 갈림길이 없다. 미래의 언젠가 당신

> 당신이 의도적으로 삶에서 뭔가에 영향을 미칠 수 있는 유일한 방법은 당신의 결정에 의해서다. 따라서 당신의 의사 결정은 당신 삶의 질을 높이는 유일한 수단이다.

의 경로는 끝난다.

아무런 결정도 없는 삶에 대한 이런 묘사는 매우 매력적이지 않을 것이다. 다행히 우리는 모두 매일 많은 결정을 내린다. 당신의 여생은 삶을 더욱 즐겁고 보람 있게 만들 기회를 제공하는 엄청나게 많은 결정을 포함하고 있다. 미래의 결정 중 일부는 당신의 인생을 바꿀 것이다. 그 밖의 수많은 결정은 생각할 만한 가치가 충분히 있다. 전체적으로 그것들은 당신이 추구하기로 선택한 여생을 만들어낼 것이다. 당신의 결정들로 만들어내는 삶에는 많은 가능성이 있다. 당신이 직면하고 있거나 직면했던 인생을 바꾸는 결정 중 일부는 당신의 학력, 친구 선택, 생활 방식 선택, 어떤 직업을 갖고 어느 곳에 있는 직장을 다닐지, 결혼 여부와 누구와 결혼할지, 자녀를 가질지 여부와 몇 명을 낳을지, 심각한 건강 및 의료 문제를 어떻게 피하고 대처할지, 그리고 은퇴와 관련 있다는 것을 인식하라. 만일 인생을 바꾸는 결정이 단 10개뿐이고 이것들 각각에 대한 대안은 5개뿐이라 해도, 거의 1000만 개의 확연히 다른 삶이 나타날 수 있다. 당신의 '더 나은 삶'과 '더 나쁜 삶'의 질이 얼마나 다를지 상상할 수 있을 것이다.

당신의 결정은 당신의 삶과 가족 및 친구의 삶의 질을 향상시키고 기업, 단체, 정부의 일터에서 기여할 수 있는 힘을 당신에게 부여한다. 당신 삶의 질에 미치는 그 밖의 영향은 당신의 통제권을 벗어나 다른 개인 및 조직의 결정과 행동, 우연(가령 기후와 사고), 그리고 당신이 생각 없이 저지르는 행동의 결과로부터 일어난다.

우리가 배운 의사 결정 방식

우리 중 어떤 이들은 다른 이들보다 의사 결정을 잘한다. 이런 차이와 무관하게 우리는 모두 결정을 오도하는 수많은 인지적 편향에 취약하다.[1] 우리는 모두 다르게 그리고/또는 더 잘 내렸다면 얼마나 좋았을까 싶은 결정을 찾아낼 수 있다. 그렇더라도, 그리고 가장 중요하게도, 우리는 모두 의사 결정을 향상시킬 수 있다.

우리는 모두 같은 방식으로 결정 내리는 방법을 배웠다. 바로 시행착오에 의해서다. 우리 중 결정을 잘하는 방법을 배우는 훈련을 해본 사람은 극소수다. 그보다는 시간이 지나는 동안 여러 가지 결정 상황을 다루는 습관을 길렀다. 과거의 결정에 대해 "내가 이러이러했다면 좋으련만"이나 "그러지 말았으면 좋았을 텐데" 식의 반성 말고는 예전 선택에 사용했던 의사 결정 과정에 관한 평가는 거의 없다. 이런 이유로 향후 더 나은 결정을 내리는 데 도움이 될 만한 것을 좀처럼 배우지 못한다.

어릴 적 우리 자신의 의사 결정 방식에 기여했을 법한 일반적 경험을 조금 떠올려보면 흥미롭다. 아기였을 때 당신은 타고난 정교한 의사 결정 능력을 아마 갖고 있지 않았을 것이다. 당신의 주된 결정 문제는 배가 고프거나 아랫도리가 축축할 때 일어나는 기본적 욕구와 관련한 것이었다. 언어 능력이 없으므로 당신은 소리를 질렀다. 그러자 어떤 일이 벌어졌는가? 대개는 사랑하는 어머니나 아버지가 신속히 당신의 문제를 해결해줬다. 이 전술이 수천 번 먹히고 난 후 당신은 그것을 제대로 이해하고는 아마도 인생의 결정 교훈 제1조로 인식했을 터이다. "소리를 지르면 결정 문제를 해결할 수 있다." 소리를 더 크게 지르면 지를수록 문제가 더 빨리 해결된다는 추론도 했을 것이다.

몇 년 뒤 당신은 아장아장 걷는다. 쿠키를 먹고 싶다거나 지금은 자고 싶지 않다거나 텔레비전을 보고 싶다는 등 당신이 원하는 것에 대한 견해가 발달한다. 원하는 것을 얻기로 결심하지만, 그 과정은 툭하면 부정적인 것으로 판명 난다. 어떤 경우에는 부모 중 한 명이 당신의 결정권을 장악하고 당신이 원하는 것 또는 원하지 않는 것을 제공한다. 또 어떤 경우에는 부모가 하지 말라고 하는 일을 한 대가로 혼나거나 벌을 받는다. 이로부터 당신은 인생의 결정 교훈 제2조를 배운다. "다른 사람이 내 결정권을 장악할 때가 많기 때문에, 벌어지는 일들에 나는 거의 영향을 미치지 못한다." 그리고 인생의 결정 교훈 제3조도. "내가 결정을 내리려 하면 흔히 곤경에 빠진다."

그 결과 10대가 되었을 때는 확실히 스스로 결정 내리길 원하고 부모나 교사들에게는 그걸 알리고 싶지 않다. 이제 당신은 학교에서, 방과 후에 친구들과 선택을 한다. 필요할 때가 아니면 이런 결정에 부모를 개입시키지 않으려 한다. 그들이 어떤 결정은 뒤바꾸고 어떤 결정에는 영향을 미칠 텐데, 그러면 당신이 하고 싶은 일에 제약을 받을 것이기 때문이다. 지나친 단순화(물론 내가 여기서 그러고 있다)이긴 하지만, 고등학교 때 대부분의 10대가 내리는 집단적 결정의 결과는 두 부류로 분류할 수 있을 듯하다. 많은 10대의 경우, 그 결과는 대개 좋은 것으로 인식된다. (번역하자면 이렇다. 즉 이 녀석은 학교 공부를 잘하고, 친구도 괜찮은 아이들이고, 말썽도 별로 일으키지 않는다.) 이런 10대는 부모나 교사들한테 의사 결정에 관해 추가 지침이 필요한 아이들로 보이지 않는다. 요컨대 '착한 아이들'이다.

또 다른 10대의 경우는 그들이 내린 어떤 결정의 결과가 나쁠 수 있다.

부모도 이러한 결정에 관해 알게 된다. 부모는 곧 형편없는 학교 성적을 통지받을 테고, 자동차를 몰다 경미한 사고를 낸 일까지 밝혀질 것이다. 파괴적이거나 불법적인 활동에 가담한 사실도 알게 될 가능성이 높다. 당신은 아마 이와 같은 경험을 통해 어떤 선택의 결과는 나쁠 수도 있다는 교훈을 얻을 것이다. 그러나 안타깝게도 당신은 자신이 나쁜 결과를 초래한 잘못된 결정을 내려서가 아니라 다른 사람한테 발각됐기 때문에 결과가 나쁜 것뿐이라고 생각할 수도 있다.

아주 신기하게도 두 '결과 집단'으로 분류된 10대는 동일한 인생의 결정 교훈 제4조를 인식할 것이다. "나는 꽤 괜찮은 의사 결정자다." 결과가 주로 좋았던 이들의 경우, 나쁜 결과가 거의 없었다는 게 자신이 우수한 의사 결정자임을 나타낸다고 잘못 가정한다. 결과가 몇 번 안 좋았던 이들의 경우, 자신이 내린 많은 결정이 그런대로 좋았다고 추론할 수 있다. 결과가 나빴던 그 밖의 몇몇 결정에 대해서는 '다른 애 잘못이었어', '그렇게 하는 것 말고는 나한테 다른 선택지가 없었어', '결과가 나빴던 건 그냥 운이 없어서였을 뿐이야' 같은 변명거리가 항상 있게 마련이다.

고등학교를 졸업할 무렵이면 우리 대부분은 좋은 의사 결정을 위한 토대를 제공하지 않는 몸에 밴 의사 결정 습관을 키운 상태다. 대학생 연령 이전에 의사 결정에 대해 고민하고 숙고하기 시작하는 사람은 극소수이며, 그 이후에도 드물다. 의사 결정이란 지식과 연습으로 개선할 수 있는 기술임을 이해하는 것이 중요하다. 누구나 배울 수 있는 더 나은 결정을 내리도록 이끌어줄 원칙과 생각 그리고 테크닉이 있다. 이것을 모르면 사람들 대부분이 어릴 때 길렀던 똑같은 의사 결정 습관에 갇혀 있을 수밖에 없다. 게다가 자신의 의사 결정 능력에 대한 잘못된 인식은 10대가 지

우리는 근본적인 의사 결정 기술을 학습하기보다 각자의 시행착오에 의해 의사 결정 방식을 키웠다. 따라서 우리는 모두 더 나은 결정을 내리는 방법을 배울 수 있다.

나도 지속된다. 많은 성인이 자신의 의사 결정 능력을 과대평가하는 이유다.[2]

결정 문제가 생길 때마다 우리는 몸에 밴 의사 결정 습관을 써서 반응한다. 맨 처음 생각은 문제를 해결할 대안을 떠올리는 것이며, 우리는 통상 우리가 파악한 그런대로 괜찮은 최초의 대안을 선택한다. 이 일반적 절차는 우리가 마주하는 대부분의 결정이 그다지 중요하지 않을뿐더러 특별히 복잡하지도 않기 때문에, 그리고 대부분의 결정은 받아들일 만한 다른 대안도 대체로 비슷비슷하기 때문에 꽤 잘 먹혀든다.

넛지와 가치 중심적 결정

성인인 당신이 오늘날 마주치는 생각할 만한 결정의 경우, 중대한 첫 번째 단계는 당신의 가치를 파악하는 것이어야 한다. 가치란 그 결정에 직면해 당신이 달성하고픈 것을 의미한다. 이 가치가 그것을 해결하려는 당신의 모든 노력을 이끌어야 한다. 당신이 어떤 결정에 대한 가치를 잘 알고 있다면, 그것이 더 나은 선택을 하도록 당신에게 크게 넛지한다. 그 대안이 무엇을 달성했으면 좋겠는지도 모르면서 어떻게 좋은 대안을 창출할 수 있겠는가? 그런 지식도 없이 대안의 상대적 효과를 어떻게 합리적으로 평가할 수 있겠는가? 당신의 가치를 지침으로 삼은 결과 생겨난 결정은 내가 **가치 중심적 결정**(value-focused decision)이라고 부르는 바로 그것이다.

의사 결정의 경우, "공에서 눈을 떼지 말라"는 속담은 "그 결정의 가치에 계속 초점을 맞추라"는 뜻이다. 가치에 초점을 맞추려면 의사 결정 과정에서 그것을 파악하고 이해하는 초반에 시간을 쏟아야 한다. 중요한 결정의 경우, 언제나 관련된 경쟁적 가치가 있다. 대부분의 결정에서 당신의 가치를 파악하기는 쉽지 않다. 이 과제를 용이하게 하기 위해 당신이 직면한 결정에 대한 당신의 가치를 명확히 표현하는 능력을 키워주는 여러 개념과 절차를 설명하려 한다. 당신의 가치를 지침으로 삼으면 다음과 같은 것들을 할 수 있을 것이다.

1. 매력 없는 결정을 매력적인 결정으로 전환할 수 있을 것이다.
2. 당신의 결정에 대해 당장 눈앞에 보이는 대안보다 더 나은 대안을 창출할 수 있을 것이다.
3. 좀더 바람직한 결정을 창출하도록 생각을 자극할 수 있을 것이다.
4. 각 대안을 더욱 일관되게 잘 비교할 수 있을 것이다.

> 당신이 마주한 모든 결정에서 중대한 첫 번째 단계는 그 결정에 직면해 당신이 달성하고픈 바를 파악하는 것이다. 당신이 원하는 바로 그것을 추구하는 게 당신이 좋은 결정을 내리기 위해 들이는 이후의 모든 노력을 이끌어야 한다.

이러한 모든 게 더 나은 결정을 내리도록 당신에게 넛지할 것이다. 그것들이 의사 결정의 질을 높이고 당신의 삶에 이바지할 것이다.

의사 결정에서 가치를 중심으로 삼는 것의 중요성을 입증하기 위해 다음 사례를 생각해보자.

일자리 찾기

케이트는 대학 졸업 후 시애틀 인근에 본부를 둔 국제적 기업의 인사부(HR) 매니저 직책으로 8년을 일했다. 그런데 회사가 비용 절감 조치의 일환으로 3개월 내에 인사부를 뉴멕시코주의 앨버커키로 옮기겠다고 발표했다. 가족이 모두 그레이트 시애틀(Greater Seattle) 지역에 살았으므로 그녀는 회사를 따라가지 않기로 했다. 이제 그녀는 이제껏 해본 적이 없는 새 직장을 찾아야 했다.

편안한 휴가를 보내고 돌아온 케이트는 자신이 적임이라고 느끼는 자리가 있는지 여러 구인란을 살피면서 인사부 관련 새 직장을 찾기 시작했다. 명단에는 마음에 드는 일자리가 12개 있었다. 그녀는 이곳들 전부에 온라인 지원서를 냈고, 단 한 곳의 회사로부터 면접 연락을 받았지만 채용으로 이어지지는 않았다.

이 책의 아이디어에 익숙한 내 동료가 케이트와 수년간 알고 지낸 사이였는데 도와주겠다고 나섰다. 내 동료는 우선 케이트에게 직장에서 바라는 게 뭔지 등 그녀가 생각하는 가치에 관해 질문했다. 그녀는 처음엔 가치를 '연봉이 괜찮은 곳', '일하기 좋은 곳'으로 진술했다. 동료는 '일의 재미', '다른 사람의 경력에 대한 기여', '의사소통 능력 향상', '친절하고 능력 있는 동료', '재무 상태가 건전하고 성장하는 회사', '시애틀에 장기적인 관심을 갖고 있는 회사', '정부 기구가 아닌 곳', '적당한 통근 시간' 등 케이트에게 확실히 중요한 그 밖의 여러 가치를 그녀 스스로 명확히 표현하도록 도움을 주었다.

이러한 가치를 출발점으로 케이트는 많은 정보를 활용해 자신과 같은 사람을 인사부에 고용하고 자신이 찾아낸 가치에도 부합할 가능성이 있는 그레이트시애틀 지역의 회사를 모조리 검색하는 데 착수했다. 목표로 삼은 회사의 명단을 작성한 다음 케이트의 새로운 결정 기회는 '이 회사들 중 어느 곳과 일할 수 있도록 노력한다'였다. 그녀는 친구와 가족의 인맥을 활용해 그들이 아는 사람 중 목록에 있는 회사에서 일하는 직원이 있는지 파악했다. 그녀는 지인들에게 그들과 비공식 면담을 할 수 있게 해달라고 부탁했다. 이 면담은 커피를 마시며 하는 의논 혹은 전화 통화였고, 회사의 채용 과정과 관련한 내부자의 견해와 더불어 면접을 가능케 하거나 공석이 났을 때 케이트를 추천하는 내부 소견서를 보내줄 수 있는 사람들을 어떻게 하면 소개받을지 알아내기 위한 자리였다. 이 모든 과정은 케이트의 시간과 지속적 노력을 요했다. 이러한 노력은 세 곳의 일자리 제의로 귀결됐고, 그중 두 곳은 케이트가 생각하기에 이전 일자리보다 확실히 더 나았다. 그녀는 자신의 가치라는 관점에서 두 회사의 장단점을 가늠해본 후 한 곳을 선택했다.

케이트의 취업 과정과 관련해 몇 가지 소견은 주목할 만하다. 케이트가 취업 검색을 시작했을 때 그녀의 결정 과정은 자신이 적합한 대안(즉 일자리)을 찾고 그것을 받아들이는 데 초점을 맞췄다는 점에서 가치 중심의 반대인 대안 중심이었다. 그녀는 또한 자신이 적합하다고 생각한 채용 공고에 온라인으로만 대응했으므로 반응적이었다. 케이트가 아무런 제의를 받지 않은 게 오히려 다행이었다. 최종적으로 선택한 일자리가 그녀의 삶을 위해서나 경력을 위해서나 훨씬 더 나았으니 말이다.

내 동료는 케이트를 돕기 시작할 때 그녀가 자신의 가치를 파악해 가치 중심적이 되도록 했는데, 이것이 케이트가 직장에서 진정으로 바라는 게 무엇인지에 관한 많은 통찰을 제공하고 차후의 결정 과정을 이끌었다. 케이트가 마주하게 된 결정은 결국 그런대로 괜찮은 일자리를 찾는 데에서 자신의 가치라는 관점으로 봤을 때 최고의 직장을 찾는 것으로 바뀌었다. 이렇게 다른 결정을 창출하는 가운데 케이트는 시애틀 지역의 관심 있는 회사 전체에 관한 정보를 입수하는 방법, 이 회사들 각각의 연락처를 파악해 접촉하는 방법 등 두 가지 중요한 관련 결정을 알아내고 다뤘다.

가치 중심적 의사 결정자의 기술

가치 중심적 의사 결정의 핵심 개념은 당신이 더 나은 결정을 내리도록 해주는 중요한 넛지 창출의 기초를 제공한다. 이 개념의 사용법을 익히면 새로운 의사 결정 기술을 개발할 수 있을 것이며, 이로 인해 당신은

- 어떤 의사 결정에 대해서도 당신의 가치를 파악하고 이해할 수 있다.
- 더 나은 대안을 창출할 수 있다.
- 당신이 관심 가진 것을 향상시키는 결정 기회를 파악할 수 있다. 그리고
- 당신의 삶에 영향을 미칠 타인의 결정에 영향을 줄 수 있다.

다음은 이런 핵심 개념에 대한 설명이다. 이어서 그것들을 실행하는 절차와 다양한 결정에 적용한 여러 사례를 제시할 것이다.

가치를 파악하고 이해하라. 왜 굳이 힘들게 결정을 내리는가? 왜 모든 시간과 노력을 들이고 그 과정에서 불안과 후회와 실망에 시달리는가? 그 답은 당신의 결정이 당신의 관심사를 더 나아지도록 만들 방법을 제공한다는 것이다. 만일 당신이 달성하고픈 것을 특징짓는 가치를 당신이 완전히 이해하지 못한다면, 목적을 달성할 합리적 결정을 내리는 것은 불가능하다.

당신이 그 결정을 내려서 달성하고픈 것을 나타내는 당신의 가치를 파악하려면 생각과 기술이 필요하다. 일단 당신의 가치를 파악해서 이해하고 나면 그 결정에 시간과 노력을 할애할 기초가 생긴다. 여기에는 바람직한 대안을 창출한 다음 그중 최상의 것을 평가하고 선택하는 데 바치는 시간과 노력도 포함된다.

대안을 창출하라. 당신이 생각해본 적 없는 대안은 절대 선택할 수 없다. 그리고 당신이 선택한 대안은 당신이 고려 중인 대안들 중 최고나 마찬가지다. 덧붙여 중요한 결정이 간단히 해결되거나 또는 해결되지 않는 경우는 드물다. 그보다는 각 대안마다 당신의 목적을 달성하는 정도가 상당히 다를 수 있다. 따라서 아주 드문 경우를 제외하면 적어도 좋은 대안을 몇 개 찾아내기 전까지는 머릿속에 떠오른 최초의 대안을 선택하지 말아야 한다. 조금만 생각에 몰두하면 당신이 맨 처음 파악한 것보다 훨씬 더 좋은 대안들이 수시로 생겨날 것이다.

결정 기회를 파악하라. 자신에게 물어보라. 누가 당신의 결정을 내려야 하는가? 답은 쉽다. 당연히 당신이다. 그렇다면 자신에게 또 물어보라. 당신이 결국 대면하게 될 결정의 선택은 누가 좌우하는가? 이 질문엔 보통 잠깐의 성찰이 필요하다. 십중팔구 당신의 결정을 선택하는 데는 당신이 현재 수준보다 더 많은 권한을 행사해야 할 듯하다. 문제 되는 결정을 그냥 받아들이기보다 자신만의 결정을 어느 정도 창출한다면 각 대안이 당신의 삶을 긍정적으로 개선할 수 있는, 당신이 마주하고 싶은 결정을 내릴 수 있다.

결정 기회 파악은 유형이건 무형이건 당신이 일어났으면 하고 바라는 것을 알아낸 다음 당신의 결정을 그것이 일어나게 만드는 방법으로 정의

함으로써 시작된다. 결정 기회를 창출하고 성공적으로 추구하면 그렇지 않았을 경우 발생할 미래의 바람직하지 못한 특정 결정 문제의 가능성을 줄일 수 있다. 예를 들어 만일 당신이 직장에 더욱 많이 기여하도록 추가 기술을 배우겠다는 결정 기회를 창출하고 그 기술을 사용할 수 있다면, 당신이 하고 있는 일에 흥미가 커지고 연봉 상승 가능성이 있을 뿐 아니라 향후 경기 불황기에 실직으로 인해 발생할 미래의 결정 문제를 피해갈 수도 있을 것이다.

당신의 삶에 영향을 미치는 타인의 결정에 영향을 줘라. 당신의 삶에서 중요한 많은 결정에 대해 당신이 실행했으면 하는 멋진 대안을 생각해낼 수 있다. 하지만 종종 다른 누군가가 그 대안의 실행 여부를 쥐고 있는 경우도 있다. 예를 들면 당신의 조직 내에서 승진이나 당신이 현재 개발 중인 제안을 주택 판매자가 받아들였으면 할 때, 사적인 용무를 처리하기 위한 6주간의 유급 휴가 또는 특별한 친구와 장기 해외여행을 떠날 때 등이 여기에 속한다.

어떻게 하면 당신이 바라는 결정을 상대편이 승인하는 데 영향을 미칠 수 있을까? 일반적인 생각은 상대편에게도 현재 상황보다 바람직한 특징을 포함시켜 당신이 원하는 바를 제공하는 대안을 꾸미는 것이다. 그런 다음 더 나은 그 대안을 제시하라. 그러면 틀림없이 상대방은 그걸 기꺼이 선택할 것이다. 당신은 원하는 바를 달성할 테고, 상대편 역시 상황이 더 나아진다. 이런 대안을 창출하는 기초는 상대편의 가치를 이해하는 데 있다.

가치 중심적 의사 결정의 개념 및 절차를 학습하고 사용하면 당신의 결정을 향상시킬 넛지가 생길 것이다. 이러한 주장은 많은 친구와 동료가 결정을 통해 명확한 사고를 하도록 도우면서, 또 수많은 기업과 정부 기구가 중요한 결정을 구조화하고 논리적으로 탄탄하면서도 타당한 대안을 선택하도록 컨설팅하면서 이런 생각을 사용해본 폭넓은 경험에 바탕을 두고 있다.

나는 내가 설파하는 주장을 실천하며, 이 책의 생각들을 나 자신의 결정에 일상적으로 사용해왔다. 가치 중심적 개념의 사용은 더 나은 결정을 내리도록 나를 이끈다. 다음에 얘기할 개인적 결정이 그 유용성을 잘 보여준다. 이 결정은 오래전에 한 것이지만 그 주제는 오늘날 더욱 의미가 있다. 점점 더 많은 사람이 자신의 사생활과 직장 생활 측면에서 균형을 잡는 데 의식적으로 관심을 갖고 있기 때문이다.

일하는 휴직

나는 샌프란시스코의 한 환경지질공학 컨설팅 회사의 일자리를 수락했다. 그로부터 반년 후 훌륭한 사고방식과 아름다운 미소를 지닌 재닛이라는 매력적인 젊은 여성을 만났는데, 그녀는 뉴욕에 살았다. 몇 달간의 행복한 장거리 연애 뒤 재닛과 나는 좀더 긴 시간을 함께 보내는 것이 좋겠다는 데 동의했다. 내 아이디어는 3~4개월간 뉴욕에서 지내며 회사 일을 계속하는 것이었다. 그러자면 회사에서 내 상사인 케시 네어(Kesh Nair)의 승인이 필요할 터였다.

회사에 첫 출근하는 날, 나는 케시에게 이렇게 말한 적이 있다. "제 전반적인 책임은 재정적으로나 전문적으로나 회사에 이바지하는 것이라고 보는데요, 그걸 전제로 할 때 근본적으로 다른 요건은 없지 않습니까, 맞죠?" 케시는 잠시 생각하더니 말했다. "맞습니다." 따라서 내 제안에 대한 케시의 승인을 얻어내기 위해 뉴욕에서 일하는 동안 회사에 대한 내 기여도를 증대시킬 대안을 창출하고 싶었다.

나는 우리 회사의 재정적·전문적 목표 양쪽에 대한 내 기여도를 높일 대안을 만들었다. 재정적으로 나는 고객들한테 주당 40시간의 비용을 청구하기로 했다. (샌프란시스코에서는 주당 평균 약 32시간을 청구했다.) 이는 좀더 일해달라는 한 고객의 요청을 받아들인다면 가능한 일이었다. 전문적으로는 발전소 부지 및 기타 주요 에너지 설비를 평가하기 위한 결정 분석의 적용 및 유용성과 관련해 우리 회사 컨설팅 서비스의 중요한 부분에 대한 책자의 원고를 쓰기로 했다. 또 만일 어떤 특별한 이유로 내가 샌프란시스코에 있어야 할 필요가 생긴다면, 거기서도 일을 처리할 수 있을 터였다.

나는 이 '더 나은' 대안을 케시에게 제시했고, 그는 내 제안을 받아들였다. 나는 재닛과 함께 뉴욕 생활을 즐겼고, 그 4개월간 내가 약속한 업무를 달성했다. 나중에는 또 다른 프러포즈에도 성공해 재닛과 나는 이제 결혼한 지 35년째다.

이러한 결정은 확실히 내 인생뿐 아니라 재닛의 인생도 향상시킬 잠재력이 있기 때문에 의사 결정자(즉, 나)가 만들어낸 결정 기회였다. 아울러 이 사례는 당신이 원하고 동시에 그 결정을 승인할 힘을 갖고 있는 또 다른 개인한테도 더 나은 특성이 있는 대안을 어떻게 만들어내는지도 잘 보여준다. 이런 특성을 가진 바람직한 결정 기회를 당신의 삶에서 많이 파악할 수 있을 것이다. 그러기 위해서는 물론 우선 당신이 원하는 것, 바로 당신의 가치를 알아야 한다. 이 경우, 나는 확실히 몇 달 동안 뉴욕에 살고 싶었다. 그러자면 샌프란시스코에 있는 회사 사무실에 결근해야 했고, 이는 내가 즉시 투입될 수 없을 뿐 아니라 다른 이들이 유사한 요청을 할 선례를 남길 가능성이 있기 때문에 회사에 부정적 효과를 미칠 터였다.

나의 상사에게는 원격 근무를 승인할 권한과 동시에 회사의 이익을 관리할 책임도 있었다.

원하는 대안에 대한 승인을 획득하기 위해 나는 그걸 승인할 권한을 쥔 개인의 가치를 달성하는 데 더욱더 기여하는 대안을 만들어낼 필요가 있었다. 이 결정에서 그 가치는 내가 직책을 수락할 때 맨 처음 했던 말에 명확히 구체화되어 있다. 고객에게 더 많은 시간 비용을 청구하고 우리 회사가 제공하는 서비스에 관한 책을 쓰는 추가 변경 사항은 현재의 그런대로 괜찮은 내 기여도에 비해 큰 폭의 기여 증대를 의미했다. 나는 그걸 케시가 거부할 수 없는 제안이라 느꼈고, 제안했을 때 그는 지체 없이 수락했다. 이 수락할 만한 대안을 내가 케시에게 제안한 것은 본질적으로 내가 바라는 대안을 그가 선택할 수 있게끔 성공 가능한 대안으로 만든 넛지였다.

이러한 합의에서는 당신의 약속을 실현하는 것이 중요하다. 이는 신뢰를 구축하고 유지하는 데 필수이며, 그 자체가 미래에 더 많은 기회를 제공한다. 나는 만족해하는 고객들에게 실제로 주당 40시간의 비용을 청구했고, 에너지 설비 부지 선정에 관한 책자의 초고도 마쳤다.[3]

의사 결정 능력 키우기

의사 결정은 삶의 중요한 기술이다. 당신이 현재 얼마나 잘 결정을 내리고 있는지와 상관없이 당신은 지식과 연습으로 의사 결정을 향상시킬 수 있다.

이 책의 **가치 제안**(value proposition)은 당신이 결정의 질을 높이고 더욱 효과적인 의사 결정자가 될 수 있게끔 자신한테 자연스럽게 넛지하도록 의사 결정 기술을 확장할 수 있다는 것이다.

더 나은 결정을 내리도록 자신에게 넛지하는 데는 당신이 학습하고 사용할 수 있는 개념과 절차가 있다. 이것을 몰라서 우리는 대부분 어릴 적 길렀던 현재의 의사 결정 습관에 경험을 기반으로 한 점진적 개선을 하는 데 그치곤 한다. 내가 말하고 있는 개념과 절차는 가치 중심적 결정을 내리기 위한 기초에 바탕을 둔다. 이런 개념에 대한 학습 및 적용은 재미있고 쓸모 있고 즐거울 것이다. 당신은 개별적인 개념을 배워가면서 당신의 결정에 이를 적용할 수 있다. 아울러 학습한 각각의 개념과 절차를 통해 당신이 이뤄내고 있는 발전을 알아채고 의사 결정이 향상되고 있음을 인식할 것이다.

개념을 배우고 의사 결정 기술의 향상에 필요한 절차를 연습하는 가장 좋은 방법은 그걸 자신의 개인적·업무적 결정에 활용하는 것이다. 이것이 개개인의 의사 결정을 향상시키는 것은 명백하지만 기업, 정부 및 기타 단체의 의사 결정도 향상시키는지는 반(反)직관적으로 보일 수 있다. 하지만 이 주장을 뒷받침하는 근거는 설득력이 있다.

> 의사 결정은 삶의 중요한 기술이다. 신중한 의사 결정을 뒷받침하는 근본 개념과 절차를 배우고 사용하는 것이 당신으로 하여금 더 나은 결정을 내리도록 넛지할 것이다.

모든 결정의 핵심 요소, 즉 당신이 달성하고픈 바를 나타내는 가치와 그것을 달성할 방법을 제공하는 대안은 개인의 결정이든 기업이나 조직·정부의 결정이든 똑같다. 각 결정의 일반적 목적, 즉 서술된 가치의 관점에서 최상의 대안을 선택하는 것도 똑같다. 따라서 의사 결정 기술을 향상시키기 위해 숙달해야 할 개념과 절차도 똑같다. 개인과 단체의 결정에서 차이점은 오직 결정의 맥락과 사안의 본질뿐이다.

> 이 책의 아이디어는 모든 기업과 단체의 결정에 적용할 수 있다. 최초의 생각은 개인의 머릿속에서 일어나며, 이것을 나중에 결정을 내릴 때 동료들과 공유하면 된다.

개념의 이해를 높이고 그것을 사용하는 데 필요한 절차의 기술을 발전시키려면 실제 결정에 적용하는 연습을 해야 한다. 이 각각의 결정과 관련한 결정 맥락과 사실적·감정적 본질을 이해해야 한다. 이는 어떤 결정과 관련한 가치를 개발하는 방법을 배우고 좋은 대안을 창출하고 추구할 만한 결정 기회를 파악하는 데 필수다. 적용에 사용한 본질을 이해하지 않고서는 어떤 실질적 의사 결정 기술도 배우지 못한다.

한 사업 분야의 개인이 다른 사업 분야와 관련한 결정 맥락과 본질에 대해 탄탄한 지식을 갖추고 있는 경우는 좀처럼 드물다. 그 결과 한 분야의 사업상 결정은 다른 분야의 전문가들이 근본적 의사 결정 기술을 향상시키는 데 그다지 유용하지 않다. 다행히 우리 모두에게는 공통된 경험이 많고, 우리가 개인적으로 집과 직장에서 여가 시간에 대면하는 비슷한 결정도 많다. 이 모든 결정이 우리 각자한테는 현실이며 실전이다.

여기서 말한 개념 및 절차의 사용은 상식과 질적인 사고(qualitative thinking)에 의존한다. 양적 분석은 전혀 필요하지 않다. 사실 대다수 개인적·업무적 결정에는 대안 평가에 필요한 차후의 체계적 분석이 없을 것이다. 이런 경우 직면한 결정에 대해 창출된 관련 가치와 대안은 어떤 대안이 다른 것보다 나은지, 낫다면 얼마나 더 낫고 왜 그런지에 관한 생산적 논의와 신중한 평가의 기초를 제공한다. 이런 명확성이 분명 결정을 개선하도록 당신에게 넛지할 것이다.

03

가치 중심적 결정을 내려라

모든 의사 결정의 목적은 당신이 원하는 바를 달성하는 데 있다. 만일 결정을 내려서 달성하고 싶은 게 무엇인지 모른다면, 그것을 어떻게 달성할지에 관해 유용하게 사고할 수 없다. 따라서 일단 당신이 직면한 결정을 인식하고 나면, 당신의 맨 처음 생각은 그 결정을 내려서 달성하고픈 것에 초점을 맞추는 것이어야 한다. 그러나 우리가 이런 식으로 결정을 다루는 일은 드물다.

우리의 직관적 의사 결정 과정

우리는 대부분 오랜 시간 키워온 의사 결정 습관을 바탕으로 결정을 내린다. 일단 대면해야 하는 결정을 인식하고 나면, 대개 그 결정 문제를 해결할 대안에 관해 맨 처음 생각한다. 이는 대안 중심적(alternative-focused) 의사 결정이다. 머릿속에 떠오른 최초의 대안은 가끔 그런대로 괜찮아 보이고, 따라서 우리는 그 대안을 실행하고 효과가 있길 바란다. 결정 완료! 문제 해결!

어떤 결정의 경우, 몇몇 대안을 파악하기도 한다. 그중 한 대안이 분명 최상으로 보이기도 하는데, 그래서 우리는 그것을 고른다. 그러나 어떤 대안이 최상인지 불분명한 그 밖의 상황은 더욱 어렵다. 이런 경우, 우리는 각 대안을 비교하기 위해 일부 명시되지 않은 가치와 관련 있는 몇몇 범주를 파악하기도 한다. 그런 다음 대안들이 얼마나 그 범주에 잘 들어맞는지 고려하기 위해 우리의 일반 상식과 관련 정보를 몽땅 동원한다. 끝으로 우리가 최상의 선택이라 여기는 것을 고르기 위해 각 대안의 장단점을 직관적으로 비교한다.

우리가 현재 직면한 중요하고 복잡한 결정의 경우, 우리 몸에 밴 의사 결정 습관에는 심각한 약점이 세 가지 있다.

1. 우리는 직면하고 있는 결정을 내려 달성하고픈 것이 무엇인지 의식적으로 전부 알지 못한다. 뭔가를 달성하고 싶다면(결정을 내릴 때는 그게 분명 사실일 것이다), 달성하고픈 것이 과연 무엇인지를 철저히 할 때 그걸 달성할 확률이 훨씬 더 높다.
2. 우리는 최초의 괜찮은 대안보다 더 나은 대안을 추가로 창출하는 데 그다지 능숙하지 않을뿐더러 거기에 시간을 집중하지도 않는다. 잠재적 대안의 효과는 엄청나게 다를 수 있으므로 맨 처음 파악한 그런대로 괜찮은 대안을 선택하는 것은 중요한 결정의 경우 잘못된 절차다.

3. 만일 생각해낸다 해도 우리 삶을 향상시킬 법한 바람직한 결정을 우리가 계획적으로 상상하는 경우는 좀처럼 없다. 우리는 각자 인생에서 우리가 원하는 것에 관해 전문가이므로, 이런 바람을 현실화시킬 결정을 창출하는 데 능숙해진다면 유익할 것이다.

이 세 가지 약점은 하나같이 내가 의사 결정에서 경시된 전단(neglected front end)이라고 부르는 것, 즉 당신이 마주하고픈 결정을 정의하고 구조화하는 것과 연관이 있다. 잘못된 결정이나 형편없이 또는 불완전하게 서술된 결정을 해결하는 것으로는 어떤 결정에 직면하더라도 당신이 달성하고픈 것을 제공할 가능성이 거의 없다.

당신의 결정을 위한 토대

모든 결정의 토대는 당신의 **가치**이며, 나는 이것을 **당신이 직면한 특정 결정을 내림으로써 당신이 달성하고픈 것**이라고 정의한다. 의사 결정에서 가치의 근본적 역할은 루이스 캐럴(Lewis Carroll)의 《이상한 나라의 앨리스》에 아름답게 그려져 있다. 토끼 굴에 빠진 후 앨리스는 길을 따라 걷기 시작한다. 이윽고 갈림길에 도착하자 그녀는 어떤 길을 따라 가야 할지 확신이 서지 않는다. 다행히 그녀는 근처 나무에서 아주 지적으로 보이는 고양이를 발견하고 조언을 구한다. "체셔 퍼스(Cheshire Puss), 여기서 어느 길로 가야 할지 내게 말해줄래?" 고양이는 이렇게 대답한다. "그거야 순전히 네가 어디에 도착하고 싶은지에 달려 있지." 앨리스가 "어딘지는 별로 신경 안 써"라고 하자 고양이는 "그렇다면 네가 어느 길로 가는지는 중요하지 않아"라고 말한다.

> 어떤 결정에서 당신의 가치란 그 결정을 내림으로써 당신이 달성하고픈 것이다. 이 가치가 의사 결정 과정에서 이후의 모든 노력을 이끌어야 한다. 나는 이 과정을 가리켜 가치 중심적 의사 결정이라고 부른다.

당신이 만일 어디로 갈지 신경 쓰지 않는다면, 어떤 선택이든 마찬가지다. 그렇다면 왜 그것에 관해 결정하느라 애를 쓰는가? 당신이 **정말로** 신경 쓰는 다른 것에 대해 결정하라. 당신에게 어디로 갈지는 중요하지만 그것이 어디인지는 잘 모르겠다고 가정해보자. 그렇다면 그것을 알아내는 게 필수다. 가고 싶은 곳이 어디인지 안다면 분명 당신이 가고 싶은 곳에 도달할 가능성도 훨씬 높아질 것이다.

당신은 현재의 직장이 따분하고 내년에 추가 학위를 딸 계획이지만, 이 학위를 따서 특별히 달성하고픈 게 무엇인지는 아직 깊이 생각해본 적이 없다고 치자. 이런 상황에서 당신이 해야 할 최초의 노력은 당신의 결정과 관련한 모든 가치를 파악하는 것이어야 한다. 가령 어떤 특정 학위를 취득할지 선택할 때 중요한 가치는 아마도 특정 과목을 배우고, 특별히 관심 있는 직종을 위해 준비하고, 사회적 기술을 키우고, 오래된 친구들을 만나고, 경제적 자립을 하고, 삶을 즐기고, 특정 지역에 살고, 비용을 최소화하는 것 등일 것이다.

일단 어떤 결정에 대한 가치를 잘 알고 나면, 의사 결정 과정에서 모든 차후의 노력은 이 가치를 어떻게 하면 가장 잘 달성할지 알아내는 것이다. 나는 이 과정을 **가치 중심적 의사 결정**이라 부른다. 당신의 가치가 명료해지면, 그것은 대안 창출의 기초를 제공하고, 대안들 각각의 잠재적 결과를 파악하고, 최상의 것을 선택하도록 경쟁적 대안을 평가함으로써 더 나은 결정을 내리도록 당신에게 넛지한다.

가치 중심적 의사 결정 과정

가치는 결정의 토대다. 그러므로 그 결정에 대한 당신의 선택을 이끌어내려면 가치가 의사 결정 과정의 토대여야 한다. 가치 중심적 의사 결정 과정을 고안한 의도는 당신의 의사 결정을 향상시킬 통찰력 있는 개인적 넛지를 개발하기 위함이다. 그것은 모든 의사 결정 과정의 핵심 요소를 다루는 논리와 상식을 바탕으로 하며 표 3.1에 열거한 일련의 단계로 구성되어 있다. 이러한 요소를 다루는 절차가 당신이 직면한 결정의 모든 측면을 좀더 명확히 이해할 넛지를 생산하고, 당신이 다루는 결정의 일부를 훨씬 매력적으로 만들기 위해 조정을 하며, 다루기에 더욱 매력적인 결정을 파악하게 하고, 이런 것들이 당신의 삶을 십중팔구 향상시킬 것이다. 이 모든 것이 가치 중심적 의사 결정 과정의 처음 세 단계에서 이뤄진다. 이 세 단계는 이 과정의 전단으로서, 당신이 궁극적으로 마주할 결정을 정의하고 철저하게 기술하는 기초를 제공한다. 후단의 세 단계는 경쟁적 대안들의 타당성을 평가하도록 해준다.

결정에서는 양질의 전단이 양질의 후단보다 더 나은 결정을 내리는 데 훨씬 더 큰 영향을 미친다. 양질의 전단을 만들어내고 나면, 이러한 주장은 다섯 가지 근본적 이유로 뒷받침된다.

1. 당신이 직면하고 싶은 결정을 파악했을 것이므로 잘못된 결정을 해결하느라

표 3.1 MBA 인턴 과정과 관련이 있을 법한 종합 가치 목록

전단: 직면한 결정을 정의하고 구조화한다

1. 당신이 직면한 결정 문제 혹은 결정 기회를 서술한다
2. 당신이 달성하고자 하는 바를 명확히 하기 위해 당신의 가치를 파악하고 그것을 목표로 서술한다
3. 당신의 목표를 달성하는 데 기여할 대안을 창출한다

후단: 대안을 평가하고 결정을 내린다

4. 각 대안이 당신의 목표를 얼마나 잘 달성하는지 나타내기 위해 그것의 잠재적 결과를 기술한다
5. 각 대안의 장단점을 파악하고 그것들의 중요도를 매긴다
6. 당신의 평가로부터 나온 정보와 통찰력을 활용해 대안을 선택한다

시간과 노력을 낭비하지 않을 것이다.

2. 당신이 결정을 내려서 달성하고픈 것을 훨씬 더 잘 알고 있을 터이므로 그걸 달성할 가능성도 높일 것이다.
3. 당신이 예전에 알아낸 대안들 중 어떤 것보다도 당신의 결정에 더 나은 대안을 자주 파악할 것이다.
4. 당신은 결정 문제뿐 아니라 중요한 결정 기회도 포함해 당신이 직면할 더욱 매력적인 결정을 만들어낼 것이다.
5. 후단의 평가의 질은 전단의 가치 및 대안의 질에 전적으로 달려 있다.

안타깝게도 의사 결정에 관한 대부분의 책자와 문헌은 후단에 초점을 맞춘다. 그럼으로써 당신이 결정을 잘 이해했다고, 즉 전단의 세 단계를 확실히 고려하고 제대로 마쳤다고 명시적으로 또는 은연중에 가정한다. 이런 책들의 첫 문장은 "다음의 이러이러한 가치와 대안을 가진 특정 결

정을 감안할 때 당신이 그것을 해결할 방법이 여기 있다"이기 십상이다. 이렇게 결정 문제를 처음 인식한 대로 서둘러 해결하려다 보니 전단을 주의 깊게 혹은 철저하게 고려하지 않을 때가 많다. 그 결과, 잘못 또는 불완전하게 서술된 결정의 대안을 평가하는 데서 비롯한 통찰이 "무가치한 데이터를 넣으면 무가치한 결과가 나온다(Garbage in, garbage out)"는 원리가 설명하듯 질적으로 크게 떨어진다.

개인적·업무적 결정을 체계적인 대안 평가가 알려주는 경우는 극히 드물다. 다행히 신중하게 구조화하면 당신의 이익을 더욱 잘 달성할 대안을 선택하도록 당신에게 넛지하는 결정을 확실히 이해할 수 있다.

가치 중심적 의사 결정 과정은 의사 결정에 관한 그 밖의 과정들과 다르다. 이 책은 당신의 결정을 제대로 정의할 수 있도록 전단의 세 단계에 집중한다. 그저 가치 및 대안을 파악해야 한다고 말하는 게 아니라 이 두 가지 중요한 과제를 제대로 수행하는 데 도움이 될 여러 절차를 상세히 설명하고 각종 사례 연구와 예시를 통해 보여준다. 이 책은 또한 결정 기회의 창출을 포함해 타인의 영향을 받는 결정과 삶에서 집단 결정(collective decision)이 담당하는 핵심 역할도 다룬다.

일단 전단에서 양질의 결정 구조를 개발하고 나면, 후단의 상세한 분석보다는 정보와 데이터로 뒷받침된 체계적 사고가 생각할 만한 결정을 대부분 해결해줄 것이다.[1] 기업과 단체가 보통 대면하는 복잡한 결정의 경우, 수학적 모델을 사용한 완벽한 대안 평가가 추가적으로 유용한 통찰을 제공할 것이다.[2] 어떤 결정이건 결정 구조는 그 결정과 관련한 모든 측면에 대해 유의미한 논의를 이끄는 탄탄한 논리적 기초도 제공한다. 이러한 사실은 결정 과정의 전단을 제대로 수행하는 것의 중요성을 더욱더 부각시킨다.

잘 서술된 결정의 대안을 평가하기 위한 후단의 단계가 이 책의 주요 논제는 아니지만, 이러한 단계와 가치 중심적 의사 결정 과정에서 전단 단계의 관계에 대한 요약 설명은 부록에 따로 실었다.

당신이 직면한 결정 정의하기

가치 중심적 의사 결정 과정에서 전단의 세 단계의 역할은 상호 밀접한 관계가 있다. 이 때문에 보통은 당신의 결정에 좋은 토대를 제공하려면 각 단계를 한 번 이상 되짚어야 한다. 세 단계와 그것들의 관계에 대한 개요는 아래에 제시되어 있다. 이어질 세 장에서는 각각의 단계를 수행하고 그것을 활용하는 데 능숙하고 편해지는 방법에 관한 세부 사항을 제공한다.

첫 번째 전단 단계는 다뤄야 할 결정 문제나 결정 기회의 첫 번째 결정 서술을 작성하는 것이다. 결정 서술은 명확하고 간결하며 '결정한다'는 말로 끝나야 한다. 개인의 결정 서술은 "어떤 새 승용차를 살지 결정한다"이며, 기업의 예는 "대한민국에 신규 매장을 도입할 전략을 결정한다"이다. 당신의 결정 서술은 다른 두 전단 단계에서 일련의 가치 및 대안을 창출하는 당신의 노력을 이끌 최초의 정보를 제공한다. 쓸모 있는 결정 서술을 어떻게 작성하는지와 관련한 지침은 4장에서 제시한다.

어떤 결정을 위해 당신의 가치를 구체화하면 그 결과 관련 가치의 전체 목록이 나온다. 각각의 가치는 그 결정에서 당신이 신경 쓰는 것들을 시사한다. 이 가치 대부분은 당신이 결정을 내려서 달성하고픈 것과 관련이 있거나 그것을 말해준다. 각각의 가치를 하나의 목표로 표현하면 당신이

그림 3.1 당신의 결정 틀

일련의 대안으로부터 당신의 서술된 목표를 가장 잘 달성할 대안을 선택한다

대안 / 목표	대안 A	대안 B	대안 C	대안 D
목표 1				
목표 2				
목표 3				
목표 4				
목표 5				

결정 틀

달성하고자 하는 게 과연 무엇인지 명료해진다. 일자리 선택에 관한 결정이라면 당신의 목표는 그 기업에 대해 신속히 알아내는 것, 확실하게 기여하는 것, 일을 즐기는 것, 통근 시간이 적당한 것, 친구를 사귀고 인맥을 쌓는 것, 높은 연봉을 받는 것일 수 있다. 당신의 가치를 파악하고 그것을 목표로 표현하는 방법은 5장에서 자세히 설명한다.

당신이 관심을 가져야 할 대안은 적어도 당신의 목표 중 하나를 더 잘 달성하는 데 기여할 대안이다. 일련의 목표는 당신이 결정을 위해 신중히 고려해도 좋을 만큼 아주 훌륭한 대안과 그렇지 않은 대안을 명확히 구분할 수 있게끔 해준다. 더 나은 대안을 창출하도록 당신의 사고를 자극하는 절차는 6장에서 논의한다.

목표와 결정 서술에 대한 일련의 대안은 **결정 틀**(decision frame)이라 부르는 결정의 정확한 설명에 기초를 제공한다. 그림 3.1에서 알 수 있는 것

처럼 당신의 목표 및 대안을 놓고 봤을 때 결정 틀은 "일련의 대안으로부터 당신의 서술된 목표를 가장 잘 달성할 대안을 선택한다"이다. 당신의 결정에서 이 결정 틀은 대안들의 설명 및 평가를 이끌고 분별 있는 결정을 내리기 위한 최초의 결정 서술을 대체한다.

결정 틀은 당신이 내리려 하는 결정을 빈틈없이 기술한다. 거기에는 당신이 확실한 결정을 내리기 위해 고려해야 할 모든 게 담겨 있다.

결정 틀을 위해 창출한 각각의 요소는 당신이 직면한 결정을 더 잘 이해하게 해준다. 따라서 파악된 당신의 가치, 그것을 목표로 한 서술, 실현 가능한 대안의 구체화는 전부 더 나은 결정을 내리는 방향으로의 넛지다. 그 결과물인 결정 틀은 좋은 결정을 내리기 위한 강력한 넛지를 제공한다. 선택을 위해 대안을 기술하고 평가하는 데 있어 당신이 생각해야 할 모든 게 거기에 담겨 있기 때문이다.

결정 틀은 프레임 안에 그림이 하나 있고 다른 모든 것은 전부 프레임 밖에 있는 그림틀과 유사하다. 당신의 결정 틀은 당신의 결정이 포함하고 있는 것과 제외하고 있는 것 둘 다에 대해 구체적이다. 그것은 당신이 내리려고 계획 중인 결정을 명료하게 포괄적으로 기술한다. 결정 틀은 결정을 위해 대안 평가에 필요한 후단의 특정 활동을 명확하게 나타낸다. 이것이 분별 있는 결정을 내리기 위해 당신의 의사 결정 시간을 좀더 효과적으로 사용하도록 당신에게 넛지한다.

그림 3.1에서 몇 가지 의미 있는 관찰을 정확히 볼 수 있다. 만일 당신한테 일련의 목표 또는 일련의 대안이라는 관점에서 서로 다른 결정 틀이 두 가지 있다면, 그것들은 다른 결정을 나타낼 것이다. 단 하나의 목표나 대안을 더하거나 빼기만 해도 그것들은 비슷하지만 다른 결정이 된다. 가

령 당신과 당신의 가족이 휴가 선택의 가치로서 휴식과 이완 또는 가족과 보내는 시간을 명확히 밝히지 않는다면, 휴식 시간 없이 매일을 박물관과 문화 유적지에서 보내는 휴가를 고려하는 꼴이 될 수도 있다.

결정을 더욱 매력적으로 만드는 직접적 방법은 현재 틀의 어떤 것보다도 나은 새로운 대안을 창출하는 것이다. 결정을 더욱 매력적으로 만드는 간접적 방법은 그 결정과 관련 있거나 예전에는 인식하지 못했던 목표를 찾아내는 것이다. 일부 대안이 이러한 목표를 달성하는 쪽으로 기여도가 한층 커서 그러한 대안의 타당성이 더욱 호소력을 갖고, 당신은 그것들을 선택하는 쪽으로 넛지될 것이다. 더욱이 이러한 목표를 인식함으로써 최초 결정 틀의 어떤 것보다도 나은 새로운 대안을 창출하도록 당신의 생각을 자극할 수도 있다.

좋은 결정과 좋은 성과의 구분

이 책의 목적은 당신이 더 나은 결정을 내리는 특정 기술을 개발하도록 돕는 것이므로 잠시 멈추고 좋은 결정의 개념을 정의하는 것이 유용하겠다. 좋은 결정이란 그 결정에 대한 당신의 가치와 일치하며 표 3.1의 가치 중심적 의사 결정 과정에서 1~5단계로 제시한 그 결정에 관한 모든 정보를 활용해 내리는 결정이다. 좀더 간단히 말하면, 좋은 결정이란 그 결정을 내릴 당시 당신이 갖고 있는 모든 관련 정보를 활용해 당신이 생각하기에 당신의 목표를 가장 잘 달성할 수 있는 대안을 선택하는 결정이다.

결정을 고려하기 시작할 때는 이 다섯 단계마다 불확실성이 존재한다.

전단 단계의 불확실성은 다뤄야 할 결정을 정의하고, 그 결정에 대한 모든 가치를 서술하고, 고려할 모든 합당한 대안을 파악하는 일에 관해 당신이 확실히 또는 완벽하게 알지 못하는 데서 기인한다. 이 단계들을 신중하고 철저하게 수행하면 당신의 결정에 대한 불확실성은 줄어들 것이다. 그것들을 더 잘 수행하면 할수록 잘못 정의된 결정을 가지고 진행하거나, 그 결정을 위한 핵심 가치를 누락하거나, 매우 바람직한 잠재적 대안을 파악하지 못할 가능성이 더 적어진다. 4단계의 경우, 당신은 당신의 가치라는 관점에서 봤을 때 그 대안이 얼마나 잘 부합하는지를 나타내는 각 대안의 잠재적 결과들에 대한 불확실성을 인식할 수 있다. 마지막으로 5단계에서는 각 대안의 장단점을 어떻게 저울질하고 싶은지 당신이 잘 모를 수 있다.

당신이 대면한 결정의 기술과 관련해 불확실성이 적으면 적을수록 더 쉽게 더 좋은 결정을 내릴 수 있다. 다행히 1단계부터 3단계까지, 그리고 5단계에서는 불확실성을 줄이는 전적인 통제권이 당신한테 있다. 1단계부터 3단계까지 따라가면서 결정의 틀을 신중하게 잡으면 당신이 다루고 있는 결정에 관한 불확실성은 상당히 줄어든다. 이것을 어떻게 할지에 관한 세부 사항은 이어지는 세 장에서 제시할 것이다. 아울러 5단계에서 다양한 장단점을 적절하게 저울질하는 방법에 관한 불확실성도 줄일 수 있다. 이와 관련한 주제는 부록에서 논의한다.

4단계에서는 당신이 각 대안의 잠재적 결과에 대한 불확실성을 줄이는 통제권이 적다. 부록에 언급한 대로 각 대안의 잠재적 결과와 그것이 발생할 확률을 기술하려고 최선을 다할 수는 있다. 또한 결과와 관련해 불확실성이 좀더 적은 대안을 창출할 수도 있다. 하지만 이 불확실성을 전부 제거하는 것은 대체로 불가능하다. 당신의 통제력을 벗어난 상황이 그 결과에 영향을 줄 수 있기 때문이다. 그러므로 발생할 수 있는 결과에 대한 이런 불확실성을 그 결정 안에서 기술하고 설명할 수 있도록 결정을 내려야 한다. 이런 상황은 좋은 결정의 의미를 이해하는 데 필요한 중요한 개념을 명확히 하는 걸 중요하게 만든다.

결정마다 잠재적 결과가 있고, 이는 당신의 가치라는 관점에서 봤을 때 선택한 대안이 잘 부합하는지 여부를 나타낸다. 대안을 선택한 이후 발생하는 결과를 그 결정의 **성과**(outcome)라고 부른다. 좋은 결정의 의미를 이해하려면 좋은 결정이라는 개념과 결정의 좋은 성과라는 개념을 구분하는 것이 필수다.

중요한 결정에는 보통 각 대안의 최종 결과에 대한 불확실성이 존재한다. 좋은 결정을 내리기 위해서는 발생할지 모르는 잠재적 결과의 가능성을 인정해야 한다. 결정을 내리고 나면 당신한테는 어떤 결과가 발생할지에 대한 추가적 통제권이 없다. 좋은 결정과 나쁜 결정의 성과 간 일반적 차이는 좋은 결정의 성과가 보통 두 가지 측면에서 나쁜 결정의 성과보다 나을 거라는 점이다. 좋은 결정에서는 좋은 성과를 더 많이 경험할 것이다. 그리고 이 좋은 성과는 평균적으로 더 나을 것이며, 나쁘더라도 그렇게 나쁘지는 않을 것이다.

다음 사례들은 이러한 생각을 잘 보여준다. 당신은 스타트업 회사의 창업자다. 2년 전 창업한 이래 상당한 발전을 했고, 사무실에서 약 160킬로미터 떨어진 유명한 컨퍼런스 센터에서 60명의 전문직 직원을 위한 이틀짜리 수련회를 계획 중이다. 이 모임의 목적은 지금까지의 업적과 가까운 미래에 회사가 취할 핵심 필수 단계를 직원들이 철저히 이해하도록 하는 것이다. 수련회 첫날 저녁의 하이라이트는 그 분야에서 인기 많고 존경받는 인물의 연설인데, 그 뒤로 긴 토론 시간이 이어질 것이다.

회사는 수련회에 참석할 모든 직원을 대상으로 연사를 추천하도록 했다. 여러 후보자가 나왔는데, 그중 한 인물의 선호도가 강했다. 그는 수련회 참석에 동의했고, 강의 날짜까지 잡았다. 그의 연설 주제는 직원들에게 그 분야의 역사에서 핵심 측면을 전달하고, 회사 제품을 향상시키는 방법과 관련한 생산적 사고를 자극하고, 참석자들의 기운을 북돋우며 영감을 주는 것이었다. 모두가 수련회의 이 시간을 고대했다.

수련회 첫날, 회사는 그 연사가 교통사고를 당해 현재 병원에 있음을 알게 됐다. 다행히 큰 부상은 아니었지만, 수련회에는 확실히 참석하지 못할뿐더러 원격으로 연설할 수 있는 상태도 아니었다. 수련회 날 아침에 플랜 B를 마련해야 했다. 그래서 회사에서 중요한 네 가지 사안을 파악하고 주요 연설이 예정되었던 그날 저녁 시간에 그것에 대해 토론할 조를 편성했다.

전설적 인물을 수련회에 주요 연설자로 초대하는 것은 그 결정을 내릴 당시 가능한 모든 정보를 바탕으로 했을 때는 좋은 결정이었다. 하지만 회사의 통제력을 넘어선 상황과 그 모임을 계획할 당시에는 알 수 없던 정보 때문에 수련회의 성과는 기대치보다 훨씬 덜 바람직했다. 다시 말해 덜 성공적이고 덜 감동적인 행사였다. 노력은 허사가 됐다. 그러나 이런 나쁜 성과가 그 결정이 잘못됐음을 의미하지는 않는다. 당신의 통제력을 벗어난 불확실성이 결정의 결과에 영향을 줄 수 있다. 어떤 상황에서든 좋은 결정이란 불확실성과 관련해 당시 입수할 수 있는 최상의 정보를 활용해 내려진다.

당신이 잘못된 결정을 내렸음에도 좋은 성과로 이어질 수 있다. 집에서 32킬로미터 떨어진 곳에서 열리는 하우스 파티(house party)에 참석하기 위해 운전해서 간다고 치자. 거기 있는 동안 어쩌다 보니 술을 마시게 됐고, 생각했던 주량보다 많이 마셨다. 파티를 연 집에서 밤을 새우고 가도 좋다고 했지만, 당신은 그날 밤 집까지 운전해서 가기로 한다. 다행히 주행 중 아무런 문제도 일어나지 않는다. 사고를 당하지도 않았고, 다른 사람에게 해를 끼치지도 않았고, 경관에게 제지당하지도 않았다. 성과는 당신이 바랐던 것이지만, 그렇더라도 이 결정은 명백히 잘못됐다.

조직의 결정에 대한 추가적 생각

개인적 결정에서처럼, 조직의 가치는 명확한 사고를 위한 토대와 양질의 결정을 내리기 위한 데이터의 수집이나 분석을 제공한다. 조직의 가치는 표 3.1에서 제시했듯 의사 결정 활동에 할애하는 시간 및 노력의 기초가 되어야 한다.

조직적 결정에는 흔히 다수의 개인과 집단이 관련된다. 그들 모두가 어떤 선택을 해야 할지에 관해 강한 의견을 갖고 있을 수 있고, 그 결정을 내릴 때 고려해야 할 많은 관련 쟁점을 잘 모른다 해도 자신들이 잘못된 선택이라 여기는 것에 대해서는 주저하지 않고 공공연히 의견을 표명할 수도 있다. 명백한 사례로 일반 구성원들이 합법적 관심을 갖는 모든 수준의 정부, 그리고 주주와 고객과 직원이 직접적으로 영향을 받는 공개 기업의 결정이 있다.

이러한 의사 결정 환경은 의사 결정자에게 투명한 의사 결정 과정을 갖고 다른 이들에게 정당화할 수 있는 선택을 하라는 압력을 가한다. 투명성을 높이는 방법은 가끔 그 과정이 이해하기 쉽고 논리적이고 가치를 기반으로 하는 게 아니라, 객관적이고 데이터를 기반으로 해야 한다는 뜻으로 잘못 여겨질 때가 있다. 그 결과, 어떤 때는 의사 결정자가 첫 번째로 해야 할 일은 입수 가능한 데이터를 몽땅 수집하는 것이라고 말하기까지 한다. 그러나 이렇게 되면 고작 아무 상관없는 데이터를 다량으로 수집하는 데 장시간 동안 고비용을 초래할 수 있다. 아울러 결정에 대한 명확한 이해를 왜곡하기도 한다. 데이터는 대체로 비용과 같이 좀더 쉽게 수량화할 수 있는 관심사와 관련이 있고 건강과 안전, 환경적·사회적 영향은 물론 대중 및 주주의 반응 같은 '유연'하지만 어쩌면 관련이 더 깊은 관심사는 간과하기 때문이다. 조직의 가치라는 관점에서 의미 있고 통찰력 있는 대안을 제공하는 데 도움이 되지 않는 데이터—그리고 좀더 광범위하게 말해서 정보—는 시간이나 비용을 들여 수집할 가치가 없다.

주주들이 조직의 결정으로 인해 상당한 영향을 받을 때는 흔히 그들에게 의사 결정 과정에서 의미 있는 참여 기회를 제공하고, 결정에 대한 고민에도 그들의 관심사를 포함시키는 게 중요하다. 의사 결정 과정 초기, 특히 결정을 내리기 전에 그들을 포함시키는 것도 중요하다. 그렇게 하는 매우 적절한 방법은 결정과 연관된 그들의 가치를 명확히 파악하고, 이 가치들을 대안 평가에 집어넣는 것이다. 한 가지 장점은 그러고 나면 의사 결정 과정에서 그들의 가치를 어떻게 어디서 다뤘는지, 그리고 그 결정에 따라 선택한 대안의 어떤 측면이 그들의 가치를 명확히 다루기 위해 포함되었는지를 모든 주주에게 진솔하게 전달할 수 있다는 것이다.

많은 결정은 다른 이들에게 설명하거나 소통할 필요가 없다. 그러나 가끔 당신은 행동하기 이전에 당신의 근거를 검토하기 위해 혹은 주주에게 그들의 관심사를 어떻게 정당하게 고려했는지 이해시키기 위해 당신의 선택 이유를 전달하고 싶을 수 있다. 당신의 결정을 의미 있는 방식으로 설명하는 기초는 서술된 가치의 관점에서 대안의 다양한 장단점을 기술하고, 당신이 결정을 내리는 데 있어 그 장단점을 어떻게 고려했는지 설명하는 것이다.

04

결정을 정의하라

어떤 결정이든 그 계기는 최종적으로 당신이 결정을 내려야 한다고 결론 짓게 만든 최초의 의식적 생각을 유발한 사건이다. 그 사건은 사업상 중요한 미팅이 취소된 경우처럼 외부적일 수도 있고, 아니면 스포츠나 합창 팀원이 될 기회를 놓쳤음을 깨닫는 경우처럼 내부적 생각일 수도 있다.

많은 결정 문제의 경우, 계기와 인식 사이의 시간은 매우 짧다. 중요한 미팅에 운전해서 가려고 주차한 차로 돌아왔더니 타이어가 펑크 난 것을 알아차렸다고 치자. 거의 순간적으로 당신은 결정이 필요하다는 것을 깨닫는다. 어떤 즉각적 결정을 해야 하는지는 생각조차 하지 않고 당신은 문제 해결을 위한 결정을 내리기 시작할지도 모른다. 만일 차량에 여분의 타이어가 있다면, 펑크 난 타이어를 교체하려 애쓰기 시작할 터이다. 만일 여분의 타이어가 없다면, 펑크 난 타이어를 차고까지 가져가 거기서 고치거나 새 타이어를 구입해 바퀴에 장착할 수 있다. 어떤 상황이건 당신이 작업을 하든가 당신을 도와줄 서비스를 부를 것이다. 이 모든 상황에서 당신은 "펑크 난 타이어를 고칠 방안을 결정한다" 또는 "최대한 빨리 내 차를 주행하게 만들 방법을 결정한다"라는 무언의 결정 서술을 해결하려고 대안 중심적(alternative-focused) 결정 절차를 밟을 것이다. 그런데 이러한 결정 서술은 당신이 현재 직면한 결정을 다루고 있는가?

인식한 결정 문제를 해결하려고 행동하기에 앞서 적어도 잠깐은 당신이 어떤 즉각적 결정을 대면해야 하는지 생각하는 것이 중요하다. 한 시간 뒤에 중요한 사업상 미팅이 있다면, 당신의 즉각적 결정 서술은 "제시간에 도착해 미팅을 준비할 방법을 결정한다"일 것이다. 대안은 택시 또는 우버를 이용하거나, 동료에게 태워달라고 전화를 걸거나, 할 수 있다면 버스나 지하철을 타거나, 아니면 걸어가는 것일 수도 있다. 펑크 난 타이어를 처리하는 결정은 미팅이 끝난 후에 집중하면 된다. 당신이 받아들여야 할 결정을 선택하는 것이 좋은 의사 결정의 핵심 요소다.

결정 기회의 경우, 계기와 결정을 내려야 한다는 인식 사이의 시간이 저마다 다를 수 있다. 당신은 최근 직장 때문에 새 도시로 이사했을 수 있다. 일은 아주 잘 진행되고 있으며, 이제 당신의 개인 생활이 나아지기를 바란다. 당신의 삶이 더 재미있어지기까지는 시간이 좀더 걸릴 거라고 생각하기도 한다. 몇 달 뒤 당신은 별로 나아진 게 없고, 삶은 여전히 별 재미가 없다는 걸 깨달을 수 있다. 이벤트 행사에 더 자주 가는 것으로 반응할 수도 있다. 이게 도움이 될 수도 있지만, 반응은 결정이 아니다. 결정은 적어도 두 가지 대안을 의식적으로 고려하고 그 결정을 내림으로써 당신이 달성했으면 하는 것이 무엇인지를 어느 정도 이해할 것을 요구한다.

삶은 계속되지만 별로 나아지지 않는다. 그러던 어느 날 당신은 이런 생각을 한다. "내 삶의 뭔가가 내가 원하는 만큼 좋지 않고, 나는 그걸 개선하기 위해 행동에 나설 준비가 됐어." 당신은 무엇이 문제인지 생각하고, 이전에 살던 곳에서처럼 함께할 좋은 친구가 없다는 게 가장 큰 원인이라고 결론짓는다. 당신은 자신의 생각들을 어떻게 잠재적인 친구를 만날지에 관한 결정 기회로 표현하고, 그렇게 할 대안을 창출하기 시작한다. 이것은 희소식이다. 조만간 당신의 삶이 더욱 즐거워질 테니 말이다.

이 간단한 이야기에는 나쁜 소식도 있다. 계기—더 나아졌으면 하는 상황에 대한 당신의 의식적 자각—와 그것을 개선할 대안을 파악해 밀어붙이겠다는 결정을 하는 데 5개월이 흘렀다. 그 결과는 별로 즐겁지 않은 5개월이었다. 만일 결정 기회와 관련해 당신이 좀더 적극적이었다면 5개월 전에 상황을 개선할 대안 탐색을 개시할 수 있었을 것이다.

결정 서술 작성하기

일단 결정을 인식하고 나면 당신은 이 결정의 명확하고 간결한 서술을 발전시키고 싶어진다. 결정 서술(decision statement)은 당신의 결정을 위한 결정 틀을 창출하기 위해 당신이 일련의 적절한 가치 및 대안에 관해 생각하도록 넛지하는 출발점이다. 결정 틀은 그 결정을 내림으로써 당신이 달성하고픈 게 과연 무엇인지를 특징짓는 가치와 당신이 느끼기에 그 가치를 달성하려면 고려해야 할 일련의 적절한 대안을 모두 포함한다.

결정 서술을 만드는 게 간단해 보일 때도 있지만, 맨 처음 생각이 잘못될 수 있다. 당신이 일자리를 구해왔고 세 군데서 제의를 받았다고 가정하자. 당신은 "세 가지 제의 중 하나를 선택한다"로 결정을 서술할 수 있다. 그런데 대안이 단지 세 가지뿐일까, 아니 꼭 그래야만 할까? 제의를 강화하도록 부추기기 위해 회사와 협상하는 것도 당신 머릿속에 들어 있는가? 만일 그렇다면, 당신의 현재 결정은 어떤 제의를 선택할까가 아니다. 만일 당신이 선호할 것 같은 생각이 드는, 곧 올지도 모를 잠재적인 네 번째 제의가 있다면, 당신의 현재 결정은 어떻게 해야 지금의 대안을 일주일 이상 선택지로 간직할지가 될 수 있다. 네 번째 회사로부터 제의받을 가능성을 어떻게 높일지, 또는 그 회사로부터 응답이 올 때까지의 시간을 어떻게 단축할지로 정의할 수도 있다.

결정 서술은 당신이 직면한 결정을 간결하게 정의한다. 그것은 당신이 그 결정을 내림으로써 달성하고픈 가치와 고려해야 할 대안에 관한 생각을 이끈다.

당신이 대면하려는 결정을 서술하기 위해서는 간단한 원칙이 도움이 된다. 어떤 결정 서술이든 '어떤', '무슨', '언제', '~일지 아닐지', '어떻게' 또는 '만일'로 시작해 '결정한다'는 말이 따라오게 하라. 결정 서술은 그런 다음 당신이 결정하고 싶은 것이 무엇인지 명확히 밝혀야 한다. '그것이 무엇인지'가 당신이 달성하고 싶은 전반적 가치, 아니면 당신이 고려하고 싶은 대안의 범주 중 하나를 특징짓는다. 각각의 예는 "어떻게 내가 저녁 시간을 더 즐겁게 보낼지 결정한다"와 "어떤 스키를 한 벌 살지 결정한다"이다. "저녁 시간을 더 즐겁게 보내기로 결정한다"나 "스키 한 벌을 구입하기로 결정한다" 같은 비슷해 보이는 서술은 명확한 결정 서술이 아니다. 그보다는 성취할 결정을 요구하는 의도를 담은 주장이다.

결정 서술을 그냥 처음 감지한 대로 받아들이지 말라. 당신한테는 당신이 대면하고 싶은 결정에 대한 결정 서술의 선택권—사실은 결정 그 자체—이 있다. 하나의 결정에 대해 몇 가지 잠재적 결정 서술을 개발하는 게 보통 도움이 된다. 최초의 결정 서술이 다소 광범위하게, 혹은 좁게 서술되었다면 더 좋았을지도 신중히 생각해보라. 아울러 매력 없는 결정 서술을 적절한 가치나 혁신적 대안을 위해 더 좋은 제안을 하는 훨씬 매력적인 방식으로 표현할 수 있는지도 생각해봄직하다. 결정 서술을 검토하다 보면 다뤄야 할 결정을 통째로 바꾸는 결과까지 생길 수 있다. 펑크 난 타이어를 고치는 게 아니라 제시간에 미팅에 도착하는 것으로 바뀌었던 위의 사례에서처럼 말이다.

"돈을 번다"나 "휴가를 즐긴다" 또는 "재미있는 사람들을 만난다"처럼 목표로부터 결정을 창출할 수는 있지만 그렇다고 그것을 목표로 서술해서는 안 된다. 이러한 목표에 부합하려면 각각의 결정 서술은 "연봉을 올릴 방법을 결정한다"나 "휴가 때 어디로 갈지 결정한다" 또는 "좀더 재미있는 사람들을 만날 가능성을 높이기 위해 무엇을 해야 할지 결정한다"가 될 수 있을 것이다. 또한 당신의 결정 서술은 "다음 주말에 캠핑을 간다" 처럼 결정에 대한 대안이어서도 안 된다. 관련된 결정 서술은 "다음 주말에 캠핑을 갈지 말지 결정한다"나 "다음 주말에 어디로 캠핑을 갈지 결정한다" 또는 "언제 캠핑을 갈지 결정한다"이다.

다른 사람이 당신에게 제기한 결정 서술을 받아들이기 전에 당신이 그 결정을 다루고 싶은지 아닌지를 신중하게 고려해야 한다. 이런 결정 서술 다수가 단 하나의 명시적 대안과 명시적으로 서술된 그 대안을 선택하지 **않는** 암묵적 기본 대안이 있는 대안의 선택으로 제시된다. 한 가지 예가 주택을 구입할지 여부에 대한 특정 제안이다. 당신은 구입할 만한 다른 잠재적 주택을 파악하는 등 그 밖의 추가적 대안을 창출함으로써 결정의 변화하는 측면을 아마 고려해야 할 것이다.

당신은 결정의 일부만 서술함으로써 그 결정 서술을 좁히는 경향은 피하고 싶을 수 있다. 이렇게 하면 차후에 결정 틀이 제한되고, 그럼으로써 당신의 모든 의사 결정 노력도 저하될 것이다. 만일 집에 잡동사니가 너무 많다는 느낌이 든다면, 당신은 결정을 "더 많은 물건을 저장하는 데 사용할 수 있도록 차고를 정리할 방법을 결정한다"로 서술할 터이다. 하지만 실질적으로 이러한 서술은 원치 않는 많은 물건의 폐기를 포함한 대안들을 누락시킨다.

당신은 또한 왜 당신이 뭔가를 원하는지에 대한 설명을 제한하고 싶지 않을 수 있다. 당신은 작년에 회사에서 판매왕으로 뽑혔고 회사 측이 마음에 드는 자동차를 구입하라고 당신한테 제안했다고 치자. 처음 당신은 "내 업무에 어떤 자동차가 최상인지 결정한다"로 결정을 서술할 것이다. 좀더 생각해보니 당신은 업무 외에도 많은 개인적 사유로 새 차를 사용할 것임을 알게 되었고, 따라서 "내게 어떤 자동차가 최상인지 결정한다"가 결정 서술로 더 나을지도 모른다. 당신의 업무에 맞는 자동차는 당신의 모든 일상에 맞는 자동차와는 아주 다를 수 있다.

일반적으로 당신은 결정 서술 속의 가치 언급이 광범위하길 바라고 대안의 언급 역시 광범위하길 바란다. 그런데 얼마나 광범위해야 할까? 두 경우 모두 답은 이것이다. 즉 당신이 결정 틀을 구축할 때 차후의 생각을 제한하지 않을 정도로 충분히 광범위해야 한다. 이유는 결정 서술이 결정 틀에 적합한 특정 가치 및 특정 대안에 관한 사고를 자극하는 기초이기 때문이다. 처음의 결정 서술이 부적절하게 협소한 나머지 미처 떠올리지 못했던 가치와 대안을 나중에 만들어내기보다는 좀더 신중하게 구축한 결정 틀과 무관하다고 여겨지는 서술된 가치 및 대안을 차후에 삭제하는 편이 더 쉽다.

명확성이 결여된 결정 서술

결정을 위한 최초의 자극은 상당히 모호할 때가 있다. "일이 별로 재미없다" 또는 "컨디션이 영 별로다" 또는 "남편 직장 때문에 2년간 몬트리올로 이사 갈 건데 뭘 해야 할지 모르겠다"는 식이다. 분명 이런 기분이나 생각은 결정이 필요하다고 말해주지만, 유용하게 개선하기 위해서는 좀더 구체화할 필요가 있다. "일이 별로 재미없다"의 경우, 직장에서 새로운 걸 전혀 배우고 있지 않다는 것인가, 아니면 동료들이 재미없다는 것인가, 아니면 업무가 전혀 즐겁지 않다는 것인가? 새 직장이나 새 분야 또는 회사 내 발령이나 추가적인 역량 개발 등을 생각하고 있다는 뜻인가? 컨디션이 별로인 것은 신체적 문제인가, 감정적 문제인가, 심리적 문제인가, 아니면 몇 가지가 결합된 것인가? 남편의 발령과 관련해 당신의 걱정은 가느냐 마느냐인가, 그 2년 동안 당신의 현재 일자리를 유지할 방법인가, 몬트리올에 사는 동안 개인적으로 무엇을 할지인가, 거기서 좋은 일자리를 얻을 방법인가, 당신이 찾고 싶은 종류의 직업인가, 아니면 다른 것인가? 정말로 걱정하는 게 뭔지 잠시 진지하게 생각해보면 당신이 내려야 한다고 인식하는 여러 가지 결정 각각에 대해 어쩌면 명확한 결정 서술을 구축할 수도 있을 것이다.

일이 재미없는 사람은 자신이 오랫동안 회사에 있고 향후 더 높은 직책으로 승진하길 바란다는 것을 알게 될지도 모른다. 그는 회사 전체가 어떻게 돌아가는지 더 배우고 싶지만, 현재 위치에서는 배우는 데 한계가 있다. 그의 결정 서술은 아마 "회사 안에서 어디로 어떻게 좀더 도전할 만한 직책으로 갈아탈지 결정한다"가 될 것이다. 마찬가지로 남편이 캐나다로 가는 여성은 신이 날 수도 있다. 그녀는 결정 서술이 "어떻게 몬트리올 생활에 적극적으로 적응하고 최대한 많이 경험하고 기여할지를 결정한다"임을 알게 될 터이다. 또한 전혀 별개의 결정 서술, 즉 "재미있는 시간제 일자리를 어떻게 찾을지 결정한다"를 인식할지도 모른다.

뭔가를 할지 말지의 상황으로 결정을 서술하는 것은 모호할 때가 많다. 어떤 부부가 "올해 휴가를 칠레와 페루로 갈지 말지를 결정한다"로 자신들의 결정을 서술한다고 치자. 이것이 적절하지 못한 이유는 "칠레와 페루를 방문하지 않기로 결정한다"는 기본 대안이 수반하는 내용 표시가 없기 때문이다.[1] 이것이 없으면 칠레와 페루에 대한 대안의 상대적 타당성을 고려하는 게 불가능하다. 만일 그들이 이 여행을 떠나지 않는다면 집에 머물 것인가, 그리고 만일 그렇다면 무엇을 할 것인가? 아니면 대신 중국이나 호주에 갈 것인가? 분명 칠레/페루 여행의 상대적 타당성을 평가하는 데는 다른 대안이 어떤 것들인지 알 필요가 있다. 여기에 대한 정보를 결정 서술에 포함시키는 게 도움이 된다.

은퇴 결정은 당신이 내릴 가장 중요한 결정 중 하나다. 은퇴 시기에 관한 결정은 분명 인생을 바꿀 결정이다. 은퇴는 남은 평생 수많은 가능성을 제공하지만, 당신이 살고 싶은 인생을 추구하려면 당신의 생각, 노력, 에너지를 요한다. 갑작스럽게 당신과 관련한 인생의 유일한 원칙이 당신이 받아들이고 싶은 원칙이 되는 것이다. 이런 자유와 책임이 소심한 사람들을 겁먹게 하고 은퇴자의 성인 자녀들을 걱정시키기도 한다.

은퇴 결정

예비 은퇴자의 결정 서술은 불충분할 때가 너무나 많다. 명시적으로 서술했건 암묵적으로 고려했건 결정 서술은 "올해 말에 은퇴할지 말지를 결정한다" 같은 식이다. 올해 은퇴를 선택하지 않으면, 똑같은 결정 서술을 다음 해, 어쩌면 향후 몇 년 후에 또 고려한다. 이런 결정 서술은 "다음 해에도 여전히 취업 상태를 유지할지 말지를 결정한다"로 바꿀 수 있겠지만, 이는 앞에서 거론했듯 '기본' 대안에 관해 별로 알지 못한다는 커다란 단점을 부각시킨다.

은퇴에서 바라는 중요한 장점은 양질의 삶이다. 그러므로 은퇴 이전에 당신은 은퇴한 삶이 어땠으면 좋을지 고민해보고, 그것을 현실화할 단계들을 이행하기 시작하는 게 절대적으로 중요하다. 그러지 않으면 은퇴하고 나서 당신이 어떤 미래의 삶을 바라는지 알아내야 할 것이다. 아울러 그것을 알아내고 나면 그때 은퇴하지 않는 게 훨씬 더 나을 것이라는 걸 깨달을 수도 있다. 따라서 당신의 은퇴 결정은 단순히 언제 은퇴할지 이상의 것들을 고려해야 한다. 적어도 다음 몇 년간, 아니 어쩌면 남은 평생 무엇을 할지도 포함하기 때문이다. 여러 해에 걸쳐 업무 시간을 줄이는 것도 흔히 가능하므로 어떤 사람의 경우 거기에 어떻게 은퇴할지도 포함시킬 수 있다.

예비 은퇴자들한테 좀더 적절한 결정 서술은 "언제 은퇴하고, 어떻게 은퇴하며, 완전히 은퇴했을 때 여생 동안 무엇을 할지 결정한다"일 듯하다. 핵심 요소는 노동과 여가 사이에 최상의 시간 균형을 진지하게 고려하고 은퇴 생활에서 당신이 추구할 적어도 몇 가지 의미 있는 활동에 대한 건전한 아이디어를 개발하는 것이다.

어떤 결정의 경우, 당신이 대면한 결정에 대해 자세히 구체적인 대안을 설명하기가 대단히 어려울 수도 있다. 당신이 진지하게 사귀는 사람이 있다면, 상대에게 프러포즈를 할지 또는 상대의 프러포즈를 받아들일지와 관련한 결정에 직면할 수 있다. 이 경우 합리적 결정 서술은 가령 "제니퍼에게 프러포즈를 할지 말지 결정한다" 혹은 "필립의 프러포즈를 받아들일지 말지 결정한다"이다. 이 두 결정 서술에는 "아니요"라는 대안과 관련한 불확실성이 많다. 각 결정에는 지금이 당신 인생에서 결혼할 적기인지, 나중에 좋은 대안이 있을지, 그리고 언제 이런 것들이 일어날지 같은 관련 쟁점을 고려하는 게 도움이 될 수 있다. 그러나 물론 당신은 미래에 이런 쟁점과 관련해 벌어질 많은 일을 알 수 없기 때문에 불확실성이 여전히 많을 것이다. 게다가 "예"라는 대안에도 미래와 관련해 불확실성이 상당히 많다는 것을 인식해야 한다. 인생을 바꿀 이와 같은 결정에 관해서는 최대한 명확히 짚고 넘어가는 게 확실히 중요하다.

지나치게 범위가 좁은 결정 서술

당신은 특정 목적과 관련한 일련의 결정과 자주 마주칠 것이다. 본질적으로 당신은 훨씬 광범위한 결정이었으나 명확히 인식하지 못한 채 선택한 대안을 집합적으로 확고히 해주는 좀더 좁은 범위의 여러 가지 결정을 내린다. 가끔 협소한 결정에서는 더 좋아 보였던 대안이 광범위한 결정에서는 잘못된 선택으로 귀결되기도 한다. 적절한 결정 서술은 광범위한 결정을 다뤄야 한다는 점을 시사한다. 이는 다음 사례에 잘 나타난다.

할머니 댁 방문하기

당신은 80대인 할머니를 2년간 못 만났다. 찾아뵙고 싶은 마음은 굴뚝같지만, 문제는 할머니가 장시간 비행기를 타고 가야 하는 먼 곳에 살기 때문에 그럴 시간이 없을 것 같다는 점이다. 그러나 곧 사흘간의 주말 연휴가 다가오고 어쩌면 그때 갈 수 있을 것 같다는 생각이 든다. 당신은 "다음 주말 사흘간 연휴 때 할머니한테 다녀올지 말지 결정한다"로 당신의 결정을 서술한다. 그 결정에 대해 많은 고민을 한 당신은 너무 많은 일이 생겨 이번 주말에는 갈 수 없겠다고 결정한다. 이 결정 서술은 잘못됐다. 부분적 이유는 이번 주말에 할머니 댁에 가지 않을 경우, 당신이 추구할 대안을 명확하게 고려하고 있지 않기 때문이다. 게다가 '아무것도 하지 않는다'는 기본 대안을 선택하게 되는 유명한 편향도 있다.

그러나 이 사례와 더욱 관련된 쪽은 당신이 확실히 할머니를 조만간 찾아뵙고 싶어 한다는 것, 따라서 그렇게 되도록 할 결정 서술을 선택한다는 것이다. 당신이 다음 6개월 안으로 가고 싶다고 결정한다고 하자. 이제 결정 서술은 "다음 6개월 안으로 언제 할머니 댁에 다녀올지 결정한다"가 될 수 있다. 달력을 살펴보니 약 아홉 번의 가능한 주말 대안이 있고, 그때 할머니 댁을 방문하는 것이 당신의 목적이다. 그중 가장 좋은 날을 선택하고 할머니와 스스로에게 약속하라.

최초의 결정 서술은 범위가 어울리지 않게 좁았다. 만일 당신이 가능한 각각의 주마다 언제 방문할 수 있을지 없을지의 결정을 따로따로 고려한다면, 매 경우마다 가지 않는 편이 낫다고 결론지을지도 모른다. 하지만 통틀어 보면 이것의 전체적인 결과—할머니 댁을 방문하지 않는 것—는 잘못됐다. 새 결정 서술에는 기본 대안이 없다. 당신은 여덟 번의 주말은 집에 있고 나머지 주말 동안 할머니 댁에 다녀오는 어떤 결합이 최선인지 정말 검토하고 있다. 이 대안—그리고 아마도 8개의 다른 대안들 중 몇 개—이 아홉 번의 주말 중 아무 때도 방문하지 않는 것보다 낫다. 모든 대안마다 할머니 댁 방문을 포함시켰다는 것은 이 결정 서술이 의사 결정자가 원하는 그 방문을 하도록 확실하게 넛지했다는 뜻이다.

이와 같은 유형의 애로 사항—잘못된 수준에서 결정을 내리는 것—은 당신이 각각의 결정을 개별적으로 고려해야 할 때가 아니라 반복되는 비슷한 결정을 다루는 방법에 관해 내가 **개인적 정책 결정**(personal policy decision)이라 부르는 것을 내려야 할 때 발생할 수 있다. 당신이 규칙적 운동으로 체력을 높이거나 유지하고 싶다고 가정하자. 매일 저녁 퇴근 후면 그날 저녁에 운동을 할지 말지 결정할 수 있을 것이다. 매일매일 결정한다면 운동을 안 할 이유가 지나치게 자주 생길 수 있고, 이것들이 자연스럽게 당신의 규칙적 운동을 가로막을 것이다. 이에 대한 당신의 다짐을 명확히 밝히려면 결정 서술은 아마 "어떻게 규칙적 운동을 유지할지 결정한다"가 되어야 할 것이며, 여기서 '규칙적 운동'이란 일주일에 적어도 5회 약 1시간을 의미하는 것으로 이해해도 좋다. 개인적 공약을 완수하기 위한 당신의 기본 계획은 월요일부터 목요일까지 퇴근 후 저녁 시간과 토요일이나 일요일 중 하루에 운동하는 것이 될 수 있다. 만일 상충하는 특별한 사유로 인해 운동을 하루 못 한다면, 출근 전 아침이나 주말에 이틀간 운동하기로 하면 된다.

잘못된 판단의 결정 서술

가끔 어떤 결정을 위한 최초의 결정 서술이 당신이 직면해야 할 결정에 대한 것이 아닐 때가 있다. 그 결과, 당신의 진짜 결정에는 진척이 거의 없게 된다. 근본적으로 당신이 잘못된 지점에서 시작하고 있기 때문이다.

매사추세츠 공대 사임

경력 초기에 나는 MIT 슬론 경영대학원의 부교수이자 운영연구소 소속이었다. 직업적으로 흥미진진한 곳이었고, 나는 동료들과 대학 공동체를 좋아했다.

당시 국제응용시스템분석연구소(IIASA)라 부르는 새로운 국제 연구소가 13개국의 국립과학아카데미에 의해 막 창립된 상태였다. 회원으로 미국과 소련의 아카데미가 포함되었고, 시설은 빈(Wien) 교외에 있는 예전 합스부르크 왕궁에 있었다. 연구소의 목적은 에너지, 수자원, 환경 관련 문제처럼 산업화 사회의 공통된 문제 해결을 연구하는 것이었다. 나는 그곳에서 6월부터 2년간의 근무를 제의받았고, 그것을 받아들일 계획이었다. 그 결과, 나는 "MIT를 그만둘지 아니면 휴직을 요청할지 결정한다"는 즉각적 결정에 직면했다.

처음 나는 이것을 개념적으로 해마다 내리는 결정으로 생각했다. 즉 "MIT에 계속 있을지, 아니면 그만둘지를 결정한다"였다. 올해 머문다 해도 다음 해에는 언제든 그만둘 수 있을 것이므로, 매년 계속 있는 쪽이 나아 보였다. 하지만 똑같은 선택이 해마다 반복될 게 뻔했고, 내 인생을 어떻게 살아갈지—근본적으로는 어떤 삶을 살지—에 관한 결정도 인생을 바꿀 그 결정에 관한 명쾌한 고민 없이는 타성에 따라 내려질 터였다. 아울러 내가 만일 휴직을 요청해 받아낸다면, MIT는 2년 후 내가 돌아올 것이라 기대할 테고, 나는 그래야 할 의무가 있다는 것을 깨달았다. 내가 복직하지 않거나 돌아온 뒤 몇 년 안에 사임한다면 그것은 분명 MIT와 그곳 동료들에 대한 부적절한 처신일 터였다.

나는 결정 서술을 "내 경력을 MIT에서 추구할지, 아니면 미국 서부에서 추구할지 결정한다"로 바꾸었다. 이제 나는 내 경력을 위해 MIT에 남아 있어야 할지 고민했다. 내게 이런 선택권도 있을 것이라 가정하면서 말이다. 덧붙여 악마의 변호인(Devil's Advocate: 의도적으로 반대 입장을 취하면서 선의의 비판자 역할을 하는 사람—옮긴이) 역할을 하면서 만일 MIT에 머문다면 내가 가장 존경했던 MIT나 다른 대학 교수진의 경력에 맞먹는 전문 이력을 갖게 될 것이라 가정했다. 나는 그만큼 대단한 경력에 이른다 해도 내 삶에 만족하지 못할 것임을 알았다. 그렇게 이런 틀을 사용해보니 내가 MIT를 떠나야 한다는 게 분명해 보였다. 이유에는 20~30년 전에 비해 나 같은 사람이 얻을 수 있는 직업적 기회가 지리적으로 훨씬 더 넓게 분포해 있다는 사실도 포함되었다. 더 우수하고 저렴한 통신 및 교통 대안 덕분에 나의 지리적 영역 내에 있지 않은 동료들과 연결을 유지하는 게 실제로 가능했다. 더욱이 미국 서부의 날씨는 더 신뢰할 만하고 재미있는 여가 활동에도 더 적합했다.

MIT에 영원히 있을 수는 없다는 결정을 내리고 난 뒤, 나는 언제 그만둬야 할지 고민했다. 이것은 이제 상대적으로 쉬웠다. 더 늦기보다는 더 빨리 떠나는 편이 MIT를 위해서도 그렇고 나를 위해서도 좋을 것이었다. 앞에서 개괄한 이해가 있었으므로 사임을 하면서도 편안한 기분이었다.

중요한 결정의 측면을 검토할 때는 다양한 결정 서술을 고려하고 사용하는 게 흔히 도움이 된다. 이 결정을 위해 나는 우선 앞을 내다보는 연간

결정 틀(annual decision frame)을 사용한 다음, 내 경력이 끝날 무렵부터 과거를 돌이켜보는 평생 경력 틀(lifetime career frame)을 사용했다. 다른 틀을 사용하면 당신이 적절한 결정 틀을 개발하도록 넛지하는 다른 통찰로 이어진다. 인생을 바꿀 가능성이 있는 모든 결정은 평생의 틀에서 보는 것이 유용하다. 대안을 평가할 때는 당신의 모든 인생 목표에 미칠 잠재적 영향을 고려해야 한다. 가령 직업적 목표만 사용한다든가 하는 좁은 시각은 어떤 대안을 선택할지에 관해 당신의 판단을 바꿔놓을지 모르는 대안의 영향을 간과할 수 있다.

> 당신이 일상적으로 내리는 중요한 결정은 결정 문제를 해결할 때나 결정 기회를 추구할 때 어떤 특정 결정에 직면할지를 판단하는 것이다.

당신이 잘못된 판단에 대해 결정 서술을 만들 우려가 있는 세 번째 범주는 당신이 이미 결정을 내렸지만 그것을 공표하고 이행하는 것과 관련해 엄청난 불안이나 어려움 또는 고통을 느낄 때 발생한다. 한 가지 예가 이혼과 관련한 것일 수 있다. 어쩌다 보니 당신이 배우자에게 이혼을 요구할지 말지 결정하는 상황이 됐다고 치자. 당신은 두 가지 대안을 놓고 당신과 배우자 그리고 아이들이 있다면 향후 달라질 그들의 삶에 대해 생각하느라 많은 시간을 보낸다. 당신의 결론은 이혼을 요구해야 한다는 것이다. 하지만 이혼의 법적 절차가 끔찍할 거라는 기분이 들어서 아직 헤어질지 여부를 결정 중이라고 믿게끔 자기 스스로를 계속 오도한다.

조직의 결정에 대한 추가적 생각

조직이 대면한 모든 결정의 결정 서술은 신중한 표현을 요한다. 이것은 그 결정에 대한 일련의 가치와 관련 대안을 파악하는 기초를 제공하기 때문에 중요하다.

기업 및 조직에서는 중요한 결정에 대한 결정 서술을 발전시킬 때 서로 다른 정보와 시각을 가진 다양한 전문가의 의견을 취합하는 게 도움이 된다. 그런 다음 결정의 해결에 들어가기 전 그 과정에 참여할 관계자들로부터 결정 서술에 대한 합의를 얻는 게 중요하다. 이는 몇 가지 이유 때문이다. 첫 번째, 그것은 포괄적이며, 관계자 전원이 자신들의 의사를 말하게 하고 그들의 생각에 장점이 있다면 영향을 미칠 수 있게 해줄 것이다. 두 번째, 그것은 결정을 놓고 협력할 팀을 구축하는 첫 번째 단계다. 세 번째, 그것은 다뤄야 할 결정에 대해 전원이 합의할 때 좀더 순조롭게 진행될 결정 과정의 모든 것을 위한 장(場)을 마련한다.

만일 당신이 결정 서술에 명백히 동의하지 않는다 해도, 결정을 담당하는 일부 핵심 인물은 결정 과정이 거의 끝날 때까지 모든 게 잘 돌아가고 있다고 느낄 수 있다. 일부 개인이 부정확하거나 불완전한 결정을 다뤘다고 느낀다는 사실을 이렇게 늦은 단계에 가서야 깨닫는 것은 분명 관계자 모두에게 안타까운 일이다. 그것은 또한 중요한 결정을 내릴 때 열등한 대안의 선택이나 큰 지연으로 이어질 수도 있다. 조직에서 이런 상황에 처하고 싶어 할 사람은 아무도 없다. 메시지는 확실하다. 중요한 조직 결정을 정의할 때는 핵심 관계자를 참여시키고, 그 결정 서술에 대한 합의를 얻고, 관계자 전원이 반드시 그 서술의 의미와 영향을 이해하도록 하라.

소비자 제품 관리

몇 년 전 큰 시리얼 회사가 더욱 맛 좋고 영양가도 많은 그래놀라(granola) 유형의 신제품 시리얼을 소개했다. 그 시리얼에는 자연 성분이 들어 있고, 그 때문에 대부분의 다른 시리얼보다 값이 더 비쌌다. 회사는 추가적 장점을 설명하는 탄탄한 광고로 시장에 진입했고, 이 장점은 가격을 높일 가치가 충분히 있다는 메시지를 설득력 있게 전달했다. 이 광고는 3년간 지속됐고, 평가와 수익성이 높은 제품이라는 결과를 얻었다. 그러고 나서 수익 증대 조치로 회사는 광고를 줄였다. 속도는 느려졌지만 매출은 계속해서 올랐다.

몇 년 뒤 국가 경제에 불황이 닥쳤고, 소비자들은 가격을 좀더 의식하게 됐다. 시리얼 매출은 떨어졌고, 2년 만에 제품의 수익성이 더 이상 없는 지점까지 하락했다. 부서 책임자는 마케팅 연구를 지시했는데, 시리얼 구입을 중단한 소비자들은 상대적으로 높은 가격 때문에 그랬다는 게 결론이었다. 이에 책임자는 제품 및 생산 팀과 미팅을 가졌다. 그는 상당한 매출 하락의 이유를 발표했고, 회사가 해야 할 일은 바로 이것이라고 서술했다. "우리 제품의 가격을 어떻게 낮출지 결정한다." 그의 팀들은 이 결정 서술을 받아들여 제품 가격을 낮출 다양한 방법을 시도했고, 그들이 생각하기에 최선의 방법을 선택했다. 매출은 다음 몇 달간 더 이상 떨어지지 않았다. 하지만 그 후 다시 떨어지기 시작했다. 차후에 시장 조사를 다시 해보니 가격을 별로 의식하지 않던 충성 고객 일부가 이제 더 이상 그들의 제품을 구입하지 않고 있다는 사실이 드러났다. 원래 제품보다 영양가도 떨어지고 맛도 안 좋았기 때문이다. 가격을 낮춘 제품은 1년도 안 되어 충분한 매출을 발생시키지 않았고, 시중에서 더 이상 구입할 수 없게 되었다.

사후 연구에 의하면, 회사와 제품관리팀은 잃어버린 고객을 되찾고 신규 고객을 끌어들이기 위해 단지 비용을 낮추는 것만 고려함으로써 잘못된 결정을 했음이 밝혀졌다. 그들은 결정 서술을 "우리 시리얼 제품의 수익성을 어떻게 높일지 결정한다"로 정의할 수도 있었는데, 이는 분명 원가 절감에만 집중한 것보다는 광범위한 서술이다. 그것은 가령 대안으로 다각적인 광고 투자나 마케팅 초점을 좀더 좁히는 것이나, 아니면 그 밖의 비용 관리 옵션 등을 포함할 터였다. 돌아보면, 원래의 광고는 비교적 단기간에 맛 좋고 영양가 높은 성공적 제품을 구축했었다. 광고의 주요 예비 고객은 가격을 의식하는 게 아니라 오히려 맛과 품질을 의식했다. 당연히 일부 고객은 불경기 동안 가격을 의식하게 됐고 제품 소비를 줄였다. 고객 중 대다수는 이 시리얼의 맛과 품질을 여전히—비용 절감을 위해 일부 성분을 없애면서 품질이 떨어질 때까지는—좋아했다. 처음 3년 이후 종료됐던 최초의 것과 비슷한 광고를 했다면 품질을 의식하는 추가적 고객의 매출 증가로 이어지고, 어쩌면 이 시리얼 브랜드가 진열대에서 사라지는 일을 막았을지도 모른다.

대면해야 할 적절한 결정에 관해 시간을 들여 신중하게 고민하지 않으면 생각은 최근 바로 입수한 정보에 닻을 내릴 가능성이 높아진다. 위 사례의 경우, 시장 조사 결과 높은 시리얼 단가 때문에 매출이 떨어졌다고 나타났기 때문에 책임자와 그의 팀은 **확실한** 결정 서술에 매달렸고, 이것이 어떻게 비용을 절감할지에 관한 결정이었다. 우리는 모두 가장 손쉽게 구할 수 있는 정보에 생각의 닻을 내리는 경향이 있다. 풍부한 정보를 가진 다양한 개인들의 생각을 고려하면 부적절하게 좁혀진 결정 서술에 봉착할 확률이 줄어든다.

05

가치를 파악하라

당신이 직면한 모든 결정에는 저마다 반드시 목적이 있다. 이 목적은 그 결정에 대한 당신의 가치로 구체화되며, 그것이 당신이 결정을 내릴 때 신경 쓰는 모든 것을 파악한다. 따라서 일단 어떤 결정을 위한 결정 서술을 작성하고 나서 해야 할 첫 번째 중요한 생각은 그 결정을 위한 가치에 초점을 맞춰야 한다. 통틀어봤을 때 이러한 가치가 논리적으로 탄탄하고 타당한 결정 과정의 기초를 제공한다. 그것들은 결정을 내릴 때 당신의 모든 생각이 당신이 달성하고픈 것에 초점을 맞추도록 넛지한다. 당신이 원하는 바를 어떻게 해야 가장 잘 달성할지에 관한 사고를 자극하기 위해 당신의 가치를 사용한다는 것은 이치에 맞는다. 원하는 게 뭔지도 모르면서 어떻게 원하는 바를 달성할지에 관해 생산적 사고를 할 수 있겠는가?

이 책에서 사용하는 '가치(values)'라는 용어의 의미를 명확히 할 간단한 예가 도움이 되겠다. 특별한 사람을 위해 생일 선물을 고르려 한다고 가정하자. 당신은 그 특별한 사람을 기쁘게 하고 싶다는 바람은 물론이고 선물의 비용 및 품질 모두에 신경을 쓴다. 따라서 당신한테는 비용, 품질, 특별한 사람을 기쁘게 하는 것이 그 결정에 대한 최초의 세 가지 가치다. '품질'은 좀더 구체적으로 정의하는 게 유용할 것이다. 선물이 옷인지 시계인지 아니면 주말여행인지에 따라 달라질 것이기 때문이다.

거의 모든 결정에는 하나 이상의 가치가 관련되지만, 당신은 이를 즉각적으로 알아차리지 못할 수 있다. 오늘 밤 혼자서 어떤 영화를 볼지에 관한 다소 간단한 결정의 경우, 처음에는 유일한 가치가 즐거움이라고 생각할 수 있다. 신문을 보고 제일 나은 영화를 고르지만 극장이 30분 거리에 있다. 당신은 그렇게 멀리까지 이동하고 싶지는 않아서 거의 그만큼 재미있기는 하나 약 10분 거리인 영화관을 찾는다. 처음에 인식하지 못했던 당신의 두 번째 가치는 이동 시간과 관련이 있었던 것이다.

가치는 어디서 생기는가? 당신의 결정과 관련 있는 것은 바로 **당신의 가치**다. 당신의 결정에 대한 가치는 당신의 생각에서 비롯된 것임이 틀림없다. 만일 다른 누군가 혹은 공통의 이해(또는 오해)가 당신이 대면한 특정 결정에 적절한 가치를 제시한다면, 당신은 독자적으로 이 가치가 당신의 결정에 적합한지 여부를 결정해야 한다.

당신의 결정에 대한 가치는 당신이 구체화해야 한다. 외부에서 정해진 것 중 당신의 결정을 위한 올바른 가치는 없다.

여기 한 가지 예가 있다. 많은 금융 상담원은 마치 유일하게 적절한 투자 가치란 고수익을 내고, 손실을 피하고, 소득을 제공하고, 변동성을 최소화하는 것 같은 재무적인 것인 양 행동한다. 만일 당신이 알든 모르든 이런 가정을 수용한다면 연간 수익률 6퍼센트의 다른 주식보다 수익률 8퍼센트인 주식을 선호할 게 틀림없다. 하지만 많은 개인이 그런 단순한 투자 선호도를 갖고 있지는 않다. 주식 투자의 고수익 선호 외에도 당신의 가치에는 당신이 신뢰하는 제품에 투자한다거나 더 작은 기업, 현지 기업, 환경 친화적 기업 혹은 직원 대우가 좋은 기업을 지원하고 싶어 하는 것이 포함되어 있을 수 있다.

주식 투자

당신한테 다음의 두 가지 가치만 있다고 가정하자. 즉 더 높은 금융 수익을 보장하는 것과 사람들에게 해를 끼치는 제품을 생산하는 회사에 대한 지지를 회피하는 것. 이런 가치를 갖고 있다면 당신은 담배 제조업체의 8퍼센트 수익보다는 유기농 식품 회사에 투자해 얻는 6퍼센트 수익을 선호할 듯하다. 이런 투자는 오직 재무 수익에만 관심 있는 금융 상담원의 조언과 일치하지 않을 것이다. 그러나 당신의 가치를 바탕으로 했을 때는 이런 선호도가 이치에 맞으며, 논리적 결정이라는 나의 개념과도 확실히 일치한다. 당신의 가치가 무엇이든 그것은 당신의 결정을 이끌도록 사용하는 데 논리적이고 합당하며 중요하다.

당신의 결정에 대한 가치를 아는 게 중요하다. 결정에 대한 가치의 이해는 자연스레 당신의 관심사와 더욱 일치하는 대안을 선택하도록 당신에게 넛지한다. 부적절하거나 불완전한 가치는 당신이 매우 열등한 대안을 파악하고 추구하도록 이끌 수 있다.

> 결정에 대한 가치의 이해는 당신의 관심사와 더욱 일치하는 대안을 선택하도록 당신에게 강력하게 넛지한다.

당신이 일자리를 찾고 있고 몇몇 회사와 면접이 잡혀 있다고 치자. 당신의 가치는 각 면접마다 당신이 달성하고픈 바를 나타내는가? 나는 구직자들과의 토론에서 면접 목적이 그곳의 일자리를 원하는지 여부를 결정하는 것이라는 말을 들은 적이 있다. 엄청난 실수다! 당신이 그 회사를 위해 일하는 데 설령 관심이 있다 하더라도, 어떤 취업 면접이건 당신의 핵심 가치는 일자리 제의를 따낼 확률을 높이는 것이어야 한다. 이 핵심 가치를 인식하는 것이 면접에서 더 나은 결정을 내리도록 당신을 이끄는 강력한 넛지다. 어떤 회사에서 일해달라는 제의를 거절할 수는 있지만, 제의를 받지 않는다면 그곳에서 일하는 걸 선택할 수 없다.

일단 제의를 받고 나면 당신은 그 일을 원하는지 아닌지에 관한 별도의 결정에 직면한다. 결정에 대한 가치를 알지 못한다면, 당신이 생각한 대안과 선택한 대안(가령 이 경우는 취업 면접에서 어떻게 행동할지)은 당신이 원하는 바를 달성할 가능성을 상당히 떨어뜨릴 수 있다.

결정에 대한 관련 가치를 파악하는 것은 어렵다

사람들은 자신이 중요하다고 생각하는 결정에 직면했을 때 자신의 가치를 알고 있을 거라고 당신은 생각할 것이다. 그저 1~2분의 시간을 들여 가치 목록을 작성하기만 하면 된다고 말이다. 그러나 생각할 만한 중요한 결정의 경우, 그 결정에 대한 가치를 파악하는 일은 흔히 어렵다. 특히 개인이나 조직이 중요한 결정에 대한 가치를 열거하려 할 때 몇몇 관련 있는 가치를 누락하는 일이 허다하다. 많은 컨설팅 경험과 다양한 과학적 실험이 이런 실상을 기록한다.[1] 다음은 이와 관련한 중요한 사례다.[2]

MBA 인턴 과정 선택하기

MBA 정규 프로그램에는 대개 2년제 수업과 그 기간 사이의 여름 인턴 과정이 포함된다. 이 인턴 과정은 매우 중요하다. MBA 학생들은 자신이 어떤 일을 하고 싶은지, 필시 졸업 후 어디서 일할지 파악하려 하기 때문이다. 나는 크고 명망 있는 대학에서 MBA 1년 차 학생들에게 의사 결정에 관한 강의를 해달라는 요청을 받았다. 강의의 핵심이 수강생과 더욱 밀접한 연관이 있도록 하기 위해 나는 강의 전에 완성해야 할 컴퓨터 과제물에 학생들이 자신의 의사 결정에 관한 유용한 정보를 제공하게끔 했는데, 그들은 이것이 주로 노력에 따라 학점이 매겨지는 과제임을 알고 있었다.

참가자는 295명이었고, 대부분이 1년 차였다. 초반부 질문 중 하나는 학생 전원에게 그들이 인턴 과정 동안 달성하길 바라는 모든 가치의 목록을 나열하라는 것이었다. 그와 별개로 과제보다 앞서 나는 동료와 친구들의 도움을 받아 MBA 학생들이 자신의 결정에 적합하다고 생각할 법한 32개의 종합 가치 목록을 만들었다. 이 종합 목록은 표 5.1에 나와 있다. 과제물에 대해서는 학생들이 머릿속에 떠오르는 인턴 과정에 대한 모든 가치 목록을 작성하고 나면 이 종합 목록을 나눠주고 자신한테 적합한 가치를 전부 체크하라고 했다. 그런 다음 그들이 처음 작성한 각각의 가치와 종합 목록에서 같은 의미를 가진 가치를 짝지어보도록 했다.

결과를 보면 아마 당신은 놀랄 것이다. 학생들은 자신의 최초 목록에 평균 6.4개의 가치를 나열했다. 그러나 종합 목록에서는 평균 20.1개의 가치를 체크했다. 성심성의껏 노력했는데도 그들이 처음 나열한 것은 MBA 학생이 직면한 가장 중요한 결정과 관련한 가치의 32퍼센트뿐이었다.

한 가지 가능한 설명은 학생들이 자신에게 특별히 중요한 가치를 처음에 나열했고, 나중에 종합 목록에서 체크한 그 밖의 다른 가치들에 대해선 훨씬 적은 의미를 부여했다는 것이다. 이것은 학생들에게 개인적으로 관련 있다고 여기는 각각의 가치마다 중요도가 매우 낮은 1부터 중요도가 매우 높은 9까지의 등급을 매기라고 요구한 데서 확인할 수 있었다. 그 결과 학생들이 처음 나열한 가치의 평균 점수는 7.28이었고, 처음에는 파악하지 못했으나 나중에 인식하고 종합 목록에서 체크한 가치의 평균 점수는 7.23이었다. 근본적으로 스스로 파악한 목표와 처음엔 간과했던 목표의 중요도에 별반 차이가 없었다. 거의 모든 학생이 개인적으로 매우 중요하다고 여기는 결정 관련 가치를 많이 알아차리지 못했다는 얘기다.

실험에 참여한 MBA 학생들은 다수의 대학교 실험에 참여하는 심리학과 1학년 학생보다 훨씬 많은 경험과 동기를 가진 젊은 전문가였다는 데 주목해야 한다. 이 MBA 학생들은 첫 학사 학위 이후 평균 3~4년의 직장 경험이 있고 보통 26~28세였다. 이는 우리 모두가 결정에 대한 가치를 확실히 밝히는 데 애를 먹는다는 사실을 부각시킨다.

결정에 대한 가치를 파악하는 것은 어렵다. 중요한 결정에 대한 가치 목록을 작성할 때 사람들은 흔히 관련 가치를 많이 누락시킨다.

이 사실을 입증하기 위해 내가 친구 및 동료들과 함께 수행해본 많은 비공식 실험이 있다. 어떤 사람이 다음 달 어딘가에서 일주일간 휴가를 보낼 거라고 내게 말할 수 있다. 나는 그에게 어디에 갈지 어떻게 선택할 것이냐고 묻는다. 그는 어떤 곳이 좋은지 알아보기 위해 몇 가지 가능성을 점검한 다음 비교적 저렴하고 가는 데도 그다지 오래 걸리지 않는 여행을 선택하겠다고 대답할 수 있다. 그러면 나는 이런 후속 질문을 던질 듯하다. "그 휴가로 무엇을 달성하고 싶으세요?" 대답은 생존 경쟁에서 벗어나 밀린 독서를 조금 하는 것일 수

표 5.1 MBA 인턴 과정과 관련 있을 법한 종합 가치 목록

나는 이런 인턴 과정을 선택하고 싶다
많이 알려진/존경받는 회사다
재미있는 사람들을 만나게 해준다
내가 열정을 가질 만한 조직이다
경영대학원 1년 차에서 배운 기술을 사용한다
정규직 제안에 필요한 나의 매력을 키워준다
사내 정치에 관한 요령을 파악할 수 있게 해준다
새로운 지역을 경험할 수 있게 해준다
팀 프로젝트를 지휘하는 경험을 제공한다
분석 능력을 향상시킨다
특정 지역(가령 가족이나 친구 집과 가까운 곳)에 있다
일하는 게 즐겁다
특정 산업의 지식을 늘려준다
회사의 정규직 제의로 이어질 수도 있다
보상을 잘해준다
졸업 후 일자리 선택에 유익한 정보를 제공한다
이력서의 스펙을 늘려준다
리더십 능력을 개발하는 데 도움을 준다
의사소통 능력을 향상시키는 데 도움을 준다
여름 동안 개인적 관심사에 필요한 유연성을 제공한다
주인 의식을 느낄 수 있는 실질적 프로젝트를 준다
상사들과 교류할 기회를 제공한다
내가 동일시하는 문화를 가진 회사다
명문 인턴 과정을 밟는 데서 자부심을 준다
체계적인 학습 및 훈련 프로그램을 제공한다
직업적 도전 의식을 준다
다양한 사람과의 작업이 수반된다
새로운 기술을 배울 기회를 제공한다
내년에 어떤 진로와 능력을 개발해야 할지 결정하는 데 도움을 준다
미국 사무실 취업용 노동 비자를 지원하는 회사다
좋은 인맥을 만들 수 있게 해준다
졸업 후에 정규직으로 일하고 싶은 업무다
인턴 과정 분야가 장기적으로 내게 좋은지 아닌지 결정하는 데 도움을 준다

도 있다. 그의 목록에서 네 가지 가치—저렴하고, 여행 시간이 짧고, 생존 경쟁을 피하고, 독서를 조금 한다—를 전부 달성할 많은 잠재적 대안은 틀림없이 있을 테고, 따라서 이러한 가치는 어떤 게 좋은 대안인지 나쁜 대안인지 구분 짓지 않을 것이다.

이것은 일주일의 시간을 채울 결정처럼 들린다. 그 주에 대한 대안을 파악해 평가하거나 이 여행을 여행자의 시간과 돈 그리고 노력을 들일 만한 양질의 투자로 만들어줄 가치는 하나도 거론되지 않았다. 이 가치에는 자연의 아름다움과 야생 동물을 보는 것, 다른 배경을 가진 사람들을 만나는 것, 고국과 다른 문화를 경험하는 것, 야외 활동을 추구하는 것, 뭔가 새로운 걸 배우는 것, 건강에 좋은 음식을 먹는 것, 색다른 요리를 경험하는 것 혹은 오래된 친구들을 만나는 것이 포함될 수 있다.

당신은 이 경험을 친구나 가족 또는 동료들과 쉽게 되풀이할 수 있을 것이다. 적당한 상황에서 사람들은 자신이 고민하고 있는 중요한 결정을 언급할 수 있다. 이런 결정에는 거주지를 바꾸는 것, 집을 사는 것, 현재의 직장을 그만두는 것, 다른 일자리를 찾거나 고르는 것, 거창한 여행을 위해 6개월 휴직계를 내는 것, 약혼, 중요한 의료 질환을 다루는 것, 자녀의 학교를 고르는 것, 부모를 위해 적절한 치료나 요양원을 찾는 것, 혹은 은퇴가 포함된다. 그들에게 이런 중요한 결정에 대한 가치가 무엇인지 물어보라. 당신은 틀림없이 그들이 누락시켰을지 모를 가치를 추가로 생각해낼 수 있을 것이다. 그들에게 이 중 혹시 관련 있는 가치가 있냐고 물으면, 아마 일부는 해당될 것이다. 당신은 그들이 일부 가치를 누락시켰음을 알게끔 할 뿐만 아니라 그들이 그러한 가치를 파악할 수 있도록 도움을 줄 수 있다. 이번 장을 다 읽고 나면, 당신은 자신의 결정 가치에 대해 더 많이 파악하는 것은 물론 그들의 누락된 가치를 좀더 파악하는 데도 도움을 주는 위치에 있을 것이다.

"다른 사람들은 대부분 자신의 가치를 파악하는 데 애를 먹는 모양이지만, 나는 내 가치에 대해 고민해왔고 그것들을 알고 있다"는 식의 어떤 문장을 떠올리고 있다면 아마 당신이 맞을 테고, 따라서 당신은 극소수 사람들이 속한 집단의 일원일 것이다. 세계적으로 유명한 몇몇 인물도 어떤 결정에 대해 자신의 가치를 전부 파악하기란 지극히 어렵다고 인정한 바 있다. 벤저민 프랭클린(Benjamin Franklin)은 중요한 결정이 "어려운 이유는 주로 우리가 그것들을 고민하는 동안 장단점인 모든 이유가 동시에 머릿속에 떠오르는 게 아니라 어떤 때는 일부가 모습을 드러내고, 또 어떤 때는 다른 게 나타나면서 첫 번째 것들이 시야에서 사라지기 때문"이라고 말했다.[3] 프랭클린이 말한 장단점은 가치를 가리킨다. 프리드리히 니체(Friedrich Nietzsche)는 이렇게 말했다. "목표를 망각하는 것은 우리가 빠지는 가장 흔한 어리석음이다."[4] 니체는 '가치' 대신 '목표'라는 말을 사용했다.

나는 가끔 중요한 개인적 결정에 직면했을 때 일부 중요한 가치를 알아채지 못하므로 프랭클린과 니체가 말한 사람들 중 한 명이다. 나는 개인적 경험과 친구들과의 즐거운 상호 작용을 통해 이것을 배우고 또 배웠다. 나는 생각할 만한 결정에 대한 내 가치를 고민한 뒤 가끔 이 결정을 친구들에게 설명하고 그들이 생각하기에 이 결정에서 중요한 가치는 무엇인지 묻는다. 나는 그들이 나에 대해 알고 있으므로 그것을 우선 내 시각에서 본 다음 자신들이 똑같은 결정에 직면했다고 가정하고 그들의 시각에서 봐달라고 부탁한다. 내가 이 결정에 대한 나의 가치를 신중하게 생각했더라도 만일 5명의 친구에게 따로따로 묻는다면 누군가는 내가 떠올리지 못했던 관련 가치를 종종 언급할 것이다.

프랭클린과 니체의 말이 당신에게는 해당하지 않는다고 생각한다면, 똑같은 실험을 해보라. 예전에 마주쳤던 결정들과 비슷하지 않은 것으로 현재 직면한 중요한 결정에 대해 가치 목록을 만들어보라. 예를 들면 회사 사무실의 장기 대여 협상, 새 창고 부지를 어디로 할지, 고급 학위를 딸지 말지 그리고 딴다면 어디서 딸지, 개인적 문제가 있는 게 확실한 성인 형제를 어떻게 도울지, 그리고 심각한 의료 질환에 어떤 치료를 받을지 등이 있을 것이다. 당신이 결정할 때 고려하면 적절하겠다 싶은 가치로 어떤 게 생각나는지 5명의 친구에게 따로따로 물어보라. 친구들에게 열심히 생각해달라고 부탁한 다음 각각의 친구와 2분 동안 의논하면, 당신의 맨 처음 관련 가치를 확장하는 데 유용한 아이디어를 얻을 확률이 매우 높다.

만일 어떤 결정에 대한 가치를 전부 알아낸 것 같지 않다면, 당신의 관련 가치를 가능한 한 많이 파악하는 데 의식적으로 주의를 집중해야 한다. 만일 관련 가치를 모두 안다고 생각한다면, 당신의 판단은 낙관적일 가능성이 높다. 이런 경우 또한 당신의 결정과 관련한 추가적 가치를 가능한 한 많이 파악하는 데 의식적으로 주의를 집중해야 한다. 다음 단락에서는 당신의 결정과 관련이 있지만 예전에는 알아채지 못했던 가치를 파악하게끔 해주는 방식으로 당신의 사고를 자극하는 많은 아이디어를 제시한다.

결정에 대한 가치 파악 과정

생각해볼 만한 어떤 결정에 대해 처음 진지하게 고민할 때는 가치에 초점을 맞춰야 한다. 그러나 의사 결정자들은 흔히 가치에 대한 고민은 건너뛰고 받아들일 만한 대안을 파악해 결정을 해결하는 쪽으로 돌입한다. 그 결정과 관련해 '양질'의 의미를 정의하는 가치를 철저히 이해하지 않고서 양질의 결정을 내릴 수 있다고 추정하는 것은 어리석은 짓이다. 파악한 가치 하나하나는 당신이 더 나은 결정을 내리도록 도와주는 넛지다.

누가 당신의 결정에 대한 가치를 파악해야 할까? 의사 결정에 관한 발표에서 내가 이렇게 물으면 대개는 '이거 함정 질문인가?' 하는 표정을 짓는다. 당신의 가치는 당신의 결정에서 당신이 신경 쓰는 것을 나타내고, 따라서 분명 당신의 가치는 당신이 파악해야 한다. 다행히 당신은 당신의 가치에 관해 세계적 전문가를 언제든 접할 수 있다. 당신이 바로 그 전문가다!

결정에 대한 가치를 파악하려면 창의적 사고가 필요하고, 따라서 처음에는 가치를 어떻게 표현해야 하는지에 관한 지침이 전혀 요구되지 않는다. 이 단계에 지침을 도입하면 특정한 생각이 가치인지 아닌지 또는 그 가치를 어떻게 적절하게 서술할지로 당신의 관심이 분산되어 창의적 사고 과정을 제한할 수 있다. 그 결과, 당신의 결정에 대한 잠재적 가치가 불완전한 집합으로 나올 수도 있다. 그러므로 당신이 어떤 결정을 내림에 있어 무엇에 신경 쓰는지 생각할 때는 머릿속에 떠오르는 모든 것이 가치, 아니면 그 결정

> 당신은 당신의 가치에 관한 세계적 전문가다. 중요한 결정에 대해 당신의 가치를 파악하려면 당신의 생각과 감정에 대한 철저한 탐구가 필요하다.

과 관련한 가치의 기초이며, 당신은 이런 생각을 원하는 방식으로 나열하면 된다.

결정에 대한 당신의 모든 일련의 가치를 완전히 파악하려면 힘들지만 즐겁고 활기찬 생각이 필요하다. 결정에 대한 일련의 가치를 완벽하게 표현하는 것의 어려움을 다루기 위해 이 단락에서는 당신의 가치를 파악하는 데 도움이 되는, 따라 하기 쉬운 네 가지 단계를 기술한다. 1단계는 당신의 결정과 관련해 당신이 신경 쓰는, 생각나는 모든 것의 위시 리스트(wish list)를 만드는 것이다. 2단계에서는 당신의 사고를 자극하고 목록을 확장하는 여러 가지 전술을 제시한다. 3단계는 당신의 목록에 있어야 하는 새로운 가치를 생성할 수 있도록 제안해달라고 다른 이들에게 요청하는 것이다. 4단계는 처음 세 단계에서 생성된 가치를 활용해 누락됐을 가능성이 있는 가치를 체계적으로 찾아내는 것이다.

1단계: 위시 리스트. 완전한 가치 목록을 만드는 출발점은 위시 리스트다. 당신이 작성한 결정 서술은 결정의 초점을 나타내므로 당신의 생각을 이끌어가는 데 도움을 줄 것이다.

우선 당신의 결정에 관해 스스로 생각하는 것이 유용하다. 그것은 **당신의** 결정이기 때문이다. 직접 생각해보기도 전에 다른 이들에게 가치에 관해 제안해달라고 요청하면 당신의 사고를 그들이 말한 쪽으로 고정시켜 심각한 누락을 초래할 수 있다.

당신의 결정에 대해 곧바로 머릿속에 떠오르는 모든 잠재적 가치를 적어 내려가면서 당신의 위시 리스트를 시작하라. 그 결정과 관련해 당신이 신경 쓰는 것은 무엇이든 포함시켜라. 당신 마음이 가는 어떤 항목은 직접적으론 당신이 달성하고 싶은 가치가 아닐 수 있지만, 관련된 가치를 파악하도록 당신의 사고를 이끌 수 있다. 떠오르는 항목은 무엇이든 위시 리스트에 집어넣어야 한다. 그것이 무관하다는 판단이 들면 나중에 삭제할 수 있으니 말이다.

일단 위시 리스트를 위한 아이디어가 다 떨어진 것 같더라도, 현재 목록에 없는 여러 추가적 가치가 아직 있을 것이라는 생각을 받아들여라. 두 가지 접근법이 그 추가적 가치를 파악하게끔 해줄 것이다. 첫 번째 접근법은 간단히 말해서 스스로 더욱더 잘하도록 도전하는 것이다. 당신의 목록에 있는 관련 가치의 수를 2배로 늘릴 수 있다고 자신에게 말하라—그런 다음 그렇게 하도록 밀고 나가라. 2배는 어렵겠지만 거기까지 절반만 간다 해도 추가적 가치는 틀림없이 대단히 중요하며, 더 나은 결정을 향해 당신에게 넛지할 것이다.

이와 더불어 두 번째 접근법은 고려 중인 결정을 즉시 내릴 필요가 없을 경우 유용하다. 가치를 파악할 시간을 어느 정도 가져라. 다음 며칠 동안 그것들을 알아차리게 될 테니 말이다. 특히 자녀를 지금 가져야 할지, 아니면 이사(移徙)가 필요한 회사의 새 직책을 수락할지 같은 인생의 굵직한 결정에 대해서는 잠정적으로 결정은 내리되 누구에게도 알리지 말라. 대안을 이미 실행했다고 상상해보라. 그러면 당신은 그 결과를 경험하기 시작할 것이다. 그 밖의 관련 가치는 이 선(先)결정 시각에서 보면 확연해질 수도 있다.

2단계: 가치 자극 테크닉. 이번 단계는 당신이 잠재적 가치를 추가로 파악하도록 이끌 표 5.2의 여러 가지 자극 테크닉을 제시한다.

표 5.2 당신의 가치를 파악하는 데 도움을 주는 테크닉

테크닉	질문
감정과 기분	결정 상황으로 인해 환기되는 감정과 기분을 분명히 표현하라. 당신이 왜 여기에 신경을 쓰는지, 그리고 당신의 대안들이 어떻게 거기에 영향을 줄 수 있는지 스스로 물어보라.
대안	완벽한 대안, 끔찍한 대안, 어느 정도 타당한 대안, 그리고 현 상태의 유지를 식별하라. 각각의 장단점은 무엇인가?
결과	당신이 결정을 내리고 나면 어떤 일이 벌어질지 생각해보라. 좋거나 나쁜 어떤 일이 일어날 것인가?
목표와 제약	당신이 가진 목표와 제약을 검토하라. 당신이 이것들을 설정한 이유는 무엇인가?
다른 시각	친구나 당신이 아는 경쟁자가 당신의 결정에 직면했다고 가정하자. 그들의 가치는 무엇일까? 당신이 미래의 어느 때에 이 결정에 직면한다면 무엇이 고민될까?
전략적 가치	당신의 삶이나 조직을 이끌기 위한 당신의 전략적 가치를 생각하라. 이런 가치 중 어떤 것 또는 그것의 어떤 측면이 이 결정과 관련 있는가?
실망과 후회	당신이 내린 결정의 결과를 경험하고 나서 무엇 때문에 당신은 실망하고 후회하게 될까?
포괄적 가치	당신이 직면한 적 있는 똑같거나 비슷한 결정에 대해 과거 당신이 갖고 있던 가치는 무엇인가? 그것들이 지금도 관련 있는가?

감정과 기분. 당신의 감정과 기분은 긍정적인 것이든 부정적인 것이든 어떤 결정에 관심을 갖는 중요한 이유를 환기시킬 수 있다. 따라서 감정을 탐구하다 보면 결정에 대한 관련 가치로 이어질 때가 많을 것이다. 당신이 마주한 결정과 관련해 만일 당신이 열광적일 경우 왜 그런지 조사해 보면 그 결정에 대한 당신의 가치 중 일부를 알 수 있다. 만일 당신이 의

욕 없고 연애를 끝내거나 퇴사를 생각하고 있다면, 도대체 무엇 때문에 당신이 이런 행동을 고려 중인지 이해하려고 해보라. 이러한 이해를 활용해 당신이 보기에 변화를 주거나 관계를 정리하면 더 도움이 될 듯한 가치를 창출하라. 당신의 가치 중 비공개로 유지됐으면 하는 게 있는지도 반드시 알고 있으라. 그것을 누군가에게 알리거나 심지어 적을 필요까지는 없지만, 그런 가치에 대해 스스로 정직해지는 것은 중요하다. 당신이 더 나은 결정을 내리는 데 도움을 줄 수 있기 때문이다.

대안. 어떤 결정의 경우, 만일 각각의 대안을 선택한다면 어떻게 될지 여러 측면을 경험할 수 있다. 이런 경험은 흔히 어떤 대안에 대해 당신이 좋아하거나 좋아하지 않는 어떤 것, 그러나 예전에는 중요하다고 인식하지 못했던 뭔가를 나타낸다. 이런 인식이 당신의 결정에 대한 관련 가치를 드러낸다. 예를 들면 당신이 구입할 수도 있는 차량 시운전, 당신이 사들일 수도 있는 주택 방문, 당신이 다닐까 생각 중인 대학들 순회, 사교나 운동 동호회에 일시적으로 참여하는 것 등이 있다.

> 당신의 감정과 기분을 당신의 결정에 포함시키는 것은 중요하다. 이것을 알면 당신이 관련 가치를 파악하도록 이끌어줄 때가 많다.

그 밖의 상황에서는 가정이든 실제든 모든 대안을 생각해보고, 그 대안의 어떤 부분이 좋고 나쁜지를 스스로 물어보라. 당신이 어떤 대답을 하건 아마 당신의 결정과 연관된 가치를 나타낼 것이다. 개인 조수를 고용해야 하는데, 당신이 대단히 존경하는 지인 한 명을 고려한다고 하자. 그 사람이 일에 관심을 가질 가능성은 전혀 없다 하더라도, 그 또는 그녀가 그 일을 하면 좋을 어떤 능력을 갖고 있는지 스스로 물어보라. 당신은 미래에 생겨날지 모르는 잠재적 난관을 인식하고 그것이 벌어질 가능성과 정말로 일어날 경우의 중요도 양쪽을 모두 줄일 조치를 사전에 취하는 능력을 생각하고 있을 터이다. 잠재적 난관을 인식하고 그런 난관의 발생 빈도를 줄이는 것은 당신의 결정에 대한 잠재적 가치다. 또한 그 일에 맞는 잠재적 대안 후보자를 둘씩 비교하고 각 후보자의 상대적 장점을 파악할 수도 있다. 이런 장점 역시 당신의 결정과 관련된 가치를 나타낸다.

결과. 그 결정의 잠재적 결과를 생각하면 비슷한 방식으로 가치의 파악을 자극할 수 있다. 당신이 집에서 큰 파티를 계획하고 있다고 하자. 파티가 어떻게 하면 엄청난 실패로 끝날지를 명쾌하게 고려하라. 결론적으로 당신의 머릿속에 섬광처럼 떠오른, 드물지만 잠재적 결과는 개인적으로 매우 소중히 여기는 유서 깊은 그림을 훼손하는 경우다. 이는 두 가지 가치를 말해준다. 반드시 그 특별한 유서 깊은 그림에 해가 가지 않도록 하라. 그리고 좀더 일반적으로는 집이나 가구에 대한 손해를 최소화하라.

목표와 제약. 목표와 제약은 관련 가치를 직접적으로 말해주지만, 보통 대안 평가에 직접적으로 사용해서는 안 된다. 한 부유한 개인 투자자가 모든 투자는 적어도 연 8퍼센트의 예상 수익을 내야 한다는 목표와 어떤 투자도 결코 손실이 발생해서는 안 된다는 제약을 갖고 있다고 치자. 이는 수익 극대화와 손실 최소화라는 각각의 가치를 직접적으로 말해준다. 이제 2개의 1년짜리 투자를 생각해보자. 투자 A는 정확히 9퍼센트 수익을 내고, 투자 B는 투자자가 90퍼센트의 확률로 16퍼센트 수익을 십중팔구 내겠지만 사실 2퍼센트를 잃을 확률도 10퍼센트 있다. 투자 A는 8퍼센트라는 목표와 0퍼센트의 제약을 둘 다 충족하는 반면, 투자 B는 목표에는 부합하지만 제약에는 들어맞지 않는다. 하지만 투자 B가 투자자한테는 훨씬 더 매력적일 것이다.

목표와 제약은 목표를 다량으로 초과하는 것이 제약을 소량으로 충족시키지 못하는 것보다 더 중요할 수 있다는 사실은 설명하지 않는다. 이런 상황은 목표와 제약으로부터 생성된 가치가 설명한다.

다른 시각. 잠재적 가치를 생각하기 위해 시각을 바꿔보면 통찰력이 생길 수 있다. 당신 말고 다른 누군가—가령 친구나 당신이 존경하는 사람 또는 경쟁자—가 당신이 현재 맞닥뜨린 똑같은 결정에 직면했다고 가정하는 것도 하나의 다른 시각이다. 그 또는 그녀의 가치가 무엇일지 상상해보라. 이 각각의 가치에 대해 그것 혹은 그것과 비슷하거나 상반된 것이 당신에게 적절한 가치가 될지 고려해보라. 당신이 집을 팔려고 내놓으려 한다고 치자. 물론 한 가지 가치는 그걸 고액에 파는 것이며, 이는 중요하고 놓치기 어려운 것인지라 당신이 생각해본 유일한 가치일 수도 있다. 당신은 만일 어떤 친구가 비슷한 집을 팔 거라면 어떤 것에 가치를 둘지 생각해보고, 그가 자신의 집을 내놓은 사이 그 집에서 생활하는 편의성과 그 과정에서 법률과 관련한 번거로운 상황을 피하는 것도 중시할 거라는 생각을 할 수도 있다.

우리는 당연히 현재 직면한 결정의 가치를 현재의 시각에서 보는 경향이 있다. 그러나 이런 결정 중 일부는 향후 수년간 영향을 미친다. 그러므로 현재 직면한 결정을 향후 10년 후의 시각으로 바라보는 것도 유용할 터이다. 당신이 기술직에서 같은 회사의 마케팅 전략 관련 직책으로 업무를 바꾸는 걸 고려 중이라 치자. 현재의 시각에서 보면 당신은 편의성, 안락함, 고급 업무를 한다는 자부심, 함께 있으면 즐거운 동료 등의 가치를 찾아낼 수 있다. 미래의 시각으로 보면 당신은 경영 능력 함양, 안정적 고용, 전체 기업이 어떻게 돌아가는지에 대한 이해 같은 더욱 넓은 가치를 추가로 인식할 수 있다.

전략적 가치. 당신의 삶이 미래에 어땠으면 좋을지에 대해 아마 공상을 해봤을 것이다. 그럴 때 당신은 삶의 모든 결정과 관련한 가치에 대해서도 생각해봤을 테다. 이런 전략적 가치는 광범위하며 당신이 마주하는 특정 결정과 연관되어 있을 수 있다. 당신의 전략적 가치 중 하나가 다른 사람들을 공정하게 존중하며 대하는 것이라면, 이는 수많은 개인적·직업적 결정에서 특정 가치를 말해준다. 직장에서 일단의 사람들을 관리한다면 그 결과로 초래된 가치로는 직원에게 명확한 의사소통을 하는 것, 개인의 의미 있는 기여를 인정해주는 것, 직원을 실력에 의거해 승진시키는 것 등이 포함될 터이다. 많은 사람한테는 전략적 가치—가족과 더 많은 시간을 보내는 것—가 있고, 따라서 당신 가족의 다양한 구성원과 양질의 시간을 보낸다는 가치가 다수의 결정과 연관될 것이다. 10장은 특히 전략적 인생 가치와 전략적 조직 가치의 개발과 관련이 있다.

실망과 후회. 결정을 내리고 나면 그 결과에 실망해 특정 결과를 피할 가능성이 어쩌면 더 높았을 다른 대안을 선택하지 않은 걸 후회할 수도 있다. 또한 대안을 선택하기 전에 다양한 대안과 연관된 잠재적 실망이나 후회를 예상할 수도 있다. 당신의 당연한 바람은 실망하거나 후회하는 경험을 피하는 것이다. 어떤 특별한 결정이라도 실망이나 후회의 잠재적 원인과 연관된 가치를 포함함으로써 이런 바람을 설명할 수 있다.

당신이 주로 친구 및 지인들과 함께 개인적 일에 약간의 돈을 투자할 기회를 제안받았다고 치자. 재무 정보를 전부 검토해보니 기대 수익률이 높다. 하지만 만일 어쩌다 돈을 잃게 되면 크게 실망하고 투자한 일을 후회할 것이다. 이때는 금융 손실을 피하자는 가치가 후회를 최소화하자는 가치보다 당신의 기분을 포착하기에 더 적절할 것이다.

포괄적 가치. 당신은 예전에 자주 마주쳐본 다른 결정과 유사한 특징을 지닌 결정에 자주 직면한다. 예를 들면 사업 미팅을 주재하는 것, 비영리 행사를 조직하는 것, 항공 여행 일정을 잡는 것, 주말여행을 떠나는 것 등이다. 시간이 지나면서 당신은 이런 유형의 결정 각각에 대해 일련의 포괄적 가치를 발전시킬 수 있다. 특정 결정이 발생할 때마다 당신은 그 특정 결정과 관련한 가치의 이런 포괄적 목록을 검토할 수 있다. 선택한 일이 일어난 이후에는 거기에 관해 좋았던 점과 싫었던 점을 점검하고 그것이 당신의 기대를 충족시켰는지 알 수 있다. 이것이 당신의 포괄적 목록에 추가해야 할 새로운 가치를 말해줄 것이다. 이는 본질적으로 향후 비슷한 결정을 내릴 때 도움을 주는 명확한 넛지 목록이다.

3단계: 다른 사람에게 가치 제안 요청하기. 친구, 동료, 조언자가 당신의 결정과 관련한 가치에 통찰을 주기도 한다. 어려운 개인적 결정의 경우, 절친한 친구는 관련 가치에 관한 유용한 제안의 출처가 될 수 있다. 그 또는 그녀는 당신을 잘 알고, 당신과 논의했으므로 결정의 본질을 꽤 잘 파악할지도 모른다. 당신은 그 또는 그녀에게 이렇게 물을 것이다. "내가 어떻게 해야 한다고 생각해?" 두 가지 이상의 대안이 있는 결정이라면 당신은 이렇게 물을 수도 있다. "네가 보기에 내가 선택하거나 제외해야 할 대안이 있어?"

선택하거나 제외할 대안에 관한 확답이 주어지면 당신의 친구가 어떻게 그런 결론에 도달했는지 물어보라. 대안의 장단점에 대해 물어도 좋다. 만일 첫 번째 답변이 애매하다면, 그 결정을 내리기 위해 그 또는 그녀가 사용할 가치에 대해 질문하라. 어떤 중요한 결정의 경우, 우리는 즉시 파악할 수 있는 가치의 구체적 세부 사항을 놓고 씨름하면서 즉각적이지 않고 명백하지도 않은 다른 중요한 가치는 인식하지 못하는 경향이 있다. 당신의 결정에 깊이 관여하지 않은 친구가 더 큰 그림을 쉽게 보고 예전에 놓쳤던 가치를 제시할 수도 있다.

당신이 스위스에 본사를 둔 국제 기업을 위해 미국에서 일하고 있다고 가정하자. 최근 부대표가 본사에서 2년 기한으로 근무하는 데 혹시 관심이 있냐고 당신에게 물었다. 지금 당신과 회사의 존경받는 다른 부서 동료 한 명은 출장을 가서 함께 저녁 식사를 하는 중이다. 당신은 아마도 이렇게 질문해보는 게 쉬울 듯하다. "당신이 이 파견 근무를 수락할지 여부를 결정한다면 어떤 고려 사항을 감안하시겠어요?" 논의의 초점을 직업적 고려 사항과 개인적 고려 사항에 따로따로 맞추는 쪽을 선택해도 된다. 동료와의 친분 정도에 따라 앞서 말한 2단계의 아이디어를 활용해 관심 가는 답변을 더욱 깊이 파고들 수도 있다.

전문적인 조언자들도 당신과 연관이 있을 수 있는 가치의 훌륭한 출처다. 당신에게 다양한 접근법을 고려해야 하는 의료 또는 치과 질환이 있다면, 그러한 접근법의 장단점은 무엇인지 그 지식을 가진 전문가들에게 물어야 한다. 그들의 답변은 당신이 혼자서는 끌어내지 못할 가치에 대해 알려줄 것이다. 이러한 문의는 그 또는 그녀가 생각하기에 당신의 상황에서 가장 좋은 대안이 무엇인지 묻는 경우와는 아주 다르다는 것을 명심하라. 정말 그런 조언을 받을 때는 다른 대안도 있는지에 관해 묻는 게 유익하다. 그리고 연속으로 각 대안의 상대적 장단점에 관해 조언자의 견해를 요구하라. 이런 장단점이 당신이 알아채지 못한 가치를 말해줄지도 모른다. 아울러 만일 당신이 이미 그 결정에 대한 가치를 일부 파악했다면 각각의 대안이 이 가치에 얼마나 부합하는지 물어보라. 이러한 논의에서 조언자의 생각은 여러 가지 대안이 당신의 가치를 얼마나 잘 충족시키는지 당신이 더 잘 평가하도록 해줄 것이다.

당신이 처음으로 직면한 중요한 결정의 경우, 과거에 똑같거나 비슷한 결정에 직면해봤던 다른 사람에게 말해보는 것도 흔히 유용하다. 위의 예처럼 본사에서 잠깐 근무하는 것에 관한 결정, 경영진에게 회사의 불법적 활동으로 의심되는 일을 보고하는 방법, 평생의 배우자나 반려자 선택, 자녀 양육의 중요한 측면에 대한 대처, 그리고 연로한 부모나 친척을 돌보고 돕는 계획 등이 여기에 포함된다. 이와 같은 거의 모든 결정의 경우, 당신보다 먼저 그 결정에 직면해본 사람이 많다. 대안을 고심해서 선택하고 그 영향을 겪어본 경험은 당신의 사고를 자극하고 당신의 결정과 관련한 가치를 드러내주는 훌륭한 출처다.

4단계: 예전에 파악한 가치를 활용해 추가적 가치 알아내기. 당신이 어떤 결정에 대해 이미 명확하게 표현한 가치는 관련 가치를 추가적으로 파악하는 데 유용한 출처다. 예전에 구체화한 가치에 간단한 질문 세 가지를 적용하면 관련 가치를 추가적으로 파악할 수 있다. 이 질문은 "그 가치는 무엇을 의미하는가?", "그 가치가 왜 중요한가?" 그리고 "그 가치의 달성이 어떤 영향을 미치는가?"이다.

당신이 여러 회사로부터 동시에 일자리 제의를 받는 부러워할 만한 위치에 있고 그중 한 곳을 선택해야 한다고 치자. 당신은 첫 번째 직장에 대한 가치를 재미있는 업무, 괜찮은 연봉, 편의성으로 파악했다. '재미있는 업무'가 무슨 의미인지 스스로 물어보면 특별한 종류의 실질적 업무를 담당하는 것, 여러 동료를 사귀는 것, 재미있는 동료들과 일하는 것, 법적인 일이나 규제받는 업무에 관여하지 않아도 되는 것, 사업상 결정을 신속히 내리는 것이라고 말할 수 있다. 어떻게 해야 당신의 업무가 더 재미있을지 생각해보면 회사 안팎 사람들과의 직업적 상호 작용, 이따금 가는 출장의 필요성, 지속적인 학습, 하루 종일 책상에 앉아 있지 않는 것 같은 가치라고 말할 수 있다.

당신이 말하는 '괜찮은 연봉'의 의미를 검토해보면 별도의 주식을 배당하거나 당신에게 퇴직연금 적립 제도가 곧바로 주어지는 회사를 원한다는 얘기일 수 있다. 당신이 왜 '편의성'에 신경을 쓰는지 곰곰이 생각해보면 집에서 가까운 직장의 가치를 나타내는 것일 수 있다. 이는 결과적으로 당신이 오래 걸리는 통근 시간을 피하고 싶다는 말이며, 무엇보다 이것은 당신의 개인 생활을 위한 여가 시간을 늘려준다.

가치의 명료화

결정에 대한 잠재적 가치 목록을 만들고 나면 각각의 가치를 하나의 목표로 전환해야 하는데, 이것이 그 가치와 관련해 당신이 결정을 내림으로써 달성하고 싶은 바를 더욱 명확하게 기술한다. 각각의 목표는 목적어와 동사라는 공통된 형식을 지닌 가치이기도 하다. 이 과정은 한 가지 예로 쉽게 이해할 수 있다.

아버지와 함께 여러 실버타운 중 어떤 곳이 아버지의 필요와 욕구에 가장 잘 부합하는지 결정하려는 딸을 생각해보자. 그들은 이번 장에서 언급한 절차를 일괄적으로 거쳤고, 표 5.3의 잠재적 가치를 창출했다. 잠재적 가치는 여러 형식으로 서술되는데, 이는 그러한 가치가 머릿속에 떠올라 결정에 직면한 개인에 의해 표현되는 다양한 방식을 나타낸다. 맨 처음 가치를 서술하는 형식에는 요건이 없다. 목적이 의사 결정자가 인식하는 모든 방식으로 가치를 구체화하는 것이기 때문이다. 표 5.3의 세 번째 열은 서술한 각각의 가치를 공통된 형식의 목표로 전환한다.

각 가치의 의미를 명료화하려면 목적어와 동사를 사용해 그것을 하나의 목표로 서술하라. 목표란 어떤 결정을 내림으로써 그 가치와 관련해 당신이 달성하고 싶은 바를 나타낸다. 예를 들면 "비용을 절감한다", "환경 오염을 최소화한다", "내 시간을 좀더 효율적으로 사용한다" 등이 있다.

각각의 가치를 목표로 서술할 때 그 가치가 의도하는 의미를 신중하게 생각하고, 그 의미가 해당 목표의 표현으로 반드시 명료해지도록 하는 게 유용하다. 표 5.3의 첫 번째 가치, 즉 "목공"을 생각해보자. 만일 아버지가 현재 목공 초보자라면 목표는 목공을 배우는 것일 터이다. 만일 경험이 조금 있다면 목표는 목공 기술을 향상시키는 것일 수 있다. 만일 이미 목공 경험이 많다면 목공이라는 가치가 의미하는 바는 실버타운에 목공소가 있는 것일 수 있다. 아니면 목공의 가치는 "목공소에 대한 접근성을 갖고 있다"와 "쓸모 있는 목공 물건을 만든다" 같은 두 가지 목표를 얘기하는지도 모른다.

"호흡기 질환을 설명한다"는 가치의 경우, 목표는 "호흡기 질환의 악화를 방지한다" 또는 "호흡기 질환을 낫게 한다" 중 하나일 수 있다. "알맞은 가격"이라는 가치는 처음에는 "주거비를 최소화한다"는 의미로만 여겨질 수 있으나 좀더 생각해보면 "생활비를 최소화한다"가 확실히 이 가치를 표현하는 더 나은 목표일 듯하다. 처음에 "다수의 재미있는 사람들

표 5.3 공통된 형식의 목표로 전환한 가치

처음 서술한 잠재적 가치	~로 서술	목표로 명시한 재서술 가치
목공	활동	목공소에 대한 접근성을 갖고 있다
호흡기 질환을 설명한다	상황	호흡기 질환의 악화를 방지한다
자동차가 필요 없다	관심사	인근에 필요한 제품과 서비스가 있다
알맞은 가격	기준	생활비를 최소화한다
딸 집 근처	바람	딸의 집으로부터 이동 시간을 최소화한다
가능한 한 자주 햇볕을 쬔다	목적	일광욕을 많이 한다
실외 활동을 즐기고 싶다	희망	실외 활동을 추구한다
대형 병원과의 거리	측정	우수한 의료 서비스 접근성을 갖고 있다
다수의 재미있는 사람들 및 활동 가능성	다중 가치	1. 재미있는 새 친구들을 사귄다 2. 재미있고 즐거운 활동을 하며 시간을 보낸다
일상의 불편 최소화	목표	일상의 불편을 최소화한다
공동체의 위치가 편리하다	문장	번성하는 지역 사회에 대한 접근성이 좋다
의료적 케어	서비스	응급 치료를 받기 용이하고 양질의 의료 서비스 접근성이 좋다
취미와 동호회 시설의 존재	상황	취미 생활과 동호회에 참여한다
만족	상태	실버타운에 사는 것을 즐긴다

주: 아버지의 실버타운을 선택하는 결정 사례

및 활동 가능성"이라고 서술한 가치는 별도의 두 가지 가치를 나타내는 사례인데, 이것은 "재미있는 새 친구들을 사귄다"와 "재미있고 즐거운 활동을 하며 시간을 보낸다"로 서술할 수 있다.

"딸 집 근처"라고 처음에 서술한 가치는 "딸의 집으로부터 이동 시간을 최소화한다"는 목표를 곧바로 말해준다. 어떤 목표든 그 목표가 당신이 달성하고 싶은 바를 정말로 나타내는지 숙고해야 한다. 고려 중인 실버타운이 두 군데 있다고 치자. 한 곳은 딸의 집으로부터 48킬로미터밖에 떨어져 있지 않지만 시내 대중교통을 이용해야 하고 걷는 것까지 포함하면 평균 이동 시간이 편도 2시간은 될 듯하다. 다른 실버타운은 90킬로미터 떨어져 있지만 이동 시간은 1시간 10분이다. 이런 대안을 거리 기준으로 평가한다면 첫 번째 실버타운이 두 번째보다 약 2배 나아 보인다. 그러나 당신이 나중에 실제 가치로 명확히 밝힌 것, 즉 이동 시간과 아버지를 당신 집으로 모시고 오는 것을 기준으로 평가하면 두 번째 실버타운이 이전 것보다 약 2배 낫다. 당신의 처음 가치의 의도는 "딸의 집으로부터 이동 시간을 최소화한다"는 목표로 적는 게 더 좋다. 상대적으로 쉬운 자동차 이동 또한 아버지가 딸의 집을 방문하는 걸 훨씬 더 용이하게 만들며, 이는 처음 서술한 가치의 의미를 명확히 하는 이런 과정에서만 인식할 수 있는 새로운 가치다.

이제 목표로 서술한 당신의 결정에 대한 가치가 그 결정을 내릴 때 당신의 모든 생각과 노력을 이끌어야 한다. 각각의 목표는 당신의 결정에 관해 더욱 명확하게 사고하고 대안의 완전한 의미를 인식하게끔 도와준다. 목표는 또한 혁신적 대안 창출, 수집할 만한 유용한 정보의 인식, 대안의 철저한 타당성 평가를 촉진하기도 한다. 이것들은 각각 더욱 풍부한 정보에 입각해 훨씬 나은 결정을 내리도록 당신에게 넛지할 수 있다. 목표 간의 관계를 분명하게 이해할 수 있도록 그것들을 정리한다면 당신의 결정은 좀더 분명해지고 이러한 과제 각각을 제대로 수행하는 것도 용이해질 터이다.

모든 가치를 목표라는 형식으로 서술하는 것이 유용하다는 걸 알고 나면 당신은 가치를 파악한 다음 그것을 목표로 서술하는 과정이 왜 하나의 단계로 통합되지 않는지 궁금할지도 모른다. 이유는 가치를 파악하는 창의적 과정의 혼란을 피하는 데 있다. 이런 혼란이 파악할 가치의 범위를 좁힐 수 있기 때문이다. 일단 모든 가치를 명확하게 서술하고 나면, 그것들을 목표로 재서술하는 것은 간단하다. 결정에 대한 가치를 창출한 경험이 어느 정도 있으면 가치들을 처음에 목표로 나열하는 것이 편리하다는 사실을 알게 되겠지만, 그것이 당신의 실제 가치를 온전히 특징짓게 하려면 재검토는 여전히 유용하다.

목표 정리하기

당신이 집안의 가장이고 유일한 소득원이라고 가정해보자. 당신한테는 배우자와 두 자녀가 있다. 당신은 방금 종양 검사 결과를 받았는데, 의사들은 악성이긴 하지만 '조기'에 발견해 퍼지지는 않았다고 생각한다. 고려할 수 있는 대안은 수술, 화학 요법, 방사선 요법인 듯하다. 누구나 내리고 싶은 결정은 아니지만, 많은 정보에 입각한 선택을 하는 것은 분명 대단히 중요하다.

당신이나 가족의 일원이 예전에 비슷한 결정에 직면한 적이 없기에 당신과 배우자는 고심한다. 그리고 이 장에서 언급한 절차를 활용해 표 5.4에 있는 일련의 목표를 작성했다. 각 목표 간의 기본적 관계 구체화를 포함해 그 목표들을 정리하는 게 유익할 것이다. 2개의 목표 사이에는 두

표 5.4 암 치료에 대한 일련의 목표

모든 암을 없앤다
암의 재발을 피한다
반드시 암이 퍼지지 않도록 한다
치료의 의학적 위험을 최소화한다
암의 의학적 위험을 최소화한다
가까운 미래의 사망 확률을 줄인다
심각한 합병증의 확률을 줄인다
전체 절차의 개인 비용을 최소화한다
보험 회사가 최대한 지불하게 한다
통증과 고통을 줄인다
자신의 불편을 최소화한다
편안한 입원실을 얻는다
치료에 대한 걱정을 피한다
의사들에게 신뢰를 갖는다
가족의 불편을 최소화한다
원활한 의사 전달을 받는다
최고의 의료진을 만난다
양질의 의료 서비스를 받는다
병원에서의 시간을 줄인다
회복 후 활동의 제약을 최소화한다
병원에서 친절한 서비스를 받는다

가지 중요한 관계가 있다.

수단 목표 대 목적 목표. '수단-목적' 관계는 하나의 목표를 달성하는 정도가 긍정적이건 부정적이건 두 번째 목표를 달성하는 정도에 영향을 주는 상황을 가리킨다. 이 경우 우리는 첫 번째 목표를 수단 목표(means objective), 두 번째 목표를 목적 목표(ends objective)라고 부른다. "모든 암

> 수단 목표는 근본적 목표를 달성하기 위한 의미에서만 중요할 뿐이다. 대안 평가에는 오직 근본적 목표만 사용해야 하며, 이렇게 해야 잠재적 결과의 이중 집계를 피하고 복잡성을 줄인다.

을 없앤다"는 "심각한 합병증의 확률을 줄인다"는 목표의 수단 목표이며, 후자는 이 관계에서 목적 목표다. "심각한 합병증의 확률을 줄인다"는 또한 "통증과 고통을 줄인다"와 "병원에서의 시간을 줄인다"를 포함한 다른 여러 목표에 대해 수단 목표이기도 하다. 하나의 수단 목표에는 한 개 이상의 목적 목표가 있을 수 있고, 하나의 목적 목표에는 한 개 이상의 수단 목표가 있을 수 있다. 가령 "치료의 의학적 위험을 최소화한다"는 "심각한 합병증의 확률을 줄인다"에 대한 수단이기도 하다.

심각한 합병증의 확률을 줄이는 것이 왜 중요한가? 한 가지 답변은 심각한 합병증을 줄이는 것이 "가까운 미래의 사망 확률을 줄인다"는 목표를 더 잘 달성하는 수단이라는 것이다. 그렇다면 사망 확률을 줄이는 것은 왜 중요한가? 당신의 응답은 아마도 "그건 당연히 중요하다"일 것이다. 이 목표는 암 치료 결정의 다른 어떤 목표를 달성하는 데 그것이 미칠 어떤 영향과 상관없이 중요하다. 이러한 목표를 결정을 위한 근본적 목표(fundamental objective)라고 부른다. 모든 근본적 목표는 대체로 그 결정에 대한 다른 어떤 목표에 대해서도 수단이 아니지만 특정 결정에서는 그럴 수 있다.

결정에서 수단 목표와 근본적 목표를 구분하는 것은 매우 유용하다. 그것은 당신이 직면한 결정의 복잡성을 줄이고 중요한 것에 관심을 집중시킨다. 각각의 수단 목표는 대안을 창출하거나 6장에서 언급한 대로 해당 결정을 다루기 위해 기존의 대안을 개선하는 자극제다.

대안을 평가할 때는 근본적 목표만 사용해야 한다. 만일 당신의 평가에

그림 5.1 암 치료의 수단 목표와 근본적 목표 구분

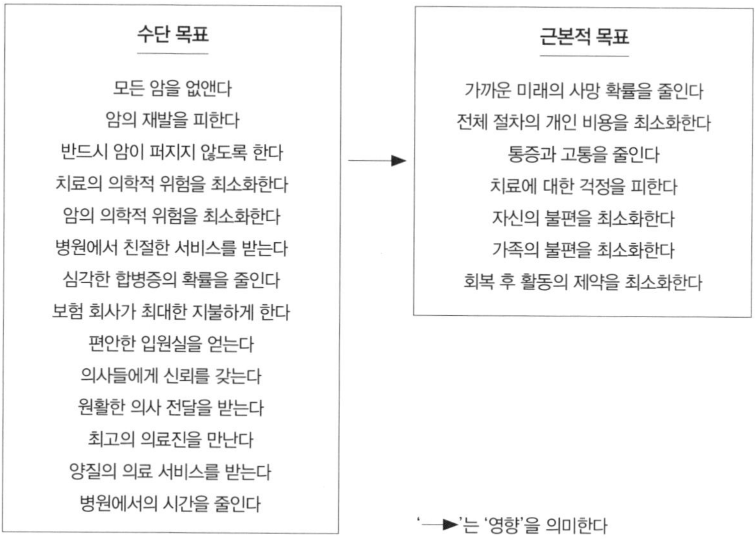

단지 근본적 목표에 미치는 영향 때문에 관련을 갖는 수단 목표를 포함한다면, 당신은 장점 그리고/또는 단점의 일부를 이중으로 집계하고 있는 셈이다. 대안을 평가할 때 수단 목표에 대한 고려를 없애면 보통은 그 평가에 적합한 목표의 수가 상당히 줄어든다. 이를 통해 더 좋은 평가를 하기가 쉬워지고, 이것은 자연스럽게 더 나은 결정을 내리는 쪽으로 당신을 넛지한다. 그림 5.1은 암 치료 결정에 대한 수단 목표와 근본적 목표를 구분하고, 그것들을 '영향'을 나타내는 화살표로 연결한다. 대안을 평가하고 비교하기 위한 근본적 목표는 7개뿐인 데 반해 결정을 위한 목표는 총 21개다.

목표의 세부 사항 구체화하기. 두 목표 사이의 두 번째 기본적 관계는 구

체화의 관계로, 여기서 한 목표는 두 번째 목표의 요소이며, 그 두 번째 목표가 의미하는 바를 더욱 자세히 구체화한다. 예를 들어 "심각한 합병증의 확률을 줄인다"는 목표가 무슨 의미인지 생각해보자. 일부 답변은 암의 재발을 피하는 것이다. 또 다른 답변은 반드시 암이 퍼지지 않게 하는 것이다. 이 후자의 두 목표는 전자가 의미하는 바를 더 자세히 구체화한다. 그것들은 "심각한 합병증의 확률을 줄인다는 게 무슨 뜻인가?"라는 질문에 대한 대답이다. 구체화 논리는 가끔 목표의 의미를 명확히 할 가치가 있을 때 더 잘 전달되기도 한다. 당신은 "회복 후 활동의 제약을 최소화한다"가 무슨 뜻인지 질문할 수 있을 것이다. 여기서 답변은 관련 활동을 구체화시켜줄 것이다.

암 치료의 근본적 목표는 표 5.5에서 볼 수 있듯 구조화할 수 있고, 들여쓰기를 한 부분은 바로 위에 있는 목표의 요소임을 나타낸다. 이런 시각화가 결정의 주요 근본적 목표를 더 잘 설명하며, 우리로 하여금 거기에 집중하도록 도와준다.

그림 5.1에 있는 근본적 목표 목록에서 표 5.5에 추가된 2개는 언급할 필요가 있겠다. 즉 어떤 개인 비용이 관련 있는지 생각함으로써 개인 비용을 더 상세히 구체화했다. 그 결과, 반드시 포함해야 할 회복 비용에 대해 인식하게 됐다. 이때의 회복 비용은 결근하는 동안의 소득 상실은 물론 소득 상실 가능성이라는 관점에서 봤을 때 모든 결과를 가리킨다. 자기 자신 및 가족의 불편과 관련한 목표는 각각의 요소가 근본적으로 같기 때문에 한데 모았다.

암 치료의 대안을 평가하기 위해서는 표 5.5에 있는 4개의 주요 근본적 목표를 활용해 그것들을 비교해야 한다. 이 비교에서 각각의 주요 목표는

표 5.5 암 치료 평가를 위한 근본적 목표

가까운 미래의 사망 확률을 줄인다
회복 후 활동의 제약을 최소화한다
전체 절차의 개인 비용을 최소화한다
병원에 대한 ~
의료진에 대한 ~
회복에 대한 ~
자신과 가족의 불편을 최소화한다
통증과 고통을 줄인다
치료에 대한 걱정을 피한다
병원에서의 시간을 줄인다

모든 해당 부속 목표를 반드시 설명하므로 개인 비용에는 병원·의료진·회복에 따른 비용이 포함된다.

고려 중인 결정에서 어떤 수단 목표가 어떤 목적 목표에 영향을 주는지 좀더 확실하게 밝히면 '수단-목적' 관계를 훨씬 더 자세히 구체화하는 데 도움을 줄 때가 가끔 있다. 그림 5.2의 '수단-목적' 도식이 이를 잘 보여준다. 하나의 목표에서 다른 목표로 가는 화살표는 전자가 후자의 목적에 대한 수단임을 나타낸다. 어수선함을 피하기 위해 그림 5.2는 전체 목표가 아닌 각 목표의 목적을 가리킬 뿐이라는 점에 유의하라. 많은 수단 목표가 여러 개의 근본적 목표에 영향을 주므로, 여러 '수단-목적' 화살표가 일련의 근본적 목표를 향한다. 양질의 의료 서비스는 근본적 목표 각각에 대한 수단이다. 보험 처리는 개인 비용, 그리고 걱정 및 1인 병실을 쓰는 것 같은 불편함의 측면에 영향을 준다.

그림 5.2 암 치료의 '수단-목적' 도식

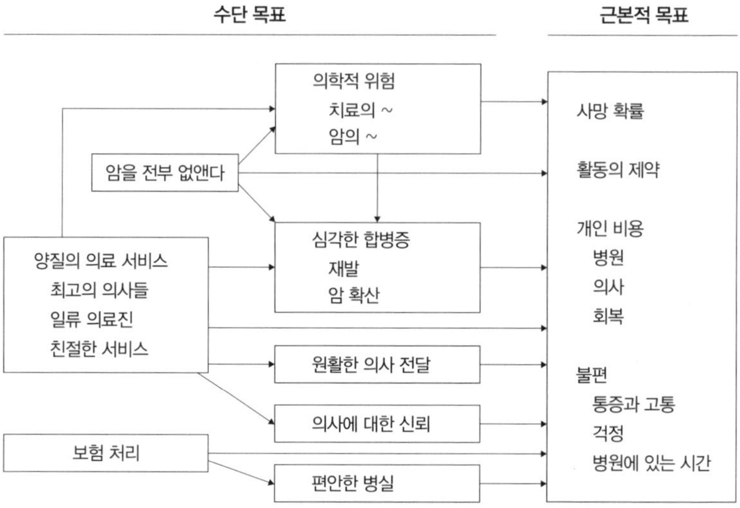

'⟶'는 '영향'을 의미한다

모든 결정과 연관된 두 가지 가치: 학습과 유연성

모든 생각할 만한 당신의 결정과 틀림없이 연관성이 있을 거라고 여겨지는 일반적 가치가 두 가지 있다. 바로 학습과 유연성이다. 이 두 가치를 서술하는 해당 목표는 "미래의 결정을 위한 유용한 정보를 학습한다"와 "미래의 결정에 적응하는 유연성을 갖는다"이다. 이것들은 모두 당신이 직면할 결정의 근본적 목표다.

학습. 앞서 강조했듯 의사 결정은 중요한 개인적 기술이다. 당신의 의사 결정 기술을 향상시키기 위해서는 어떻게 하면 더 나은 결정을 내릴 수 있는지 지속적으로 학습하고 배운 것을 연습해야 한다. 학습을 촉진하는 유용한 방법은 당신이 직면한 많은 결정에 학습의 가치를 포함하는 것이다. 이 책의 아이디어를 활용해 당신으로 하여금 더 나은 결정을 내리도록 하려는 모든 결정은 당신이 예전에 배운 것을 연습하고 향후 더 나은 결정을 내리는 데 도움이 될 것을 학습할 기회다.

> 당신이 내리는 모든 결정에는 미래의 비슷한 결정과 연관된 특정한 것, 그리고 당신의 의사 결정 과정과 연관된 일반적인 것을 학습할 기회가 있다.

학습의 가치는 반복적 결정에서 가장 쉽게 알 수 있다. 어떤 반복적 결정은 매일 직장에 출근하는 것, 신문이나 잡지를 연간 구독하는 것, 매년 납세 신고를 하는 것, 평생 동안 컴퓨터나 자동차를 구입하는 것처럼 명확하다. 어떤 반복적 결정은 알아채기가 썩 쉽지 않다. 예를 들면 상사와의 중요한 미팅, 직장의 판에 박힌 팀 프로젝트 미팅, 의미 있는 주제에 관한 자녀와의 논의, 중요한 의료 질환 다루기, 취업 면접, 파티 주최 등이 있다. 이 각각의 결정마다 당신은 미래의 비슷한 결정에 도움이 될 무엇인가를 오늘의 결정에서 학습할 수 있다. 당신이 배운 것은 수백 건의 유사한 결정에 유용할지도 모르며, 이것이 전체적으로 상당한 긍정적 효과를 유발할 수도 있다.

납세 신고

미국에서는 사실상 모든 나라에서 그렇듯 특정 연도에 소득을 벌어들인 이들은 누구나 연간 소득세를 내야 한다. 그러려면 소득 및 지출에 관한 많은 질문이 담긴 납세 신고서를 작성해야 한다. 납부할 세금을 계산하는 게 목적이므로 각종 소득원 및 지출을 별도로 처리한다. 소득원과 지출 종류를 범주화하는 결정을 내려야 하는 것이다. 연방 정부 세법의 복잡성과 모호함을 감안했을 때 최선을 다

하더라도 다수의 세무사를 포함해 거의 어떤 누구도 모든 걸 정확히 작성하지는 못한다.

일단 연간 세금에서 당신이 납부할 금액이 얼마나 되는지 계산하는 납세 신고서를 작성하고 나면, 국세청(IRS)은 이 중 일부를 회계 감사용으로 골라 당신이 순소득을 정확하게 신고했는지, 그에 따라 정확한 액수의 세금을 내고 있는지 확인한다. 작성한 납세 신고서 중 1퍼센트 미만이 회계 감사용으로 무작위 선택되지만, 이 비율은 소득이 높고 지출이 많은 사람들일수록 올라간다. 회계 감사는 감사 대상자에게 많은 시간을 요구할 수도 있고, 추가 납세액 이상의 벌금을 낼 수도 있으며, 엄청난 스트레스를 유발할 수도 있다.

일부 소득세 신고자들의 주요 목표는 회계 감사를 피하는 것이다. 그러므로 그들의 신고 전략은 소득 명시와 비용 공제의 애매함이라는 이점을 정부에 제공하는 것이고, 그에 따라 법적인 금액 이상을 지불할 공산이 있다. 그 결과, 당신이 회계 감사를 받을 확률을 낮추기 위해 매년 2000달러를 더 낸다고 치자. 평생 딱 한 번만 납세 신고를 한다면 그럴 가치가 있을 듯도 하다. 그러나 50년간 그런 납세 신고 전략을 따른다면 당신은 과세되지도 않은 10만 달러를 내는 셈이고, 그럼에도 한두 번은 회계 감사에 걸릴 가능성이 있다.

납세 신고를 비슷한 일련의 연례적 결정으로 보면 도움이 된다. 매년 신고와 회계 감사에서 당신이 배운 것은 분명 미래의 모든 신고와도 연관이 있다. 이런 시각에서 봤을 때 나한테는 연간 납세 신고에 대한 다중 목표가 있다. 바로 과세된 적절한 액수를 내고, 법적으로 부과되지 않은 추가 액수를 내지 않고, 회계 감사의 불편함을 피하고, 세금 신고에 필요한 시간을 최소화하고, 미래를 위해 모든 신고 과정을 배우는 것이다. 그러니까 내가 선택한 대안은 이것이 완벽할 수는 없다는 걸 깨닫고 가능한 한 정확하게 필요한 내용을 모조리 신고하는 것이다.

몇 년간 납세 신고를 한 후, 내 세금이 회계 감사를 위해 무작위로 선택되었다. 내 세금에는 아무런 변동도 일어나지 않았지만 나는 국세청 감사관과 약 1시간 동안 만나야 했다. 이때 나는 미래의 세금 결정에 관해 중요한 것을 학습했다. 즉 당신의 재무 기록이 건전하고 속일 생각이 없었다면 당신은 걱정할 이유가 별로 없고, 감사도 그다지 스트레스거리가 되지 않는다는 것이다. 가장 흔한 부정적 발견은 의도치 않은 오류이고, 그 오류에 따라 가산세를 약간 내야 할 수는 있다. 그러나 만일 실수로 적절한 세금을 내지 않았다면 나는 그 정정 액수의 납부를 마다하지 않을 것이다. 그리고 아마도 세법에 대해 유익한 걸 배웠을 것이다.

이 사례에서 얻을 수 있는 일반적 통찰은 반복적인 유사한 결정을 연속적인 것으로 바라보면 보통 유익하다는 것이다. 당신은 매해의 결정을 별개로 볼 게 아니라 장기간에 걸친 일련의 전체 결정에서 기인한 결과를 고려해 잠재적 정책 대안(즉, 그 결정을 매해 다루는 방법)을 개발하고 비교할 수 있다. 반복적 결정 시각은 학습 목표와 그 의미의 유용성을 확실히 보여준다. 당신이 배우는 것은 꼭 의사 결정의 약점만이 아니다. 의식적으로 미래의 많은 결정에 사용할 수 있는, 당신이 아주 잘한 어떤 것일 수도 있다.

학습은 반복적 결정뿐 아니라 생각해볼 만한 모든 미래의 결정과도 관련이 있다. 관리자와의 미팅에서 효율성을 높이는 법을 배웠다면 그것은 당신한테 중요한 모든 미팅에 유용할 수 있다. 당신이 새 직장을 위한 중요한 면접을 망쳤다고 느꼈고, 결국 그 자리에 채용되지 않았다고 치자. 그 취업 면접과 관련해 달리 행동할 수도 있었을 거라고 반성하는 순간,

당신은 실질적인 '면접 예행연습'이 향후 중요한 모든 면접을 대비한 좋은 발상이 될 수 있음을 인식할 것이다. 당신이 생각 미숙 때문이었다고 결론 내린 어떤 결정의 부정적 결과에서 얻은 교훈은 같은 실수를 반복하지 않도록 하는 데 도움이 될 수 있다. 당신이 특정 결정에 대한 당신의 가치를 어떻게 하면 더욱 효과적으로 파악할 수 있는지 오랜 시간에 걸쳐 많은 결정을 통해 학습한 것은 평생 동안 유익할 것이다.

유연성. 유연성의 장점은 그 결과가 시간이 흐르면서 누적될 때 당신이 현재 내리고 있는 결정과 관련이 있다. 어떤 결정의 경우, 당신은 최종 결과가 연속된 결정들로부터 비롯될 것임을 깨닫는다. 당신은 첫 결정의 결과로부터 배울 것이고, 이 지식은 미래의 관련 결정들에 도움을 준다. 이런 종류의 중요한 연속적 결정 하나하나는 학사 학위를 받기 위해 전공을 선택해 공부하는 것과 같다. 아주 당연하지만 많은 학생은 대학에 입학해 전공으로 무엇을 고를지 잘 모른다. 어떤 학생은 모든 가능성을 열어둘 테고, 또 어떤 학생은 두세 가지 가능성이 있다고 생각할 수 있다. 어느 쪽이든 지금 수강할 강의에 대한 결정에는 어떤 전공을 추구할지 알고 있다는 가치와 일단 전공을 택하고 나면 졸업 요건을 최대한 충족하기 위해 가능한 옵션을 계속 유지하는 유연성의 가치를 포함해야 한다.

유연성은 그 결정과 관련한 상황이 달라지거나 결과가 기대했던 것보다 바람직하지 않을 경우 대안을 적용할 옵션을 제공한다.

또 다른 결정의 경우, 유연성은 결과가 기대했던 것만큼 좋지 않을 거라고 당신이 깨닫게 될 경우에 대안을 적용할 옵션을 제공한다. 이런 유연성은 미래의 결정에 대한 잠재적 제약을 막아준다. 지금부터 2주 후에 당신의 회사와 독일 대기업이 공동 프로젝트 협정을 마무리하기 위해 뮌헨에서 중요한 미팅을 갖는다고 치자. 미팅은 수요일부터 금요일까지 사흘로 예정되어 있다. 당신은 월요일에 텍사스주 오스틴에 있는 사무실에서 빠지면 안 되는 또 다른 미팅이 있기 때문에 화요일에야 사무실을 나서야 한다. 오스틴에서 뮌헨까지는 직항이 없으므로 당신의 주요 대안은 휴스턴이나 워싱턴 D.C. 또는 뉴어크로 가서 뮌헨행 비행기로 갈아타는 것이다. 휴스턴까지의 전체 이동 시간이 다른 선택안보다 1시간 짧기는 하지만, 휴스턴과 워싱턴 D.C.는 논스톱 항공편이 하루에 1회뿐이다. 만일 그 항공편이 취소되기라도 하면 당신은 뮌헨의 첫날 미팅을 놓칠 것이다. 한편 뉴어크에는 뮌헨으로 가는 논스톱 항공편이 매일 2회 있다. 만일 빠른 항공편을 예약한다면 비행이 취소되더라도 대체 항공편이 있고 뮌헨에는 제시간에 도착할 것이다. 이 대안의 유연성 때문에 전체 이동 시간이 1시간 더 걸리더라도 그럴 가치가 충분히 있을 듯하다.

당신은 보통 유연성이 더 많고 결과도 더 좋은 대안을 창출하거나 제시된 대안을 변경할 수 있다. 타이밍이 핵심일 때가 많다. 간단한 예로, 당신이 소기업을 운영하고 있으며 가족과 휴가 중이라고 가정해보자. 지금은 이른 아침인데 내일 저녁까지 중요한 서류를 하나 검토하고 수정해달라는 이메일을 받는다. 검토는 1~3시간을 내서 어디서든 하면 된다. 처리해야 할 과제(즉, 검토)와 당신이 바라는 행사(즉, 가족과의 휴가)가 있는 이런 상황에서는 유연성을 발휘해 과제를 먼저 처리하는 게 매우 유익하다. 과제를 먼저 처리함으로써 당신은 그 일이 얼마나 오래 걸릴지 곧 알게 될 테고, 이로써 계획을 잘 짜고 그다음 원하는 행사에 더 오래 참석할 수 있을 것이다. 또한 가족과 원하는 행사를 즐기는 동안 과제로 인해 정신적으로 산만해지지도 않을 터이다. 만일 과제를 충분히 완수하기에 부족한 정보가 있다면, 당신은 그걸 좀더 빨리 깨달을 테고 필요한 정보를 받을 시간과 기회도 더 넉넉할 것이다. 그리고 제시간에 과제를 마쳐야 한다는 스트레스도 덜할 것이다. 이상의 모든 것은 당신으로 하여금 과제를 더 잘 수행하게 하고, 가족과의 행사에 더 오래 참석할 수 있다는 뜻이다.

아마 당신은 생각해볼 만한 결정에서 학습과 유연성의 타당성을 가치로 인정할 듯하다. 하지만 그러려면 어떻게 해야 할까? 어떻게 해야 당신의 결정에 그것들을 포함시킬 수 있을까? 메시지는 간단하다. 일단 당신이 보기에 최선인 대안의 주요 요소에 관해 근본적으로 판단하고 나면, 자신에게 넛지해 그 대안에 유용한 학습이나 타당한 유연성을 제공할 수정 사항 또는 추가 사항이 있는지 자문해보라. 집어넣기 쉬운 약간의 수정 사항이 머릿속에 떠오를 때가 종종 있는데, 이것은 차후에 더 나은 결과를 가져올 수정된 대안으로 이어진다.

조직의 결정에 대한 추가적 생각

가치는 조직 결정의 목적을 특징짓는다. 개인의 결정에서처럼 의사 결정 과정의 중요한 단계는 관련 가치를 명확하게 표현하는 것이다. 조직의 가치를 표현하는 데 있어 유일한 차이는 그 결정을 내리는 데 관여하는 개인이 한 명 이상 있기 때문에 발생한다.

첫 번째로 발생하는 새로운 쟁점은 이것이다. 즉 과연 누가 조직의 결정을 위한 가치를 표현해야 하는가? 일반적으로는 결정에 관여하고 책임을 지는 개인 각자가 자신들이 조직 결정에 적합하다고 생각하는 가치를 표현해야 한다는 게 정답이다.

의사 결정자 집단은 분명할 때가 많다. 예를 들어, 회사 경영진이 의사 결정을 할 때는 각 구성원의 가치와 관련이 있다. 그러나 만일 특정 개인이 조직의 결정을 위한 가치를 표현해야 할지 말지 의문이 든다면, 대체로 포함해도 좋을 그 또는 그녀의 가치 제안은 받아들이는 게 좋다. 약간 시간이 든다는 점을 제외하면 이런 참여를 받아들인다고 해서 잃을 건 하나도 없다. 다른 이들이 표현하지 않았지만 그렇더라도 모두가 관련이 있다는 데 동의하는 그런 가치를 만들어낼지도 모를 일이다. 표현된 가치 중 일부가 무관하다고 생각하면, 차후의 논의에서 이것을 제외할 책임과 권한은 의사 결정자한테 있다.

어떤 조직의 결정이든 처음에는 가치를 표현하는 개인 각자가 그 가치를 따로따로 파악해야 한다. 이렇게 해야 각 개인이 그 결정으로 달성해야 할 것이 무엇인지 열심히 생각할 가능성을 높여 더욱 광범위한 종합 가치 목록이 탄생한다. 가치를 분명하게 표현하는 과정은 이번 장 앞부분에서 기술한 것과 같다.

> 집단이 의사 결정을 할 때 모든 구성원의 가치는 서로 관련되어 있지만 처음에는 따로따로 파악해야 한다. 차후에 집단은 파악한 모든 가치를 일련의 집단 가치를 구성하는 것으로 여겨야 하는데, 이것이 공동의 목적을 정의한다.

그다음으로 개인의 가치를 합쳐 고려 중인 결정에 대해 최초의 조직 가치 목록을 만들어야 한다. 처음에는 적어도 한 명의 개인이 나열한 모든 가치가 조직의 가치 목록에 포함되는데, 이는 보통 어떤 개인의 목록보다도 폭이 넓다. 이 과정에서 한 명 이상의 개인이 서술한 모든 가치는 당연히 단 한 번만 나열한다. 이때 판단이 필요하다. 개인은 똑같은 가치를 표현하면서도 흔히 다른 어휘를 사용하기 때문이다. 예를 들어 만일 세 커플 집단이 겨울과 여름 활동을 위해 전원의 펜션을 공동 구매할 생각이라면, 6명 모두 비용과 관련한 가치 및 그 장소를 방문하는 용이성과 관련한 가치를 표현할 것이다. 비용은 아마 세 가지 가치로 요약할 수 있을 것이다. 구입비, 연간 운영비 그리고 이동 비용. '방문 용이성'의 가치는 저마다 '우리 집에서 가깝다', '자동차로 3시간 이내', '가기 쉬운 곳', '편리한 곳' 식으로 다르게 서술할 수 있다. 구성원끼리 간단히 상의하면 아마도 적절한 가치는 '집에서 펜션까지의 이동 시간'이라는 합의에 도달할 것이다.

일단 결정에 대한 조직 가치의 첫 번째 목록을 작성하고 나면, 결정 집단의 구성원은 각각의 가치를 하나의 목표로 서술해야 한다. 이렇게 하면 각 가치의 정확한 의미를 이해하고 결정과의 관련성에 대해 합의하거나, 아니면 그것을 수정한 후 합의하거나, 혹은 서술된 일부 가치는 그걸 완전히 표현하려면 한 가지 이상의 목표가 필요하다고 결론 내리는 것이 더 용이해진다. 그 과정은 결정을 특징짓는 목표로서 분명하게 표현된 일련의 가치에 대한 합의로 이어질 것이다. 게다가 모든 구성원은 자신들이 최초로 서술한 가치가 어디에 포함되었는지 알고, 자신들이 공동의 목적을 가진 팀의 일원이라고 느낀다.

06

대안을 창출하라

결정에 직면했을 때 대안은 당신한테 선택할 권한이 있는 행동 방침이다. 만일 당신이 적어도 두 가지 대안을 파악하지 못했다면, 당신한테는 선택할 게 없다. 결정도 없다. 그런데 누군가가 자신이 직면한 특정 결정에 대해 가능한 대안이 하나밖에 없다고 말하는 것을 우리는 모두 들어본 적이 있다. 아마 이것은 기본값 또는 '아무것도 하지 않는' 대안이라 일컫기도 하는 현 상태 유지 외에는 하나의 대안밖에 없다는 얘기거나, 아니면 잠재적 대안 중 받아들일 만한 선택지는 하나뿐이라는 얘기일 듯하다.

이 책에서 사용한 대안은 특정 결정에 대해 여러 대안 중 단 하나의 대안을 선택할 수 있는 경우로 규정된다. 이것은 제약이 아니다. 모든 결정은 단일한 대안을 선택하는 것으로 서술할 수 있기 때문이다. 누군가가 "우리는 대안 A 아니면 대안 B, 또는 대안 A와 대안 B 둘 다를 선택할 수 있을 텐데" 같은 진술을 한다고 치자. 하지만 그냥 대안 A와 대안 B를 모두 선택한다는 의미의 대안 C를 정의하면, 그 결정은 A나 B 또는 C의 세 대안 중 단 하나를 선택하는 일이 될 것이다. 구분을 하면 사고의 명확성에 도움이 되므로 나는 A와 B를 기본 대안(elemental alternative), C를 복합 대안(compound alternative)이라고 부른다.

어떤 결정에 대해 당신이 고려하는 대안은 현실적이어야 한다. 의사 결정자 또는 그 결정에 영향받을 누군가가 그게 최선의 대안인 것으로 판명 날 수 있을 거라고 생각한다는 뜻이다. 만일 4명의 자녀를 포함한 가족을 위해 어떤 자동차를 살지 당신이 결정을 내리는 중이라면, 2인승 스포츠카가 현실적 대안이라고 보지는 않을 것이다. 그러니 그것을 생각하느라 시간을 허비하지 말라.

대안은 왜 창출해야 하는가

당신은 직면한 모든 결정에 대해 좋은 대안이 있길 바랄 것이다. 그 이유는 대안에 관한 두 가지 단순한 사실에 바탕을 두고 있다. 첫째, 만일 특정 대안을 생각하지 못하면 그것을 선택할 수도 없다. 둘째, 당신이 선택한 대안은 고려 중인 대안들 중 최고나 다름없다.

당신이 결정에서 원하는 바를 성취하는 능력은 가끔 당신이 파악한 대안들 사이에서 당신이 선택한 대안의 질이 아니라 그 대안들의 질에 더 많이 달려 있다고 보면 된다. 그러므로 의사 결정에서 당신의 노력 중 일부를 대안 창출에 집중시키는 것이 중요하다. 만일 당신이 예전에 인식했던 대안 중 어떤 것보다도 낫다고 차후에 평가받는 새로운 대안을 창출한다면, 당신은 스스로에게 더 나은 결정을 내리도록 매우 강력한 넛지를 제공한 것이다. 하지만 대안을 창출할 때 한 대안이 나머지보다 나은지 아닌지는 그 즉시 분명하게 드러나지 않을 수 있다.

대안을 창출할 필요가 없는 결정도 있기는 하다. 이것은 당신이 모든 대안을 알고 있을 때 발생하며, 당신이 모든 대안을 알고 있다고 '생각'할 때와는 다르다. 어느 쪽이건 이 중 어떤 대안이 당신이 직면한 특정 결정에 해당하는지 판단하는 것은 당신이다.

> 대안 창출에 노력을 쏟는 것은 중요하다.
> 1. 당신이 생각한 적 없는 대안은 선택할 수 없기 때문이다.
> 2. 당신이 선택한 대안은 당신이 고려 중인 대안들 중 최고나 다름없기 때문이다.

특별한 상대에게서 청혼을 받아 생각할 필요가 있다고 가정하자. 결정의 직관적 틀은 당신의 응답이 반드시 "예" 또는 "아니요"일 거라고 생각하므로 제의의 수락 또는 거절일 터이다. 하지만 당신은 다른 응답도 실제 가능한지 고려해보고 싶을 수 있다. 당신과 당신의 특별한 상대가 "예"라고 응답할 만큼 충분히 오랫동안 서로 알고 지내지 않았다고 느껴져 "이 프러포즈가 1년 뒤에도 여전히 유효하다면 저는 아마 '좋아요'라고 말할 거예요" 같은 식으로 대답할 수도 있다. 아니면 당신은 이렇게 만일의 사태에 대비할지도 모른다. "우리 둘 다 대학을 졸업하고 취직할 때까지는 결혼할 수 없어요." 가능한 대안을 고민해보고 나니 현실적으로 유일한 선택은 "예" 또는 "아니요"뿐이고, 곧 답변을 해야 한다는 생각이 든다고 하자. 그렇다면 당신은 모든 대안을 안다고 마땅히 말할 수 있으며, 추가적 대안을 파악하기 위해 더 노력할 필요가 없다.

현실적 대안을 창출하는 것이 도움을 주는 경우는 일반적으로 두 가지 상황이다. 하나는 많은 잠재적 대안을 즉시 파악할 수 있지만, 대부분 현실적이지 않을 때다. 당신이 휴스턴으로 이사를 갈 예정인데, 집을 구입하려 한다고 치자. 모든 매물 목록을 얻을 수 있겠지만, 이 집들 대부분은 당신에게 비현실적일 수 있다. 너무 크거나, 너무 작거나, 너무 비싸거나, 원하는 지역에 없거나. 현실적 대안을 파악하고 거기에 초점을 맞추기 위해서는 제약이 있는 비현실적 대안을 효과적으로 제거하면 된다. 당신한테는 확실히 침실이 3개 이상인 집은 너무 크다고 하자. 집에 대한 당신의 생각을 침실이 3개 미만인 집으로 한정하라. 그러면 더 큰 집들은 고려 대상에서 제거된다. 만일 당신의 저축과 대출로 최대 30만 달러의 집을 구입할 수 있다면, 30만 달러를 초과하는 모든 집은 제외할 수 있다. 비현실적 대안을 거르는 이런 과정은 그다지 창의적이지 않지만, 시간을 절약하고 당신이 현실적 대안을 파악하는 데 집중하도록 해준다.

또 하나의 일반적 상황은 대안을 생성하는 창의성을 요하는데, 이것이 이번 장의 주요 관심사다. 만일 현실적 대안이 없는 듯해 보인다면 어떻게 해야 할까? 생각할 만한 많은 결정의 경우, 잠재적 대안이 전부 있는 목록 같은 것은 구할 수 없다. 이런 결정의 대안과 관련한 상황은 다음 중 한 개 이상의 특징을 지닐 것이다.

- 나는 사실 뭘 해야 할지 도무지 모르겠다.
- 아무런 대안이 없다.
- 대안이 약간 있기는 해도 그다지 마음에 들지 않는다.
- 대안을 좀 생각해봤지만, 내가 아직 알아내지 못한 다른 대안이 분명 많이 있다는 것을 안다.

- 좋은 대안이 약간 있지만, 더 나은 대안을 적어도 한 개는 파악할 수 있을 거라고 생각한다.

이런 경우 각각에 대해 당신은 스스로에게 넛지를 제공할 대안을 창출하는 쪽으로 사고의 초점을 맞출 수 있는데, 이렇게 하면 보통 더 바람직한 대안이 생긴다.

의사 결정자는 대안 창출에 얼마나 능숙한가

이 질문에 대한 답변은 어떤 사람은 다른 이들보다 나으며 개인차가 크다는 것이다. 더욱 중요한 것은 의사 결정자인 우리 모두가 대안 창출 능력을 향상시킬 수 있다는 사실이다.

많은 실험 결과, 개인들은 중요한 특정 결정에 대해 합리적으로 완벽한 대안을 창출하는 데 애를 먹는 것으로 밝혀졌다.[1] 일련의 한 실험에서,[2] 대학생한테 그들이 직면했다고 쉽게 상상할 수 있는 다섯 가지 다른 개인적 결정을 제시하고, 그것들을 해결할 대안을 창출하라고 요구했다. 한 가지 결정은 기숙사 방에서 대마초를 피우는 룸메이트가 불편한 어떤 학생에 관한 것이었다. 그룹마다 참가자에게 대안 창출 방법에 관해 다른 제안을 제공했고, 한 그룹에는 아무런 조언도 하지 않았다. 다섯 가지 결정에 대해 개별적으로 창출한 대안의 수는 평균 5.27~6.47개였다. 통틀어서 다섯 가지 서로 다른 결정에 대해 확연히 구분되는 생성 대안의 수는 18~26개였다. 개인들은 가능한 대안의 3분의 1에서 4분의 1만을 파악하고 있었다.

이 같은 결과는 몇 가지 중요한 질문을 제기한다. 이러한 결정은 설문 조사 참가자들과 관련성은 있지만 참가자들이 개인적으로 직면한 결정은 아니었다. 그들이 실제로 그런 결정에 직면했다면 과연 대안을 더 잘 창출했을까? 참가자들은 잠재적 대안 중 최상의 것들을 생성하고 타당성이 덜한 대안은 지나치거나 혹은 최상에 속하는 대안을 놓쳤는가? 시버트와 나는 다음의 실험에서 이 중요한 질문을 다뤘다.[3]

비즈니스 교과 과정이 포함된 공부를 하는 대부분의 독일 대학생은 학업이 끝나갈 무렵 기업이나 비영리 단체 또는 정부 조직에서 인턴 과정을 적어도 하나는 선택한다. 인턴 과정의 목적은 '진짜 사회'의 전일 근무에 관한 실질적 지식을 배우고 미래의 고용 기회를 높이는 것이다. 그것은 보통 중요한 경험으로 인식되고, 학생들은 의욕적으로 인턴 과정에서 최대한 이익을 얻으려 한다.

대안 창출에 관한 연구를 수행하기 전에 우리는 곧 있을 인턴 과정의 질을 높이기 위해 인턴들이 추구할 법한 모든 유형의 대안을 나열하는 과정을 진행했다. 종합 목록은 결국 "대학에서 배운 기술을 적용한다", "특정 프로젝트나 과제에 대해 감독자(supervisor)에게 물어본다", "감독자와 교분을 쌓는다", "좋은 근무 분위기에 기여한다", "워크숍과 훈련 과정에서 역량을 높인다" 등 31개의 확연히 다른 유형의 대안으로 마무리됐다.

인턴 과정을 계획한 200명 이상의 학생은 4단계의 조사에 참여했다. 1단계에서는 참가자들에게 인턴 과정을 수락했다고 상상할 것을 요구하고, 그 인턴 과정에서 가능한 한 많은 이익을 얻기 위해 그들이 생각할 수 있는 모든 대안의 목록을 작성하라고 지시했다. 2단계에서는 참가자들에게 31개의 종합 대안 목록을 배부하고 그들이 개인적으로 관련성이 있다고 여기는 대안을 각각 체크하라고 요구했다. 3단계에서는 참가자들이 흔히 자신의 대안을 나열할 때 종합 목록에 있는 것과는 다른 단어를 선택하므로 그들의 대안 각각과 종합 목록에 있는 해당 유형의 대안을 짝짓기해야 했다. 4단계에서는 1단계에서 개인적으로 창출했든 아니면 2단계에서 처음으로 인식했든 중요도의 관점에서 모든 대안의 순위를 매겼는데, 우리는 이것을 개인이 인턴 과정 중 그 대안을 추구할 확률이라고 정의했다. 평균적으로 개인들은 처음에는 6.66개의 다른 대안을 생성했고, 종합 목록에서 추가로 11.27개의 대안을 인식했다. 그러니까 이 중요한 개인적 결정에 대해 개인들은 자신과 관련 있고 중요하다고 나중에 인식한 잠재적 대안 중 약 3분의 1(37퍼센트)만 창출한 셈이다.

놀랍게도 학생들은 가장 높은 순위의 대안 중 적어도 절반을 개인적으로 파악하지 못했다. 구체적으로 말하면, 참가자 중 44퍼센트만이 자신이 가장 중요하다고 순위를 매긴 대안을 개인적으로 파악했다. 참가자들은 개인의 상위 5개 대안 중에서 평균 1.86개만 알아냈다. 상위 10개 대안 중에서는 평균 3.50개만 파악했다.

대안 창출의 함정

더 나은 대안을 생성하기 위해 사고와 창의성을 자극하는 절차를 논의하기에 앞서 대안 창출에 쏟는 관심 부족 상태로 귀결되는 흔한 함정을 거론할 필요가 있겠다. 결정에 대해 대안을 창출하는 것이 가치 있을 텐데,

그러지 않는 근본 원인은 의사 결정자가 이런 활동에 완전히 몰입하지 않는다는 데 있다. 이와 같은 함정은 여러 가지 양상을 띨 수 있다.

대안 창출에 시간을 할애하지 않는다. 의사 결정자가 대안 창출의 가능성이나 잠재적 가치를 의식적으로 인식하지 못할 때가 너무 많다. 그래서 여기에 아무런 노력을 할애하지 않는다. 그 의사 결정자는 대안이란 근본적으로 분명하다거나 자기가 대안 창출에서 할 역할이 없다고 느낄 수 있다. 직면한 결정은 기존에 있는 대안 중 그냥 최고를 선택하면 되는 것이다. 한 커플이 사흘간의 여름 캠핑 여행을 산으로 떠날 계획을 짜면서 작년과 같은 곳에 가기로 결정했다. 그 여행은 꽤 좋았고, 올해 다시 그곳에 가면 더 쉬울 듯하다. 만일 목적이 노력은 거의 들이지 않고 괜찮은 시간을 보내는 것이라면 이 대안도 나쁘지 않을 터이다. 하지만 다른 바람이 있는 이들에게는 잘못된 선택일 수 있다.

> 결정에 대해 타당성이 떨어지는 일련의 대안을 초래하는 주요 원인은 더 나은 대안을 창출하는 데 시간을 할애하지 않는 것에 있다.

가끔 의사 결정자가 그냥 '문제 해결'만 하고 넘어가고 싶어서 대안 창출에 전혀 시간을 쏟지 않을 때가 있다. 만일 당신과 배우자가 이번 여름 알래스카로 2주간 여행을 떠날 계획을 짠다면, 부모가 없는 그 기간 동안 열 살짜리 자녀를 위한 여름 프로그램을 고르는 결정에 직면할 수 있다. 어떤 부모는 "적절한 시기에 우리 아이를 돌본다"는 단일 목표에 부합하는, 자기들이 처음 찾아낸 프로그램을 선택하기도 한다. 이것이 "문제를 해결하고 넘어가자"는 식의 접근법이다. 그런가 하면 어떤 부모는 이런 접근법이 부적절하다고 생각하고 몇몇 여름 프로그램 대안을 파악해 재미있는 활동 참가하기, 실력 쌓기, 즐거운 경험의 관점에서 자녀에게 맞는 추가적 목표를 바탕으로 그중 하나를 선택할 것이다.

한 가지 대안을 파악하고 나면 다른 대안 찾기를 중단한다. 친구가 자기 회사에 충원할 일자리가 하나 나왔는데 당신이 훌륭한 후보일 것으로 생각한다고 말했다 치자. 그 일자리를 진지하게 고려하고, 만일 제의가 들어온다면 바로 그 일자리와 당신의 현재 직장 사이에서 결정하는 것은 이치에 맞는 일일까? 당신이 다른 일자리를 위해 기꺼이 당신의 직장을 떠날 용의가 있다면, 당신의 가치에 의지해 다른 취업 기회도 추구하는 게 아주 유용할 듯하다. 그러다 보면 선택의 폭이 더 넓고 더 훌륭한 대안이 당신에게 생길지도 모른다.

당신의 결정에 대해 다른 사람들이 제안한 대안을 갖고 있는 것도 좋다—사실은 유리하다. 다만 다른 이들이 제안한 대안에만 의존하는 것은 그다지 바람직하지 않다. 그것이 당신의 고민과 수고를 조금은 덜어줄지 모른다. 하지만 당신의 대안은 당신의 가치를 충족하기 위해 존재하는 것이며, 당신의 가치에 관한 한 당신이 전문가다. 따라서 당신이 직면한 생각해볼 만한 어떤 결정에 대해서든 잠재적 대안을 고민하는 것은 틀림없이 가치 있는 일일 터이다.

가끔 실현 가능한 대안을 당신이 알아낼 수 없을 것만 같은 중요한 결정에 직면할 때도 있다. 많은 박사 과정 학생들은 그런 결정 중 하나에 직면한다. 바로 논문 주제의 선택이다. 다음에서 거론할 원칙은 현실적 대안을 파악하기 어려운 모든 결정에 적용된다.

박사 논문 주제 선택하기

박사 과정 신입생이 정당한 사유로 어떤 것이 좋은 논문 주제인지, 아니 심지어 어떤 것이 논문 주제가 되는지에 관해 별생각이 없을 수도 있다. 한 가지 유망한 아이디어는 지도교수한테 흥미롭게 여기는 주제에 관해 얘기해보는 것일 듯하다. 그 학생은 "제가 해낼 수 있을 것 같지 않아요", "너무나 어렵고 너무나 시간이 많이 들어요", "그 주제에 관해 무엇을 할 수 있을지 잘 모르겠어요", "지루해요" 같은 다양한 이유를 대며 어떤 주제를 거부한다. 근본적으로 어떤 주제를 거부하는 데는 암묵적 문턱(implicit threshold)이 사용된다. 그러다가 결국 그 사람의 문턱을 넘어선 주제가 제시된다. "유레카! 주제가 생겼다. 스트레스가 사라졌어." 탐색 과정 결과, 당신은 처음으로 최소한 당신의 기준에 부합하는 주제를 발견하고 방금 선택했다—하지만 그것은 결정 과정이 아니다.

현실적 대안이 하나도 없는 논문 주제 선택은 사실상 결정이 아닐뿐더러 좋은 진행 방식도 아니다. 당신은 적어도 몇 가지 대안도 알아보지 못한 채 중요한 것을 선택하고 싶지는 않을 것이다. 만일 당신의 최초 아이디어가 선택하기에 적합하다고 믿는다면, 그다음에 창출한 대안과 간단히 비교만 해봐도 당신의 판단을 뒷받침할 만큼 그게 합당한지 여부가 드러날 것이다.

첫 번째 대안을 파악한 이후에도 다른 대안을 계속해서 창출해야 한다. 이것은 보통 최초의 대안을 내놓는 것보다 더 쉽다. 이제 당신한테는 필요하다면 당신이 선택할 대안이 될지도 모르는 후보가 이미 있으므로 경험도 생겼고 스트레스도 덜하기 때문이다. 적어도 네다섯 개의 대안을 창출하라. 만일 5개의 실질적 대안 사이에서 결국 선택하게 된다면, 당신이 맨 처음 파악한 대안이 최선일 가능성은 분명 약 20퍼센트밖에 안 될 것이다. 그 주제가 탐색 과정이 아니라 결정 과정에서 나온 것일 때 당신이 수준 높은 논문을 써내고, 그것을 쓰는 동안 생산적이고 즐거운 경험을 할 가능성이 더 높다.

당신이 최초의 잠재적 해결책을 선택하고 싶은 유혹에 빠질 중요한 결정은 많다. 이 모든 것에서 당신의 결정에 대해 넛지를 제공하는 대안을 창출하는 데 들인 노력은 아마 현명한 투자일 듯하다. 예를 들어 자동차나 콘도 구입하기, 새로운 주치의나 전문의 물색하기, 당신이 운영하는 소기업의 일부 업무(가령 세금, 경리)를 관리할 업체 선정하기, 또는 당신의 집을 짓거나 리모델링할 업자 선정하기 등이 있다.

대안을 지나치게 좁은 범위로 생각한다. 우리는 찾기 더 어려운 대안을 알아내기 위해 생각을 계속 밀고 나가지 않을 때가 너무 많다. 찾기 쉬운 대안, 이른바 '따먹기 쉬운 과일'을 파악한다. 그 결과, 우리의 대안 창출은 누구나 다 아는 상자(proverbial box) 안에서 벌어지고, 이것이 파악한 후 고려해야 할 대안의 범위를 국한시킨다. 여러 가지 공통된 의사 결정 습관이 우리의 사고를 한정하는 것이다.

흔히 우리는 '평상시와 다름없는' 절차를 사용해 작업한다. 이는 우리가 과거의 결정과 비슷해 보이는 결정에 직면하면 당시와 똑같은 대안을 고려한다는 뜻이다. 외지로 떠나 2년간 만나지 못했던 친구들이 당신을 방문할 예정이고, 당신은 밖에서 그들에게 저녁을 대접할 계획이라고 하자. 당신은 평소 세 군데 레스토랑에 잘 가므로 그중 한 곳을 고른다. 하지만 이것은 일상적인 저녁 식사가 아니다. 어쩌면 손님들은 이번이 예전에 먹어본 적 없는 새로운 장소에서 식사할 기회일지도 모른다. 저녁 식사를 할 레스토랑과 관련해 그들의 가치는 무엇인지 물어보거나, 그들의 가치에 대해 생각해보기만 해도 당신은 이와 다른 더 나은 선택을 할 수 있을 것이다.

제약을 부적절하게 사용한다. 제약의 목적은 우리의 사고를 현실적 대안에 집중시키는 것이다. 그러나 제약은 또한 우리의 사고를 심각하게 제한할 수도 있다. 제약이 흔히 설정 및 사용되는 방식에는 세 가지 주요 단점이 있다. 첫째, 제약은 너무 엄격하게 규정될 때가 많고, 그로 인해 양질의 대안을 제외시킬 수 있다. 둘째, 제약은 보통 결정과 관련한 단 하나의 목표를 가리킨다. 5개 중 4개의 관련 목표에는 아주 괜찮지만 그 다섯 번째 목표에 대한 제약을 놓치는 것은 고려하지 않는다. 셋째, 제약을 충족시키는 대안을 파악하고 나면 제약 중 하나를 위배한 대안이 그것보다 더 좋을 수 없을 만큼 충분히 괜찮은지에 관해서는 좀처럼 검증하지 않는다.

고향을 떠났던 친구들을 저녁 식사에 초대하려는 그 커플이 레스토랑에 관한 생각의 지침으로 제약을 사용했다고 치자. 그들은 레스토랑이 집에서 16킬로미터 이내에 있고 가격은 1인당 50~100달러이길 원했다. 음식의 질, 서비스, 분위기, 주차 등 다른 가치가 동일하다고 했을 때 집에서 16킬로미터 이내의 모든 레스토랑을 검색해보니, 13킬로미터 떨어져 있고 1인당 85달러인 앤즈(Anne's)가 최고인 것으로 드러났다. 제약이 적절한지 검증하려면 그들은 집에서 아주 가깝고 1인당 100달러 넘는 레스토랑이 앤즈보다 더 나은지도 고려해야 한다. 대답이 "아니요"라고 가정하자. 그들은 또한 16킬로미터 이상 떨어져 있고 1인당 50달러인 어떤 레스토랑이 앤즈보다 나은지도 고려해야 한다. 그들은 1인당 50달러에 21킬로미터 떨어진 한 레스토랑이 타당성 측면에서 앤즈와 동일할 것이라고 판단했다. 그러므로 그들은 집에서 16~21킬로미터 떨어져 있고 1인당 50~85달러인 레스토랑을 고려해야 한다. 더 나은 곳을 찾지 못한다면 앤즈가 확실히 저녁 식사를 위한 최고의 선택일 것이다.

사람들은 어떤 사고 과정에서든 자신의 생각을 예전에 자신이 떠올렸던 아이디어로 고정하기 마련이다.[4] 이는 고정하지 않은 상황보다 연속된 아이디어가 기존 아이디어와 더욱 비슷해지는 결과를 초래한다. 당신의 가정에는 의복, 음식, 주거, 엔터테인먼트, 교통, 예비비 같은 다양한 지출 범주에 당신이 쓰려고 계획하는 액수의 연간 예산이 있을 것이다. 올해의 예산을 정하는 것은 작년 예산을 기준으로 책정할 가능성이 높고, 흔히 아주 약간의 변화만 줄 뿐이다. 이런 점증적 접근법은 가정의 예비계획과 올해 투자가 필요한 행사는 무엇인지를 살피면서 책정하는 좀더 폭넓은 접근법보다 나쁠 수 있다.

대안 창출을 위한 전통적 조언: 상자 밖에서 생각하라

더 나은 대안의 창출을 위해 많은 이들한테 권장하는 전통적 조언은 "상자 밖에서 생각하라"이다. 이 조언의 정신은 따를 만하지만, 그게 대체 무슨 뜻이며 어떻게 해야 하는 걸까? 앞서 말한 모든 함정이 대안 창출에 관한 생산적 사고를 제한한다. 이러한 사고는 '상자'라 불리는 제한된 공간의 대안을 찾는 것으로 한정된다. 각각의 결정마다 그 제한된 공간은 일련의 가정으로 규정되는데, 그중 일부만 명확히 서술하거나 의식적으로 인식할 수 있다. "상자 밖에서 생각하라"는 조언의 근거는 상자가 너무 작아서 대안에 관한 사고를 지나치게 제약한다는 데 있다. 상자의 제약에 위배되지만 바람직한 대안도 다수 존재할 수 있으므로 상자 안에서만 생각해서는 그것들을 알아채지 못할 것이다.

이러한 합리적 조언을 들으면 상자 안에서 생각하지 말아야 한다고 생각하는 게 당연하다. 하지만 기본적 한계는 상자 안에서 생각하는 게 아니라 너무 작은—너무너무 작을 때가 많다—상자 안에서 생각하는 것 때문에 생긴다. 작은 상자 안의 모든 대안은 잘 알려진 표준적인 대안들로서 대개는 서로 약간 비슷하다. 이 작은 상자는 그 결정을 가장 잘 해결할지도 모를 혁신적 대안은 포함하지 않을 때가 많다. 그런 대안은 상자 밖에 있다. 하지만 '상자 밖'이란 그 외의 모든 곳이며, 이는 뭔가를 찾기에는 매우 넓은 공간이다. 모든 곳에서 효과적으로 그리고 효율적으로 대안을 찾을 수는 없는 일이다. 상자 밖에 있는 대부분의 공간은 특정 결정의 대안을 찾기에는 형편없는 곳이므로 노력을 집중해야 한다.

대안 창출을 위한 나의 조언:
적당한 크기의 상자 안에서 생각하라

좋은 대안을 어디서 찾아야 할지에 관한 유용한 지침이 중요할 듯하다. 당신은 양질의 대안을 발견할 수 있는 곳에서 대안을 찾고 현실적 대안이 하나도 존재하지 않는 곳을 뒤지느라 노력을 허비하지 않길 바란다. 다음의 실질적 조언과 절차가 그렇게 할 지침을 제공할 것이다.

당신은 분명 '**아무** 상자 밖에서'가 아닌 '**그** 상자 밖에서 생각'하는 것을 통해 대안을 탐색하고 싶어 한다. 당신은 '**대안 상자** 안에서 생각'해야 한다. 모든 결정에는 적당한 크기의 대안 상자가 있다. 특정 결정과 관련 있는 모든 현실적 대안 상자 말이다.

그렇다면 특정 결정에 대한 대안 상자를 어떻게 실제로 설명할 수 있을까? 어떤 결정에 대한 대안 상자는 그 결정의 목표로 완벽하게 구체화된다. 서술된 결정에 대한 목표 중 어떤 것을 달성하는 데 기여할 수 있는 대안이라면 고려할 만한 타당한 대안이다.

관련 대안에 대해 대안 상자 안에서 생각하면 양질의 대안을 탐색하는 데 효과적으로 집중할 수 있다.

그림 6.1은 이러한 생각을 잘 보여준다. 대안에 대한 직관적 사고는 종종 누구나 다 아는 상자 안에서 벌어진다. 그 옆에 대안 상자가 있고, 이것이 누구나 다 아는 상자보다 분명 몇 배 더 큰데, 이는 적당한 크기의 대안 상자에 훨씬 더 많은 현실적 대안이 있을 것이라는 점을 시각적으로 나타낸다. 크기가 작은 누구나 다 아는 상자의 대안은 그 결정에 대한 가치에 기여하기 때문에 그 대안은 적당한 크기의 상자 안에도 포함된다. 누구나 다 아는 상자 밖에는 그 안에 있지 않은 모든 것이 있는데, 여기는 가능한 모든 상자를 포함하는 대단히 넓은 공간이다. 대안 상자를

그림 6.1 적당한 크기의 대안 상자

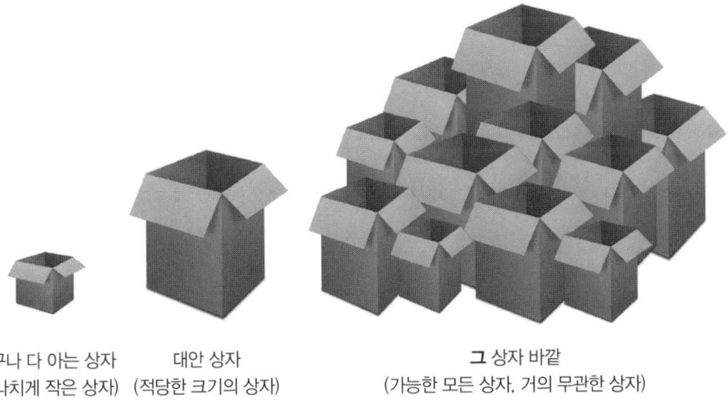

제외하면 이 모든 곳은 당신의 결정에 대한 대안을 찾는 것과는 무관한 공간이며, 그곳을 아무리 뒤져봤자 시간 낭비일 것이다. 따라서 대안 창출을 위한 모든 노력을 대안 상자 안을 들여다보며 집중하라. 이 상자 밖의 대안은 당면한 결정의 어떤 목표를 달성하는 데도 기여하지 않기 때문이다.

이러한 대안 상자 개념의 중요성을 실제 사례를 통해 알아보자.

공동 프로젝트 조율하기

1300킬로미터가량 떨어진 도시에 사는 한 동료와 나는 공동 컨설팅 프로젝트를 마무리하는 중이었다. 우리는 최종 단계에 대해 논의했고, 이틀간 미팅을 하면 그 프로젝트를 위한 최종 보고서를 마치기에 충분할 것이라고 결정했다. 이렇게 해서 우리는 직관적으로 "언제 이틀간의 미팅을 할지 결정한다"는 결정 서술에 우리의 모든 대안을 특징지었다.

이러한 결정 서술의 가정은 무엇인가? 첫 번째 명시적 가정은 우리에게 미팅이 필요하다는 것이고, 두 번째 명시적 가정은 미팅을 이틀간 지속해야 한다는 것이었다. 우리 둘 다 가졌던 암묵적 가정은 이틀을 연달아 미팅해야 하고, 프로젝트는 한 달 내로 마쳐야 한다는 것이었다. 일정을 점검한 우리는 다음 달에는 둘 모두에게 시간 여유가 없음을 알았다. 그러니까 우리가 결정에 대해 암암리에 인식했던 대안은 전혀 유용하지 않았던 것이다. 우리가 처음 만든 상자는 너무 작고 비어 있었다. 이 때문에 우리는 결정을 확장할 수밖에 없었다.

곰곰이 생각해보니 우리가 미팅을 이틀 연속해야 한다고 암묵적으로 가정했음을 깨달았다. 우리는 이 가정을 제거했다. 그에 따라 우리의 잠재적 대안도 범위가 어느 정도 넓어졌다. 하지만 결국 프로젝트를 완료하는 데 편리하게 맞아떨어지는 날짜를 찾지 못했다.

마침내 우리는 우리의 생각에 심각한 단점이 있음을 깨달았다. 우리는 대안 중심적 사고를 써먹고 있었다. 결정에 대한 우리의 가치에 관해서는 명확히 생각하지 않은 채 실현 가능한 대안을 창출하는 데 시간을 보냈던 것이다. 그래서 우리는 가치 중심으로 전환했고, 애초에 우리가 했어야 할 일을 했다. 대안 상자의 특징을 나타내기 위해 프로젝트 완료에 대한 가치를 명확하게 나열했다. 우리의 근본적 가치는 고객에게 유용한 고품질의 제품을 제시간에 전달하는 것이었다. 덧붙여 우리는 각자 그 과정을 즐기고 우리 삶의 다른 측면을 방해하는 요소를 최소화하고 싶었다. 이러한 가치가 우리의 대안 상자를 특징지었고, 우리는 프로젝트를 완료하기 위해 성취하고 싶은 것을 파악했다. 이 다섯 가지 가치를 활용해 우리는 각자가 마무리할 수 있는 요소에 관한 개별 작업이 포함된 대안을 창출했다. 그런 다음 서로 효과적으로 소통할 수 있는 적절한 시간을 결정했다. 이로써 우리는 가까운 장래에 작업을 완료했고, 양질의 제품을 탄생시킬 수 있었다. 나중에 안 것이지만, 우리는 이렇게 하기 위해 직접 만날 필요가 없었다. 전반적으로 이 대안은 미팅이 포함된 어떤 대안보다 우리 모두는 물론 고객들에게도 더 나았다. 우리는 맨 처음 부적합한 제약이 있는 상자들로 인해 미팅이 필요하다고 가정했던 것이다.

우리의 중요한 결정 중 어떤 것을 다루든 맨 처음 단계는 그 결정과 관련한 가치를 파악하는 것이므로, 우리한테는 그 결정을 위한 적당한 크기의 대안 상자를 규정할 방법이 있다. 우리한테 아직 없는 것은 대안을 창출하기 위해 그 대안 상자의 구석구석을 뒤지는 지침이다. 다음에 설명하

겠지만, 해답은 대안을 창출하기 위해 당신의 가치를 사용하는 게 단지 더 많은 대안을 만들기 위해 더 많은 시간을 들이는 것보다 훨씬 낫다는 데 있다.

대안 창출에 시간을 들이는 것의 유용성

자연스럽게 드는 의문은 이것이다. 대안 창출에 그저 더 많은 시간을 들이면 더 나은 대안이 생길까? 독일 바이로이트(Bayreuth) 대학의 심각한 주차 문제를 해결할 대안 창출을 포함한 실험이 이러한 가능성을 점검했다.[5] 구체적으로 말해, 결정 서술은 "어떻게 해야 대학의 주차 상황을 실질적으로 가장 잘 개선할지 결정한다"였다. 우리 실험자들은 다른 이들의 조언을 토대로 우선 그 결정에 대한 7개의 가치를 개발했다. 비용 효과, 지속 가능성, 환경 친화성, 이해 관계자의 만족도, 더욱 효율적인 주차장 사용, 주차 가능한 공간의 증대 및 주차장 수요 축소가 그것이다.

실험 참가 대상자는 주차 문제에 대해 아주 잘 알고 있는 바이로이트 대학 학생들이었다. 그들을 무작위로 두 그룹에 포함시켰다. 참가자 전원한테 사이사이 짧은 휴식 시간을 주며 각각 8분에 걸쳐 세 회차의 대안을 제시하라고 요청했다. 통제 그룹한테는 각 회차마다 고심해서 새로운 대안을 창출하거나 기존 대안을 개선하라는 일반적 지침만 줬다. 다른 그룹한테는 1회차에 일부 가치를 제공하고 그것들을 한 번에 하나씩 사용해 대안 창출을 자극하도록 요청했다. 그런 다음 2회차와 3회차에 7개의 가치 전부를 제공했는데, 대안을 창출하기 위해 처음에는 2개의 가치를 한 번에, 그 후에는 모든 것을 한꺼번에 사용하라는 지침을 주었다. 각 회차가 끝날 때마다 참가자들은 최고의 대안 목록 5개를 작성하고, 이 목록을 가지고 그다음 8분의 회차를 시작하도록 했다.

결과는 흥미로웠다. 처음 두 회차를 비교하면, 가치를 사용한 참가자들은 맨 처음 작성했던 최고 대안 5개 중 평균 2.80개를 바꿨고, 가치 없이 동일한 시간을 보낸 통제 그룹 참가자들은 2.23개를 바꿨다. 2회차와 3회차의 최고 대안 5개를 비교해보니 가치를 사용한 이들은 평균 2.61개를 바꾼 반면, 시간만 쓴 이들은 1.14개를 바꿨다. 가치를 사용한 44명의 참가자 전원은 2회차에서 3회차로 넘어가면서 최고 대안 5개 목록을 개선했다. 가치가 없던 통제 그룹에서는 22명 중 11명만 이런 개선을 보였다.

후속 실험에서는 122명의 집단이 참가자들의 최고 대안 5개를 무작위로 12쌍씩 선정한 여러 세트를 평가하도록 했다. 통제 그룹의 경우, 참가자들의 1회차와 2회차 대안을 비교해보니 첫 번째 세트를 109회, 두 번째 세트를 99회 선호했다. 3회차에 최고 대안 5개에 변화를 주었던 통제 그룹의 참가자 22명 중 11명의 경우는 2회차와 3회차의 세트를 각각 1회차보다 48회 더 선호한 것으로 나타났다. 반면 가치를 사용한 집단은 시간이 지나면서 최고 대안 5개의 질이 상당히 높아졌다. 참가자들의 2회차 대안을 1회차보다 173~231회 선호했고, 3회차 대안을 2회차보다 149~249회 선호했다.

이 실험 결과는 대안 창출에 더 많은 시간을 사용하면 대안의 수를 늘릴 수는 있지만 최고 대안의 질을 높이지는 못함을 입증한다. 하지만 대안 창출을 자극하기 위해 가치를 사용하는 것은 추가적인 시간의 사용이 효율적이었다는 뜻이다. 이것이 최고 대안 5개의 목록에 들어가는 새로운 대안을 만들어냈고, 이 새 목록 하나하나는 질이 더 높은 것으로 판단되었다.

대안 창출에 가치 사용하기

당신의 결정에 대한 대안은 당신의 머리에서 나온다. 대안을 창출하려면 열심히 생각하기, 창의성 그리고 가끔은 자기 탐구가 필요하다. 다음에서 입증할 수 있듯 이러한 생각을 이끄는 지침이 더 많은 수의 더 나은 대안을 만들어낼 것이다. 선택한 모든 대안의 목적은 당신이 가치 있게 생각하는 바를 달성하는 것이므로, 의사 결정자는 자신의 가치를 현실적 대안의 창출을 이끌도록 사용해야 한다. 그런데 이런 가치를 어떻게 사용해야 할까?

바람직한 대안을 창출하는 것은 어려운 시도다. 몰두하고 집중하는 노력을 하면 더 많은 수의 더 나은 대안을 파악해 선택할 수 있다.

이러한 질문을 다룬 실험이 5장에서 언급했던 가치를 포함하는 미국 대학 MBA 인턴 과정 연구의 일환으로 수행되었다.[6] 가치를 언급하기에 앞서, MBA 학생들에게 2년간의 학업 중간에 있을 여름 인턴 과정의 이득을 높이기 위해 가능한 한 많은 대안을 나열해달라고 요청했다. 그들은 차후 인턴 과정을 위한 가치를 나열한 다음, 표 5.1의 종합 목록에서 추가적인 가치를 체크했다. 마지막으로 그들의 인턴 과정 결정과 무관한 설문지의 다른 부분을 다 채우도록 한 뒤, 참가자들에게 맨 처음 각자가 창출했던 대안과 그들이 개인적으로 종합 목록에서 파악하거나 인식한 가치의 목록을 제공했다.

295명의 참가자를 2개의 다른 그룹으로 편성했다. 한 그룹의 학생들에게는 인턴 과정의 혜택을 높이도록 가능한 한 많은 추가적 대안의 파악을 자극하는 데 가치를 사용하라고 했다. 두 번째 그룹의 참가자들한테도 같은 과제를 하라고 요청했지만 잠재적 대안에 관한 그들의 사고를 자극하기 위해 가치를 각각 따로 사용하라는 추가적 지침을 내렸다.

가치를 언급하기 전에 파악한 처음의 대안 목록에서 참가자들은 평균 5.36개의 대안을 생성했다. 가치 목록을 제공한 뒤 그들의 가치만 사용하라고 요구받은 참가자들은 평균 3.73개의 대안을 추가로 생성했다. 가치를 각각 따로 사용하라고 요구받은 그룹의 참가자들은 평균 5.69개의 추가적 대안을 생성했는데, 이로써 대안의 수는 2배 이상 늘어났다. 이 실험은 사고를 자극하기 위해 가치 목록을 사용한 것이 추가로 대안을 생성했고, 그 가치를 한 번에 하나씩 사용한 것이 훨씬 더 많고 훨씬 더 매력적인 대안을 생성했다는 걸 입증한다.

대안 창출의 실제 과정

당신의 결정과 관련해 더 많고 더 나은 대안을 창출하는 데는 활용하기 쉬운 3단계 과정이 도움을 줄 수 있다. 우선, 당신이 직면한 결정을 정의해야 한다. 둘째, 그 결정에 대한 당신의 가치를 파악한다. 셋째, 관련 대안을 창출하기 위해 그 가치를 사용한다. 처음 두 단계는 앞의 두 장에서 상세히 거론했으므로 여기서는 세 번째 단계만 자세히 다루겠다.

대안 창출 과정을 시작하기 전에 스스로 그 노력을 위한 긍정적인 마음가짐을 가져라. 머릿속에 특정한 대안이 전혀 없는 상태로 시작하든 이미 일부 대안을 파악했든 당신이 창출할 수 있는 더 나은 대안이 있다고 믿어라. 좋은 대안을 이미 파악했더라도 노력을 쏟으면 한 개 이상의 더 나은 대안을 찾을 가능성이 상당히 크다고 믿어라. 더 나은 대안을 찾지 못한다 해도 당신한테는 여전히 아주 좋은 대안이 있다.

1단계: 결정을 정의하라. 4장에서는 당신이 직면하고 싶은 결정을 위한 명확한 결정 서술에 대해 생각하고 그것을 확립하는 방법을 다뤘다. 당신의 결정을 정의하는 데 있어 명확성은 가치 파악은 물론 당신의 결정에 대한 좋은 대안의 창출에도 중요하다.

2단계: 이 결정에 대한 당신의 가치를 파악하라. 이 결정에 대해 당신의 가치를 가능한 한 많이 파악하라. 5장의 절차가 이 과정에서 틀림없이 많은 도움을 줄 것이다. 비록 필수는 아니지만, 가치의 의미를 명확히 하고 결정에 직면해 달성하고 싶은 바를 더 잘 이해할 수 있도록 당신의 가치를 목표의 형식으로 서술하면 아마 유용할 것이다. 이것이 결과적으로 대안 창출을 향상시킬 게 틀림없다.

3단계: 가능한 대안을 창출하라. 어떤 가치라도 당신의 결정에 대한 훌륭한 해결책으로 이어질 혁신적 아이디어를 당신이 떠올리는 계기가 될 수 있다. 그러니 당신의 가치 각각을 따로 고려하고 그 가치에 기여할 수 있는 대안을 생각해보라. 그런 다음 현실적 대안을 더 많이 생각하도록 가치들을 한 쌍씩 그리고/또는 더 큰 부분 집합으로 사용하라. 이런 식으로 생각하면 단 하나의 목표를 사용해 창출한 잠재적 대안이 결합된 새로운 대안, 사용된 가치를 결합하는 데 더 많이 기여하는 대안을 생성하는 경향이 있다. 이런 절차는 적당한 크기의 상자 밖에서 대안을 찾느라 시간을 낭비하는 게 아니라 대안 상자의 구석구석으로 당신의 대안 탐색을 집중시킬 것이다.

우선 스스로 생각해봤다면, 이제는 타인들에게 대안을 제안해달라고 요청하라. 그런 타인에는 당신의 결정에 대해 유용한 제안을 해줄 것이라고 당신이 생각하는 가족, 친구, 동료가 포함될 수 있다. 그 밖의 상황에서는 그 결정 내용에 관해 특정 전문 지식을 보유한 사람들이 유용한 대안을 제시할 수 있다. 가령 의사와 투자 컨설턴트는 당신 혼자서는 창출할 수 없는 의학적·금융적 결정에 대한 대안을 알고 있을 것이다.

> 결정에 대한 가치를 파악하는 것은 어렵다. 중요한 결정에 대한 가치 목록을 작성할 때 개인들은 흔히 관련 가치를 많이 누락시킨다.

확연히 다른 여러 대안을 생성한 뒤에는 기존 대안 중에서 동시에 이행할 수 있는 측면을 결합해 추가적인 대안을 창출하라. 기본 대안은 단일 가치를 생각해 창출한 것인 만큼 틀림없이 이 가치에 제대로 기여할 것이다. 복합 대안은 다양한 가치에 초점을 맞춘 기본 대안으로부터 창출된다고 했을 때 개별적인 관련 가치 각각에 제대로 기여할 것이다. 그러므로 복합적인 대안을 창출하는 이 단계는 특히 유익하다.

이러한 절차를 통해 당신이 다룰 첫 번째 결정에서 당신은 분명 여러 대안을 창출할 것이다. 하지만 이번 장 앞부분에서 설명한 실험들에 따르면, 당신은 가능한 대안 중 겨우 절반 정도만 생성했을 테고 당신이 아직 인식하지 못한 대안의 평균적인 상태가 아마 당신이 파악한 대안

만큼 좋을 것이다. 이게 사실이라면, 최고의 대안은 당신이 아직 파악하지 못한 것 중에 있을 확률이 여전히 높다. 그러므로 특정 개수만큼의 추가적인 대안, 당신이 이미 확보한 것만큼의 대안을 창출하는 데 도전하라. 능히 할 수 있는 일이고, 노력을 집중한다면 당신도 해낼 수 있다. 이것을 스스로 입증하고, 그러는 동안 당신의 특정 결정에 대한 이 넛지로 당신 자신에게 도움을 주라. 다행히, 그러나 놀랍지 않게도, 최신 연구에 의하면 대안 창출을 촉진하기 위해 목표를 사용하면 그 사람이 직면한 결정에 대해 가진 경험 및 지식의 양과 상관없이 효과가 있는 것으로 밝혀졌다.[7]

자원봉사 활동

제프는 대학을 졸업할 때 자신이 원하는 종류의 직업에 관해 별로 생각해본 적이 없었다. 그냥 일자리를 원했을 뿐이다. 그는 에너지가 많고 매력적인 사람이었으므로 일자리를 구했고, 그다음에도 또 다른 일자리를 계속 구했다. 4년 동안 이 일 저 일 전전하고 도시 간 이동을 두 차례나 한 후 그는 자신이 기여하고 발전하고 회사의 존경받는 구성원이 될 수 있는 대기업 영업 부서에서 일하고 싶어 한다는 걸 알게 됐다.

이제 30세가 된 제프는 좋은 회사에서 즐겁고 흥미진진한 직책으로 자리를 잡았다. 직장 생활 초기에 많은 애로를 겪었던 그는 자신이 한때 경험한 것과 비슷한 일로 어려움을 겪고 있는 어린 '제프'들을 돕고 싶었다. 그러려면 활동에 필요한 결정을 내려야 했다.

그는 우선 자원봉사를 위해 표 6.1의 여섯 가지 목표를 파악했다. 이 표에는 대안 창출과 관련해 각각의 목표가 지닌 의미도 포함되어 있다. 가령 그의 첫 번째 목

표 6.1 자원봉사 활동의 목표와 대안의 의미

가치(목표로 서술)	대안과 관련한 목표의 의미
중요한 문제가 있는 다른 사람을 돕는다	문제는 취직 및 성인 생활의 적응과 관련이 있다
스스로 애쓰는 다른 사람을 돕는다	수혜자는 혜택을 받으려면 노력을 기울여야 한다
내 기술을 사용한다	사람들을 만나고, 인맥을 구축하고, 다른 이들과 협력하고, 팀에 기여하는 데 능숙하다
시간 낭비를 피한다	상당한 준비를 요하는 과제는 피한다
내 시간을 통제한다	나 자신의 일정에 내 노력을 쏟는다
개인적 금전 지출을 피한다	통근 및 인프라 요구를 최소화한다

표는 중요한 문제를 안고 있는 사람들을 돕는 것이고, 그가 생각하는 중요한 문제에는 직업을 찾고 왕성하게 활동하는 것과 자립적인 '성인 생활'에 적응하는 것이 포함됐다. 자신의 기술(skill)을 사용하는 목표와 관련해 제프는 자신이 사람들을 만나고, 인맥을 구축하고, 다른 이들과 협력하고, 팀에 기여하는 데 능숙하다고 생각했다.

제프가 파악한 한 가지 확실한 대안은 대학 졸업 후 젊은 직장인들이 일과 생활에 적응하도록 돕는 기존의 자원봉사 단체에 합류하는 것이었다. 이런 단체에는 대부분 자신의 시간 약속은 자기가 통제한다는 그의 목표에 부합하지 않는 정규 미팅 일정이 있는데, 영업 부서 직원은 예비 고객의 시간표에 자신의 일정을 맞춰야 하므로 이 점은 중요했다. 이것이 그의 봉사 활동에 대한 두 번째 대안을 제시했다. 그는 기존 단체에 자신을 위한 특별한 직책을 제안할 수 있다. 그 단체의 구성원들은 제프가 특별히 적합하고 효과적으로 다룰 수 있는 문제를 가진 참가자들을 분류할 수 있을 터였다. 그리고 이들한테 개인적으로 미팅을 잡도록 제프의 연락처를 줄 수 있을 것이다.

세 번째 대안은 제프의 지식과 제안이 도움이 될 만한 사람들에게 개인 멘토 코치가 되는 것이다. 제프는 자신의 활동에 관해 여러 자원봉사 단체 그리고/또는 다양한 기업의 인사부와 소통해 적당한 사람들을 알아봐달라고 제안할 수 있을 것이다. 네 번째 대안은 많은 목표의 관점에서 봤을 때 제프가 매력적이라고 생각한 것인데, 지금의 회사에 자신의 지식과 경험을 통해 혜택을 얻을 젊은 직원들을 돕는 멘토로서 자원봉사 역할을 하나 새로 만드는 것이다. 이 대안에는 두 가지 버전이 있다. 하나는 회사와 연계되지 않거나 회사의 일부가 아닌 외부 프로그램이다. 다른 하나는 자원봉사 활동을 회사가 제공하는 내부 서비스 안에 편입시키는 것이다.

제프는 이런 대안을 고려할 때 자신이 다른 사람을 돕는 활동을 하는 동안 일어날 학습 효과에 관해 생각했다. 학습한 정보가 어쩌면 예전에 인식하지 못한 대안 중 하나의 장점을 나타낼 수 있을지도 모른다. 따라서 최초의 대안 선택에 대해 한 대안에서 다른 대안으로 쉽게 갈아탈 수 있는 유연성을 목표로 포함시키면 유용할 듯하다. 이는 대안을 창출할 때 전체적인 시각을 부각시킨다. 새로 창출할 대안을 생각하다 보면 예전에 파악하지 못했던 관련 가치가 드러날지도 모른다. 그러면 이 새롭게 인식된 가치가 기존에 제안한 대안을 더 좋게 만들도록 조율하라고 당신에게 넛지할 수도 있다.

자원봉사 활동과 대안 창출의 유용성에 관한 일화 하나가 재미있을 것 같다. 그것은 지속적 활동이 아니라 하루짜리 행사 참가와 관련이 있었다. 한번은 캘리포니아주의 한 대규모 기관 대표로부터 주도(州都)인 새크

라멘토에서 금요일에 열릴 리스크 및 의사 결정에 관한 큰 모임의 주요 연사가 되어달라는 요청을 받았다. 강연료는 없을 것이라고 했다. 그러곤 내 차로 320킬로미터를 왕복하는 이동 경비도 정산해줄 수 없지만 컨퍼런스 오찬에는 참석할 수 있게 해주겠다고 말했다. 나는 얼마 안 되는 이동 경비를 보상해주지 않을 거라는 데 약간 놀랐다.

그래서 나는 누가 미팅에 참가하느냐고 물었다. 그는 자기가 대표로 있는 기관에서 일하는 약 100명을 위한 수련회라고 설명했다. 나는 이어서 그와 다른 100명의 직원은 그 금요일에 대해 보수를 받느냐고 물었다. 그는 그렇다고 대답했다. 나는 간단히 "예"나 "아니요"로 그의 요청에 답하는 대신 세 번째 대안을 만들어냈다. 만일 미팅을 토요일로 바꾸고 그를 비롯한 다른 참가자 전원이 보수나 이동 경비 보상 없이 참석한다면 기꺼이 가서 요청받은 강의를 하겠다고 말이다. 결국 그 기관에서는 나에게 이 멋진 기회를 제공하지 않았다.

일단 여러 결정의 대안 창출을 이끄는 데 당신의 가치를 명확하게 사용하고 나면, 당신은 그것이 얼마나 유용한지 확실히 알게 되고, 그걸 사용하는 당신의 능력도 상당히 커질 것이다. 당신은 이 활동에 할애한 시간에 대해 당신이 기대할 수 있는 혜택이 뭔지 잘 알 것이다. 이러한 기술과 지식으로 당신은 훨씬 통합적인 방식으로 세 단계를 활용할 수 있을 것이다. 부분들이 어떻게 서로 들어맞는지 보게 될 테고, 이런 더 큰 그림을 가지고 노력을 덜 들이고도 더욱 효율적으로 그 아이디어들을 사용하게 될 것이다.

대안을 창출하는 이런 권장 절차가 과거 당신이 사용해본 테크닉과는 다를지 모른다. 만일 당신이 마주친 결정에 대해 좋은 대안을 창출하게 해주는 개인적 방식이 있다면, 당연히 그것을 계속 쓰라. 여기서의 과정은 보완적이어야 하며, 당신은 현재 방식과는 별도로, 그리고 그것에 추가해 사용해야 한다. 그러고 나서 당신이 개인적 방식으로 창출한 대안과 여기서 거론한 과정으로 창출한 대안을 결합할 수 있다. 이는 더 좋은 일단의 대안이 될 것이다.

대안 창출 욕구 자극하기

경험과 상식에 의하면 사람은 뭔가를 더 많이 원하면 원할수록 그것을 달성할 가능성이 더 높아진다. 그런 생각은 유명한 속담 "뜻이 있는 곳에 길이 있다"에 요약되어 있다. 멋진 대안을 파악하거나 창출하려는 의지가 있다고 해서 그런 멋진 대안의 존재가 보장되지는 않는다. 그러나 만일 그 대안이 정말 존재한다면 당신이 멋진 대안을 파악하거나 창출할 가능성을 증대시킬 공산은 있다. 대안 창출에 현명하게 쏟아부은 헌신적 노력은 희망, 천우신조, 또는 "기다려 보자" 식의 태도를 취하는 것 같은 다른 수동적 '절차'보다 멋진 대안을 발견할 가능성이 훨씬 더 높다. 따라서 당신의 결정에 대해 멋진 대안을 파악하겠다는 의지를 키우는 것은 그럴 가능성을 높이는 유용한 방법일 수 있다.

뜻이 있는 곳에 길이 있다. 더 나은 대안의 파악을 향상시키는 한 가지 방법은 이 유명한 속담의 도치로 요약할 수 있을 듯하다. 결정의 경우, 도치된 서술이라 함은 만일 결정에 대한 훌륭한 대안이 있다고 믿는다면 그것들을 찾을 더욱 강력한 동기가 생길 것이라는 얘기다. 찾는 게 가능하다고 믿는다면 그것을 찾기가 더 쉽다. 다음의 비공식적 실험이 이러한 생각을 잘 보여준다.

의사 결정에 관한 대학원 수업 과제에서 나는 다음의 문제를 제기했다. 어느 날 저녁 젊은 대학생 셋이 포켓볼 게임을 했다. 게임에 진 한 명이 입안에 당구공을 쑤셔 넣었다. 그런데 그걸 도로 빼낼 만큼 입을 크게 벌리지 못했다. 딱 걸린 것이다. 당신이 생각해낼 수 있는, 그 공을 빼낼 모든 대안을 적으라. 단, 누군가에게 도움을 요청해서는 안 된다.

> 더 나은 대안이 존재한다고 믿는다면, 그것을 창출할 가능성은 높아진다. 따라서 더 나은 대안이 존재한다고 가정하라. 그러면 흔히 그것을 찾을 수 있다.

나는 서로 다른 두 그룹의 학생들에게 추가로 각각 다른 언질을 줬다. 그룹 1한테는 "당구공을 빼낼 아주 좋은 대안이 3개 있다"고 말했다. 그룹 2한테는 "창의성을 발휘해 당구공을 빼낼 좋은 대안을 알아내라"고 말했다. 그룹 1의 학생들이 대안 물색을 훨씬 더 잘해냈다. 나는 정작 어떤 좋은 대안이 있는지 전혀 몰랐는데, 곧 그 얘길 들을 수 있었다. 내 언질 때문에 그룹 1의 학생들은 좋은 대안이 있다고 믿었다. 이것이 그들로 하여금 더 열심히 더 창의적으로 생각할 뿐 아니라 더 손쉽게 합당한 대안을 찾도록 동기를 부여한 것 같았다. 창의적인 대안의 예는 이랬다. (1) 아주 넓은 고무줄을 당구공 뒤에 대고 양쪽 끝을 입 밖으로 나오게 해서 잡아당긴다. (2) 적당한 톱으로 입속의 당구공 일부를 절단한 다음 빼낸다. 그리고 (3) 턱이 더 넓게 벌어지도록 근육 이완제를 사용한다.

대안 창출을 위한 목표 설정하기. 특정 결정에 대해 뛰어난 대안을 찾는 방법으로 우리는 가능한 한 많은 현실적 대안을 창출하고 싶어 한다. 물론 대안이 가능한 한 탁월하길 바라기도 한다. 그러나 창출 과정과 평가 과정은 분리하는 것이 더 좋다.

만일 당신이 신나는 주말여행을 위해 가능한 대안을 생각 중이라면, 최대한 생각해낼 수 있는 많은 대안을 적어보거나 적어도 8개의 대안을 적어볼 수 있다. 전자의 지침으로는 과제의 확실한 마침표도, 성공을 나타낼 방법도 없다. 8개의 대안을 창출하는 목표가 있으면 성공은 확실하다. 만일 당신이 8개의 대안을 창출하기 전에 어느 시점엔가 중단한다면 그건 창출 과제의 실패를 뜻할 것이다.

5장에서 거론한 MBA 인턴 과정 실험은 주로 가치 생성과 연관이 있었지만, 대안 창출과 관련한 결과도 일부 있다. 우리가 참가자들에게 인턴 과정의 가치를 가능한 한 많이 나열하라고 요청했던 것을 상기하라. 295명의 참가자는 처음에는 평균 6.4개의 가치를 나열했다. 우리 실험자들은 32개의 잠재적 종합 가치 목록을 만들어놓았기 때문에 학생들이 자신의 개인적 가치를 여러 가지 생각해내지 못했다는 것을 분명히 확신했다. 그래서 그들의 결정에 중요한 가치를 아직 파악하지 못했다는 기대치를 설정하는 추가 실험을 수행했다. 우리는 참가자를 여러 그룹으로 나누고 그들에게 가치 목록을 개선하라고 요청했다. 한 그룹한테는 표준적인 조언, 즉 "당신의 가치 목록을 점검하고 누락된 가치를 추가하라"는 조언을 했다. 다른 4개의 그룹에는 "경험에 따르면 사람은 보통 첫 시도에서 관련 가치의 50퍼센트 미만을 파악하는데, 누락된 가치가 나열한 것들만큼이나 중요하다. 생각을 많이 하면 할수록 사람은 자신의 가치를, 그리고 가장 중요한 가치를 더 많이 파악할 수 있다"며 도전할 거리를 주었다. 그리고 나서 네 그룹에 서로 다른 정보를 제공했다. 한 그룹한테는 구성원들이 할 수 있는 한 많은 추가적 가치를 덧붙이라고 요구했다. 다른 세 그룹에는 3개, 6개, 또는 9개의 추가적 가치를 덧붙이는 목표를 주었다. 도전할 거리가 없는 첫 번째 집단은 평균 0.55개의 가치를 추가했다. 가능한 한 많은 추가적 가치를 덧붙이라고 요구한 집단의 참가자는 평균 2.77개의 가치를 더 추가할 수 있었다. 적어도 3개, 6개, 9개의 가치를 추가하라는 특정 목표가 있던 그룹들은 각각 평균 3.08. 3.90, 4.87개의 가치를 추가했다.

요점은 여러 관련 가치를 놓쳤다고 믿는 게 추가 가치의 생성을 자극하는 데 도움을 줬다는 것이다. 게다가 목표는 확실하게 도움을 줬다. 아울러 목표가 더 높을수록 더 많은 가치를 생성한 것으로 보아 목표에 의해 구체화한 수준이 중요한 듯했다. 하지만 만일 목표를 20개의 가치를 더하는 것으로 설정한다면 사람들은 이것이 불가능하거나 말도 안 된다고 생각해 9개의 추가 가치가 목표일 때보다 더 못할 수도 있다. 요약하면, 많은 환경에서 현실적 목표는 더 나은 성취에 동기를 부여한다. 대안 창출과 아주 비슷한 이 실험은 목표 설정이 당신의 결정에 대한 가치의 창출을 자극하는 데 중요한 역할을 한다는 사실을 시사한다.

타인이 당신을 위해 대안을 창출하도록 영향 주기

28세의 한 여성이 대학 졸업 후 6년간 뉴욕의 홍보 회사에서 책임 있는 직책을 맡았다. 그러다 남편이 대단히 좋은 일자리를 제의받은 오스틴으로 이사를 했다. 부부는 자녀를 가질 계획이었고, 그녀는 아이가 어릴 때는 전일 근무를 쉴 참이었다. 오스틴에 도착하고 1년 후 그녀는 쌍둥이를 임신했다. 아이들이 학교에 다니기 시작했을 때 그녀의 목표는 오스틴에 있는 홍보 회사에서 전일 근무로 다시 일하는 것이었다.

뉴욕을 떠나 오스틴으로 향하기 전 그녀는 동료들에게 오스틴에 사는 그 분야의 친구나 인맥이 있냐고 물었다. 거기 도착한 후에는 그들 하나 하나를 접촉했고 그중 한두 명과는 친해졌다. 또한 그 분야의 최신 정보에 뒤처지지 않도록 애썼고, 직업적 인맥을 넓히기 위해 수시로 현지 홍보업계의 전문 행사에 참석했다. 회사에 약간의 도움이 필요할 때는 쌍둥이가 유치원에 있는 동안 몇 가지 과제를 찾아내 완수하기도 했다. 이 모든 일은 한편으로는 즐거움과 흥미 때문이었지만, 동시에 현지 홍보 회사 전문가들과의 직업적 관계를 구축하려는 이유도 있었다. 훗날 전일 근무로 복귀하길 희망했기 때문이다.

당신은 당신에게 질 높은 취업 제의가 올지 여부에 어떻게 영향을 줄 수 있을까? 해답은 기본적으로 제때 제자리에 있어야 한다는 것이다. 그러나 이것을 흔히 운이나 희망에만 맡길 필요는 없다. 당신이 원하는 대안을 얻어낼 가능성을 높이기 위해 사전에 할 수 있는 일은 많다.

당신에게 일어난 여러 가지 좋은 일은 제때 제자리에 있은 덕분일지도 모른다. 타인들이 당신에게 대안 및 결정 기회를 제안하도록 하려면 있어야 할 제자리는 그 타인들의 머릿속이고, 거기에 있으면 제때는 언제나 온다. 당신은 이 양쪽에 모두 영향을 줄 수 있다.

있어야 할 제자리는 타인들의 머릿속이다. 사람들이 당신에게 대안을 제공하도록 하려면 첫 도화선은 그 대안을 제시해 성취할 수 있는 개인적 필요나 욕구를 알아내는 것이다. 그들이 당신과 자신들의 필요나 욕구를 연관시켜야 한다.

제때 제자리에 있으면 당신을 타인들의 필요와 욕구

에 연결하는 게 용이해진다. 그러나 "제때 제자리에 있다"라는 문장의 일반적 의미는 적절한 때에 적절한 장소에 **물리적으로** 있는 것을 가리킨다. 이런 의미로는 한 번에 한 개 이상의 장소에 있기는 불가능하다. 다행히 많은 상황에서 제때 제자리에 있어야 하는 것은 바로 당신과 당신의 관심사에 관한 **생각**이다. 있어야 할 제자리는 당신에게 대안을 제시할 위치에 있거나 그 대안의 제안을 가능케 할 위치에 있는 개인들의 머릿속이며, 거기에 있다면 그 제때는 언제나 온다.

물론 당신은 동시에 한 명 이상의 머릿속에 있을 수 있다. 당신이 원하는 것은 타인들의 머릿속에 당신이 좋아할 대안을 위한 아이디어를 심어 놓는 것이다. 이렇게 하는 즉각적 방법은 사람들에게 당신의 바람을 얘기하는 것이다. 만일 당신이 특정 유형의 대안에 관심이 있다는 걸 많은 사람에게 이야기한다면, 이런 대안을 창출하게끔 도와줄 인맥이 만들어질 가능성을 대폭 높이고 있는 셈이다.

다음의 개인적 사례는 이런 발상이 많은 조직적 상황과 연관된다는 것을 잘 보여준다.

듀크 대학교에 기여하기

2002년 봄, 나는 7월 1일에 시작되는 듀크 대학교 푸쿠아(Fugua) 경영대학원의 5년 교수직을 수락했다. 나의 직책에는 연간 9개월의 근무 시간이 포함되었지만 정규적인 강의 임무나 종신 재직권은 들어 있지 않았다. 그 자리에 해당하는 나의 직위는 연구 교수였다.

나의 주요 책임은 연구를 주도하고 이를 출판하며, 젊은 교수와 박사 과정 학생들에게 멘토링을 하고, 전문적 서비스(예를 들면 전문 동호회, 전국 위원회, 그리고 언론)

를 제공하고, 정규 과정 강의를 제외한 그 밖의 모든 학교 목표에 기여함으로써 학교의 질과 명성에 이바지하는 것이 될 터였다. 나는 샌프란시스코에 살고 있었는데 매달 일주일을 노스캐롤라이나주 더햄(Durham)에 있는 듀크 대학 캠퍼스에서 보내며 이 일을 할 계획이었다.

나는 내가 이바지할 일이 생기면 당사자들이 내가 그 주에 물리적으로 푸쿠아에 있건 없건 나를 잠재적 공헌자로 생각해주길 바랐다. 이것이 일상적으로 일어날 가능성을 높이기 위해서는 제때 제자리에 있는 것이 중요했다. 내가 있어야 할 제자리는 푸쿠아 학부의 학장들과 내 동료들의 머릿속이었고, 따라서 과제를 수행할 필요가 있고 누가 그걸 할 수 있는지 질문이 나오면 내 이름이 생각나게끔 해야 했다.

인식을 용이하게 하는 데 도움을 줄 뿐 아니라 캠퍼스에 있을 때 동료들을 만날 계획을 짜기 위해 나는 언제나 캠퍼스로 출근하기 일주일 전에 그들에게 이메일을 쓰곤 했다. 그런 다음 캠퍼스에 도착한 첫날 그들을 찾아가 인사했다. 또한 그 건물의 다른 이들에게 질문하거나, 향후 미팅을 조정하거나, 함께 일하거나, 점심식사를 제안하기 위해 복도를 거쳐 누군가의 사무실로 걸어가곤 했다. 푸쿠아에서 내 존재를 시각적으로 보여주는 게 내가 그들의 동료임을 강화시켜줬다. 그리고 이것이 긍정적 효과를 미쳤다. 어느 날 교수 중 한 명이 점심시간에 푸쿠아의 카페테리아에서 나를 보더니 이렇게 말했다. "이번 주에도 오셨네요? 지난주에도 계셨잖아요." 나는 2주 동안 물리적으로 캠퍼스에 있지 않았지만, 내가 자주 눈에 띄니까 지난주에도 온 것처럼 느꼈던 것이다.

푸쿠아에서 보낸 10년 동안(추가로 5년 더 임용되었다) 나는 많은 교수진 및 여러 박사 과정 학생과 공동 연구 및 출판 작업을 할 수 있었을 뿐 아니라, 교수진이 합동으로 수행한 그 밖의 많은 활동에도 기여했다. 동료들이 나를 푸쿠아와 듀크에서 왕성하게 활동하는 교수진의 일원으로 생각하게끔 만든 나의 전략이 도움이 되었다고 생각한다.

당신의 기여를 필요로 하는 어떤 집단이나 활동에 관여할 때 당신은 보통 환영을 받는다. 이때 당신은 적어도 당신 몫의 기여를 더 쉬우면서도 훨씬 즐겁게 만들 전략을 창출할 수 있다. 만일 기여할 방법을 많이 알아냈다면, 더욱 중요하고 더욱 즐겁게 할 수 있는 방법을 선택하면 된다. 만일 모든 대안을 혼자서 만들어야 한다면, 다른 사람들이 알고 있는 많은 탁월한 대안들은 아마 모르게 될 것이다. 타인들이 당신을 위해 대안을 창출할 수 있도록 하라. 가능한 대안이 생겨날 때 당신이 타인들 머릿속에 있다면 분명 흥미로운 기회가 생길 것이다.

가치 중심적 브레인스토밍

브레인스토밍이란 2명 이상의 사람은 한 개 이상의 아이디어를 틀림없이 갖고 있을 거라는 발상에 부분적으로 바탕을 두고 대안을 창출하는 유명한 접근법이다. 브레인스토밍은 생성 과정 동안 모든 아이디어를 환영하고 잠재적 대안의 평가는 피함으로써 많은 개인이 대안을 내놓고 창의성을 키우는 집단 미팅의 상호 작용을 수반한다.[8]

전통적 브레인스토밍에는 결정에 대한 대안을 창출하는 데 두 가지 약점이 있다. 첫째, 원하는 대안의 특성에 대해 참가자들에게 거의 지침을 주지 않는다. 둘째, 대안을 창출하는 일반적 상호 작용 과정은 주어진 시간에 한 사람이 말하고 다른 모든 이들이 듣게 만든다. 그에 따라 듣는 사람의 생각은 말하는 사람의 아이디어에 자연히 끌린다. 듣거나 말할 때 자신만의 심오한 사고를 하는 것도 어렵다.

표 6.2는 가치 중심적 브레인스토밍의 네 단계를 제시한다. 처음 세 단계는 앞에서 언급한, 개인이 대안을 창출하는 데 사용했던 것들이다. 전통적 브레인스토밍의 첫 번째 약점은 바람직한 유형의 대안 창출 지침을 제공하는 2단계에서 일어난다. 가치는 바람직한 대안을 생각하기에 적당한 크기의 대안 상자를 규정함으로써 브레인스토밍 시간의 범위를 틀 짓는다. 가치는 동일한 참가자들과 맨 처음 '브레인스토밍 시간'에, 혹은 그들 중 일부와 대안 창출 시간에 확립될 수도 있고, 아니면 누구든 대안을 창출하는 브레인스토밍 시간에 모인 사람들이 처음 제공할 수도 있다. 두 번째 약점은 3단계에서 일어난다. 각 개인은 4단계의 전통적 브레인스토밍의 대안적 측면을 추구하기 전에 대안을 스스로 생각하고 창출한다.

가치 중심적 브레인스토밍은 우선 결정에 대한 가치를 파악한 다음 그것들을 대안 창출을 이끄는 데 사용한다. 그것은 개별 브레인스토밍 참가자들이 추가적 대안을 함께 창출하는 집단 작업을 하기 전에 대안을 파악하게 함으로써 참여도와 창의성을 높인다.

하나의 공식적 과정으로서 가치 중심적 브레인스토밍은 기업 및 조직 결정과 좀더 자주 연관이 있다. 덜 공식적이지만 가족이나 다른 집단도 그 구성원이 직면한 중요한 개인적 결정에 대해 가치 중심적 브레인스토밍을 활용할 수 있을 것이다.

다음 사례는 중요한 적용을 요약한다.[9] 대안에 의해 달성될 가치를 명시적으로 표현했을 때 표준 브레인스토밍 과정이 향상할지 여부와 관련

표 6.2 가치 중심적 브레인스토밍의 단계

1. 해결할 결정을 서술한다
2. 그 결정의 가치를 파악한다
3. 개별적으로 대안을 생성한다
4. 집단적으로 대안을 생성한다

한 시험이기도 했다. 구체적으로 말해, 대안을 창출하기 위해 명시적으로 가치를 사용하면 의사 결정자들이 더 나은 결과가 있는 더 나은 결정을 내리도록 넛지할 더 많고 더 나은 대안이 생길까?

대형 건물의 대피

2001년 세계무역센터 테러 공격 이후 연방 정부의 많은 권장 사항 중 하나는 대형 건물의 비상 대피를 개선하라는 것이었다. 이 권장 사항을 이행한 과제 중 하나가 대형 건물의 대피를 개선할 잠재적 대안을 창출하기 위해 내가 기획한 2.5일간의 워크숍이다. 2008년에 개최한 워크숍은 초대받은 사람만 입장 가능했다. 비상 대피의 다양한 측면에 대해 잘 아는 30명 이상의 개인이 활발하게 참여했다. 그들의 경험은 소방, 건축, 건물 기준, 건물 규정, 의사소통, 건물 건축, 재료과학, 장애인, 인간 행동 및 비상 경영을 총망라했다.

참가자 전원이 대피에 매우 정통한 이들이었으므로 나는 맨 먼저 그들이 생각했을 때 대피를 개선할 수 있는 대안을 전부 나열하라고 요청했다. 모든 참가자가 대안을 위한 창의적 아이디어를 놓치지 않도록 보장하기 위해서였다. 그리고 참가자 각자에게 건물 대피와 관련한 그들의 가치를 전부 나열하라고 했다. 나는 그들에게 분명 더 많은 가치를 파악할 수 있을 거라고 말한 다음, 표 5.2에 나오는 추가적 가치를 자극하기 위한 일반적 아이디어에 근거해 대피 결정에 대한 특정

표 6.3 대형 건물 대피에 대한 목표의 범주

근본적 목표의 범주
- 입주자의 목숨을 구하고 상해를 방지한다
- 소방관/구조원의 목숨을 구하고 상해를 방지한다
- 건물 손실을 최소화한다
- 건물 운영에 미치는 영향을 최소화한다
- 경제적 비용을 최소화한다
- 스트레스를 줄인다
- 슬픔을 줄인다

수단 목표의 범주
- 탐지를 강화한다
- 상황 자각을 극대화한다
- 사람들이 안전하다고 느끼게 만든다
- 구조 시간을 최소화한다
- 통신을 강화한다
- 안전을 강화한다
- 구조원의 접근을 용이하게 한다
- 화재를 분리시킨다
- 대피 시간을 최소화한다
- 시스템 지식을 개선한다
- 교육과 훈련을 개선한다
- 손쉬운 대피 절차를 제공한다

제안을 제공했다. 제안에는 "부족한 대피에 무엇이 기여했는지 고려하라"와 "개인이 건물에 갇히는 상황을 떠올려라. 어떤 개선을 해낸다면 이것을 막을 수 있을까?"가 포함되었다. 모든 가치를 나열하고 난 뒤에는 각 개인에게 그들의 가치를 목표로 서술하라고 했는데, 이것이 우리의 이해와 목표의 결합을 용이하게 만들었다.

총 32명이 가치 목록을 제공했다. 통틀어 1차 목록에서는 205개의 목표, 2차 목록에서는 156개의 목표를 끌어냈다. 당연히 "인명을 구한다" 같은 일부 목표는 많은 이들의 목록에 있었다. 평균 목표 개수는 1차 목록이 참가자당 6.4개, 2차 목록이 4.9개였다.

첫날 저녁에 동료들과 나는 모든 목표가 담긴 종합 목록을 작성했다. 개인들의 공통된 목표는 한 번만 포함시켰고, 목표는 표 6.3에 있는 대로 12개의 수단 목표 범주와 7개의 근본적 목표 범주로 정리했다.

워크숍 둘째 날에는 대피를 용이하게 하는 모든 대안의 창출을 자극하기 위해 참가자에게 집단의 종합 목록에 개별 목표를 사용하라고 했다. 그러고 나서 그들에게 목표를 쌍으로 묶어서 또는 다른 결합을 고려해 추가적 대안을 창출하라고 요청했다. 30명의 참가자는 워크숍 첫날 목표를 나열하기 전에 대안을 생성했고, 21명은 둘째 날 종합 목록에 개인의 목표를 사용해 추가적 대안을 창출했으며, 그다음 18명은 목표를 한 쌍으로 묶거나 결합시키고 그것을 바탕으로 대안을 창출했다. 그런 후 2~4명으로 그룹을 나눠 각 그룹의 개인들이 이미 생성한 대안과 다른 대안을 생성하는 데 1시간을 할애했다.

첫째 날에 총 221개의 대안이 나왔다. 둘째 날에는 단일 목표를 고려해 81개의 대안이 더 창출됐고, 쌍으로 묶거나 결합시킨 것 48개, 그룹에 의해 나온 것 50개가 더 창출됐다. 둘째 날에는 참가자 수가 더 적었으므로 목표를 나열하기 전 평균 1인당 7.4개에서 목표를 사용했을 때는 1인당 평균 8.5개가 더 추가되었다(둘째 날 참가자는 21명). 워크숍 둘째 날에는 중복 대안을 빼고 남은 대안을 표 6.4에서처럼 범주별로 정리했다.

중요한 질문은 가치 중심적 브레인스토밍으로 창출된 일부 대안이 혁신적이고 고품질이었는지와 관련이 있다. 워크숍 셋째 날에는 참가자 2~4명으로 이뤄진 9개

표 6.4 대형 건물 대피에 대한 대안의 범주

대안 관련 내용:
스프링클러 또는 적극적인 억제 시스템
현장이나 피신 구역의 보호
건물 건축 변경
건물 재료 변경
소방대
엘리베이터
사회적·규제적·법률적 변화
건물 외부의 시설 및 장비
통신
정보 시스템
사건 대비 계획
대피 시스템의 효율적 사용
비상계단 대피 강화
설계 과정 개선
건물 시스템 신뢰도
사건 절차 변경
사건 탐지 개선

그룹이 선정된 37개의 대안에 대한 예비 평가를 수행했다. 이 평가에는 3개의 가치를 사용했다. 바로 대피 개선에 대한 대안의 기여도를 가리키는 유용성, 10년 안에 대안을 이행할 가능성을 가리키는 실행성, 그리고 잘 알려진 표준적 대안부터 완전히 새로운 대안에 걸쳐 있는 창의성이다. 가장 유용하고 실행 가능한 대안 중 일부는 매우 창의적이었고 경험이 아주 많은 집단에서도 미처 파악하지 못한 것들이었다. 이는 브레인스토밍 과정에서 대안의 생성을 자극하기 위해 가치를 활용하면 의사 결정자들이 더 나은 결정을 내리도록 넛지할 매우 바람직한 대

안을 생산할 수 있음을 말해준다.

위의 사례로 봤을 때 브레인스토밍 시간에 대안을 창출하는 것이 주는 강력한 메시지가 있다. 대형 건물의 대피에 대해 매우 정통하며 상당한 경험을 갖고 있는 일단의 전문가들 모두가 대형 건물의 대피 과정을 개선할 상당수의 새로운 대안을 창출할 수 있었다. 나중에 그들은 대피 과정에 대해 창출한 목표에 자극을 받아 자신들이 파악한 총 대안의 수를 평균 2배로 늘릴 수 있었다. 이러한 증가는 잘 알려져 있고 과거에 수천 번 발생한 적 있는 결정과 관련해 일어났다.

가치 중심적 과정은 중요한 개인적 또는 업무적 결정에 적용할 수 있다. 당신이 경력이나 인생에서 중요한 갈림길에 와 있다고 가정하자. 어떻게 해야 할지 지침이 거의 없다고 느낄 수도 있고, 무엇을 해야 할지에 대해 열린 마음을 갖고 있을 수도 있다. 당신은 유용한 아이디어를 생성하기 위해 친구나 가족 등 특정 집단한테 가치 중심적 브레인스토밍 과정에 참여해달라고 요청할 수 있다. 그 전에 당신의 결정을 신중하게 규정한 다음 최대한 많은 관련 가치를 구체화해야 한다. 또한 가치 중심적 브레인스토밍 집단한테 3단계와 4단계로 나아가기 전에 추가적 가치를 제안해달라고 요청할 수도 있을 것이다. 그 집단을 모으기 전에 2단계와 3단계를 개별적으로 수행할 수도 있다는 걸 명심하라. 이것만으로도 유용한 대안이 생길 수 있다. 4단계는 만일 진행한다면 사실 합동 회의가 필요한데, 이것은 즐거운 친구 모임의 일환으로 마련할 수 있겠다.

가치 중심적 브레인스토밍은 대안의 결과를 모두 함께 경험할 소집단에서 훨씬 직접적이고 비공식적으로 활용할 수 있다. 결정에 책임을 지는 리더가 한 명 있을 수도 있고, 아니면 집단이 공동으로 대안을 선택해야 할 수도 있다. 예를 들면 현재의 장소에서 이전해야 하는 성공한 전문 소기업의 동업자들, 외딴 지역에서 도보 여행을 계획 중인 친구들, 큰 수술에서 회복 중인 식구를 일시적으로 돌보기 위한 계획을 짜고 있는 가족 등이 있다. 내가 가장 좋아하는 사례 중 하나는 이러한 생각을 잘 보여준다.

한 가족의 중요한 휴가

컨퍼런스에서 발표를 끝내고 나자 한 신사가 내게 다가와 책에서 읽었던 나의 생각에 감사를 표하고 싶다고 했다. 구체적으로 말하면, 가족의 결정에 가치 중심적 브레인스토밍을 사용하는 것의 유용성에 대한 내용이었다. 나는 그 책에서 자녀들이 관심을 갖는 가족의 결정이 있다면 그들도 가치와 대안의 구체화에 적극적으로 참여할 수 있다고 쓴 적이 있었다.

그는 아내와 8세, 10세, 13세인 세 딸이 있었다. 안타깝게도 아내는 2년 전 유방암 진단을 받았고, 모든 가족 구성원이 엄청난 충격을 받은 상태였다. 몇 달 동안 아내가 정기 진료를 받았으므로 가족은 자연히 집을 떠나지 못했다. 그래서 2년 넘게 가족 휴가를 간 적이 없었다. 하지만 약간 좋은 소식이 있었다. 아내의 병세가 점차 나아진 것이다. 아내는 남편과 아이들이라도 휴가를 가길 원했다.

그 남자는 자신의 가족이 워싱턴 D.C.에 살고 있으며 아내가 유방암에 걸리기 전에는 보통 메인주의 바다 근처에서 휴가를 보냈다고 했다. 그와 아내는 익숙한 휴가지로 자녀들을 데려가야 한다고 생각했다. 남자는 그때 문득 가치 중심적 의사결정에 관해 내가 썼던 글이 생각났다고 말했다. 그는 아이들한테 각자 멋진 휴가에 대해 원하는 것을 적으라고 했고, 자신의 가치도 적었다. 그들이 쓴 가치에는 '흥미진진', '멋진 야외', '바다 근처', '새로운 곳', '우리가 한 번도 가본 적 없는 장소', '엄마에게 들려줄 멋진 이야기가 있는 곳', '엄마를 행복하게 만드는 것' 등이 포함되었다. 다음 단계는 대안을 생성하는 것이었는데, 이는 그다지 어렵지 않았다. 목록에는 메인, 캐럴라이나, 텍사스 멕시코만 연안, 캘리포니아, 미국 북서부 태평양 연안 등이 포함되었다. 제기된 가치의 관점에서 대안들을 상의한 끝에 북서부 태평양 연안이 선정됐고, 그들은 그곳에서 멋진 휴가를 보냈다. 매일 저녁, 집에 있는 엄마에게 전화를 걸어 모든 일을 보고했다. 아내는 가족의 즐거움 덕분에 행복을 느꼈고 기운이 났다. 그들은 훗날 엄마를 비롯한 가족 모두가 북서부로 여행을 떠나길 고대했다.

당신이 선호하는 대안을 강화하라

당신은 중요한 결단을 내리는 과정에 있다. 목표도 확실하게 서술했고, 명확한 대안에 덧붙여 여러 대안도 창출했고, 사전에 각 대안의 장단점도 검토했다. 이 모든 것을 하고 나니 당신이 선호하는 대안으로 여기는 것을 알아냈다는 자신감이 든다. 그 대안을 골라 이행하기 전에, 몇 분만 들이면 그것을 더 좋게 만들 수 있다. 그리고 이 과정을 용이하게 하는 여러 가지 다른 기술이 있다.

당신이 선호하는 대안이 당신의 가치 대부분을 달성한다는 관점에서는 훌륭하지만 두 가지 점에서 약간 열등하다고 가정하자. 이 비교적 저조한 성취의 이유를 검토하다 보면, 그 최고의 대안을 더 좋게 만들기 위해 수정하는 방법을 생각해낼 수 있다.

선호하는 대안을 파악하고 난 후 실행하기 전에, 그것이 당신의 목표를 각각 얼마나 잘 충족시킬지 생각하라. 그러고 나서 목표 중 어떤 것의 성과를 높이도록 변경할 수 있는지 알기 위해 당신의 사고를 자극하라.

여기 한 가지 예가 있다. 당신은 여름과 겨울에 사용할 계획인 통나무집을 산속에 짓는 중이다. 당신의 가치에는 "사계절 접근 가능한, 전망이 탁 트인 야외 공간을 갖는다"가 들어가므로, 최초의 통나무집 설계에는 지붕 덮인 큰 발코니가 포함된다. 그런데 이제 그렇게 할 경우 즐겁게 사용하기에는 가끔 너무 춥거나 바람이 심할 때도 있겠다고 인식한다. 유연한 변경은 발코니에 유리를 끼우는 것이다. 그래서 추운 계절 등 기후 조건에 맞춰 손쉽게 설치할 수 있는 설계 특성을 반영하기로 했다.

복합적으로 구성된 어떤 대안은 방학, 출장, 해야 할 일이 많은 날의 쇼핑처럼 순차적인 일련의 기본 대안을 포함한다. 과제의 순서는 가끔 대안을 개선하기 위해 변경할 수도 있다. 당신이 노르웨이로 2주 여행을 계획하고 있다고 치자. 당신은 오슬로(Oslo)와 베르겐(Bergen)을 첫 주에 방문한 다음 정박하는 원양 여객선을 타고 둘째 주의 마지막 3일을 트론헤임(Trondheim)에서 마무리할 것이다. 그리고 비행기로 다시 오슬로까지 가서 집으로 돌아올 예정이다.

그런데 당신이 방문하려고 계획 중인 기간에 베르겐에서 대규모 유럽 컨퍼런스가 열린다는 걸 알게 되었다. 컨퍼런스에는 엄청나게 많은 사람이 참석할 테고, 그러면 그 도시를 방문하는 게 그다지 즐겁지 않을 것이다. 이를 피하기 위해 당신은 도착한 후 바로 오슬로를 떠나 베르겐으로 곧장 이동하는 것으로 일정을 변경할 수 있다. 그런 다음 원양 여객선을 타고 일주일 동안 북쪽을 여행한다. 그리고 트론헤임에서 비행기로 오슬로로 가 4일을 보낸 다음 집으로 향한다. 또 하나의 대안은 원래의 여행을 거꾸로 하는 것이다. 오슬로로 가서 4일을 보낸 다음 비행기를 타고 트론헤임으로 이동한다. 트론헤임을 방문한 뒤에는 원양 여객선을 타고 남쪽의 베르겐을 여행한 후 오슬로로 이동해 집으로 돌아온다.

어떤 때는 그냥 대안의 제약을 제거하면 훨씬 더 나은 대안을 창출하기도 한다. 당신이 아주 특별한 사람을 위해 완벽한 크리스마스 선물을 구하고 있다고 치자. 당신의 가치에는 "쓸모 있다", "가격을 감당할 수 있다", "그냥 그 특별한 사람이 좋아할 만한 것"이어야 한다는 게 포함된다. 당신은 완벽한 선물을 발견한다. 받는 사람이 너무나 좋아할 거라고 여겨지는 아름다운 시계다. 그런데 그 시계는 너무 비싸다. 당신이 지불할 만한 가격으로 다른 괜찮은 시계를 찾았지만, 그 아름다운 시계만큼 특별하지 않다. 맨 처음 시계의 가격을 어떻게 낮출 수 있을까? 훨씬 더 나은 한 가지 대안으로는 그 선물을 크리스마스에 줘야 한다는 암묵적 제약을 제거하는 것이 있다. 시계 가격이 크리스마스 2주 뒤에는 상당히 낮아질 것임을 당신은 안다. 당신의 크리스마스 '선물'은 어쩌면 선물의 존재를 알리는 시계 사진이 있는 카드 한 장일 수도 있다. 1월 초에 당신은 그 시계를 사든가, 아니면 당신이 사랑하는 사람이 자기가 정말 원하는 시계를 고를 수 있도록 쇼핑을 같이 갈 수도 있다.

대안을 강화하는 또 다른 길은 내가 **추가 대안**(add-on alternatives)이라고 부르는 것에 의한 방법이다. 발상은 간단하다. 대안을 이행하려면 보통 돈 그리고/또는 시간이라는 자원이 필요하다. 당신은 본질적으로는 이런 자원을 공유하면서도 당신이 투자에 비해 더 많은 이득과 기쁨을 얻을 수 있는 다른 결정에 대해서도 생각해보고 싶다. 만일 당신이 워싱턴 D.C.로 출장을 간다면, 우리는 대부분 워싱턴에서 쉽게 성취할 수 있는 다른 비즈니스 목적이 있는지 생각해볼 것이다. 하지만 우리 집보다는 워싱턴과 훨씬 더 가까운 곳에서 다른 비즈니스 목적을 추구한다거나, 아니면 일요일에 집으로 가는 비행기를 타기 전 워싱턴에서 그다지 멀지 않은 곳에 사는 친구 집을 토요일에 방문하는 것 같은 개인적 활동을 추구하는 것은 떠올리지 않을 것이다.

컨설턴트 선정

당신은 대형 컨설팅 회사에서 일하고 있고 방금 사장이 한 고객을 위한 큰 프로젝트를 진행하라고 당신을 낙점했다. 당신이 직면한 즉각적 결정 하나는 프로젝트 팀의 다른 구성원들이 요구하는 대로 6개월 내에 분석을 내놓을 특정 전문 지식을 보유한 외부 컨설턴트를 선정하는 것이다. 이 결정에 대한 당신의 가치는 '양질의 결과'를 '합리적 가격'에 '제시간에 제공'받는 것이다. 더욱이 당신은 사장으로부터 당신의 결정과 경영 능력을 인정받고 싶다. 최근 몇 년간 어떤 프로젝트가 이 방면의 특별한 전문 지식을 필요로 할 때는 언제나 특정 개인 한 명이 선정되었다. 과거 성과를 검토해보니 그의 업무는 '만족스럽다'고 적혀 있다. 당신은 이 프로젝트를 수행할 다른 사람을 철저하게 수소문하기로 결심하고, 6명의 추가 후보자가 물망에 오른다. 각각 업무 경험을 점검한 뒤 상위 3명과 미팅을 하고 나니 그중 한 명이 나머지 둘보다 확실히 나았다. 따라서 최종 대안은 두 가지라는 생각이 든다. 이런 전문 지식을 요구하는 회사 프로젝트를 자주 해본 인물과 전혀 새로운 인물이다.

회사의 모든 경험을 바탕으로 했을 때 당신은 자주 일해본 인물이 제공할 업무의 질은 알고 있다. 아울러 새 인물이 어쩌면 일은 더 잘하고 값은 덜 비쌀 것이라 믿지만, 함께 일해본 경험이 없으므로 성과에 대한 불확실성이 있다. 당신이 의미하는 불확실성을 명확히 표현하자면, 그의 성과가 단골 컨설턴트와 비교해 보통 이하일 가능성은 대략 20퍼센트일 것 같다. 프로젝트 도중 만일 이런 일이 일어난다면 당신은 3개월 안에 그것을 알게 될 테고, 추가적 노력과 비용을 들인 결과물이 필요하기 전에 애초의 단점을 보완할 수 있을 것이다. 재무적으로 당신이 선호하는 인물은 단골 컨설턴트에 비해 비용의 약 15퍼센트를 절감할 것이며, 새로운 인물의 첫 성과가 보통 이하인 것으로 밝혀질 경우 비용은 25퍼센트 더 높아질 것이다.

열등한 성과의 가능성을 설명하는 동안에도 당신은 여전히 새 인물을 고용하는 편이 낫겠다고 생각한다. 만일 새 인물의 성과가 보통 이하로 밝혀질 경우 사장이 당신의 결정 관리 능력이 최고가 아니라고 인식할 가능성을 줄이기 위해 당신은 결정을 내리기 전 사장과 이 결정에 대해 상의하고 왜 이 대안이 최선으로 보이는지에 관한 근거를 제시한다. 그것의 가장 큰 장점은 당신이 판단하기에 15퍼센트 적은 비용으로 단골 컨설턴트보다 더 나은 결과물을 공급할 가능성이 80퍼센트라는 점과 아울러 당신의 회사가 유사한 향후 프로젝트에 고용할 수 있는 두 번째 전문가를 찾아낼 수 있다는 것이다. 이제 사장은 결과가 발생하기 전에 근거를 이해할 수 있고, 가장 중요한 결정에는 의사 결정자가 통제할 수 없는 불확실성이 따른다는 사실도 자연히 알게 된다. 게다가 특정 전문 지식을 요구하는 향후 계약을 위해 자격을 갖춘 두 번째 인물을 확보할 가능성을 인식하는 것은 회사에 분명 가치가 있다.

미묘하지만 중요한 핵심을 인식하는 것은 유용하다. 그냥 새 인물을 컨설턴트로 선정하는 대안과 그 타당성을 사장과 상의한 뒤 컨설턴트로 새 인물을 선정하는 대안은 분명 다른 대안이고, 다른 잠재적 영향력을 갖는다. 상의를 포함한 대안은 근본적으로 추가 비용이 전혀 들지 않고, 결과는 의사 결정자와 조직 모두에게 더 좋다.

교훈은 어떤 대안을 선택한 후 그것을 실행하기 전에 그 대안을 강화할 방법을 강구하는 것은 흔히 가치 있다는 점이다. 위의 사례는 유망한 대안을 강화할 결정 기회 공표의 적용 범위와 이러한 노력의 잠재적 장점을 잘 보여준다.

조직의 결정에 대한 추가적 생각

조직이 중요한 결정에 직면했을 때 현재 고려 중인 것보다 더 나은 대안을 창출하는 것은 당연히 가치가 아주 크다. 이번 장의 아이디어들은 모두 조직 결정의 대안 창출에 확실히 도움이 된다.

조직은 대안을 창출할 때 개인과 똑같은 함정에 흔히 빠진다. 대안 창출에 시간을 할애하지 않을 때가 많다. 이는 대안을 창출할 명확한 책임은 아무도 지지 않지만 문제를 해결할 책임은 사실 누군가가 지기 때문에 발생하는 듯하다. 해결에 맞춰진 초점이 애초에 가치를 추가하고 조직을 위해 더 좋은 대안을 창출하려고 애쓰기보다는 현재 가능한 대안 중 최고를 선택하라고 압박한다.

다른 대안을 생각하는 데 시간을 쓸 때는 흔히 너무 범위를 좁혀 생각하는 제약이 있다. 모두가 지나치게 한정된 그 작은 상자 안에서 가능한 대안을 생각한다. 대안에 대한 생각을 이끌 더 큰 대안 상자를 규정하려면 조직이 이 결정에 대해 갖고 있는 전체 가치를 명확히 표현해야 한다.

> 조직 결정의 경우, 다수의 개인이 적합한 가치를 파악해야 하고, 그 후 처음에는 개별적으로, 그다음에는 집단적으로 대안을 창출해야 한다. 전반적 과정은 가치 중심적 브레인스토밍의 단계를 따른다.

대부분의 조직 결정의 경우, 한 명 이상의 개인이 대안을 창출하기 위해 어느 정도 노력을 기울여야 한다. 대안 창출을 위한 실질적 지침은 가치 중심적 브레인스토밍의 처음 세 단계다. 각 개인은 자신의 대안 창출을 자극하기 위해 대안 상자를 규정하는 가치를 사용해야 한다. 이 개인들로부터 나온 대안을 모은 것이 조직 결정에 대한 최초의 대안 집합이다. 그러고 나면 조직의 어느 누구든 예전에 창출된 각 대안의 탁월한 측면을 결합함으로써 그것들을 혼합해 추가적 대안을 창출할 수 있다.

창의성이 좀더 요구되는 경우, 특히 다른 분야의 지식이 창의적 대안을 파악하는 데 필요할 때는 가치 중심적 브레인스토밍의 네 번째 단계인 대인관계 단계를 추가적 대안 생성에 활용해야 한다. 종종 많은 조직의 대안은 그 조직 내 특정 부서의 개인에 의해 그리고/또는 특정 분야의 훈련을 통해 창출된다. 이러한 대안은 다른 부서나 다른 분야 사람들이 알고 있는 관련 쟁점은 인식하지 못할 수 있다. 그러니까 다른 부서나 다른 분야 내에서 창출된 다양한 대안 집합을 새롭고 더욱 현실적이고 타당한 대안으로 통합해야 할지도 모른다. 어떤 결정에 대한 가치에 다른 분야 사람들이 가장 잘 알고 있는 다중의 목표가 포함될 때는 더 나은 대안을 창출하기 위해 개인이 팀을 이뤄 협력하도록 하면 유용하다.

앞서 언급한 대형 건물의 대피 개선이라는 익히 알려진 결정의 대안을 창출하는 데 가치를 사용하는 것의 긍정적 결과를 봤을 때, 조직이 독특하거나 또는 그 조직이 유일무이한 복잡한 결정에 직면하면 어떤 일이 벌어질지 상상해보자. 아무런 지침 없이 거기에 대한 대안을 알아내기보다는 이런 결정에 대한 가치를 파악하는 게 틀림없이 더 쉬울 것이다. 대안을 창출하는 사고 과정을 이끄는 데 조직이 파악하고 싶은 가치를 사용하는 장점은 분명 엄청나게 클 것이다.

07

결정 기회를 파악하라

결정 문제와 결정 기회를 구분하는 것은 매우 중요하지만 대부분의 의사 결정자는 이를 인식하지 못한다. 결정 문제는 타인의 결정 그리고/또는 당신의 통제를 벗어난 상황의 결과로 인해 당신이 직면해야 하는 결정이다. 나는 결정 문제보다는 당신이 결정 기회로 스스로 창출하는 결정을 언급하려 한다.

결정과 **문제**의 개념은 일상에서 사용할 때 상호 연관되어 있다. 일단 문제가 발생하고 나면, 우리는 흔히 이렇게 말한다. "나한테 결정 문제가 있어." 대부분의 사람은 문제를 해결하는 것이 결정을 내리는 유일한 이유라고 믿으므로, 결정을 창출하는 게 대부분의 개인이 하고 싶은 일은 아니라는 사실이 놀랍지 않다. 어쨌든 누가 또 다른 문제가 있기를 바라겠는가? 그러나 이 책의 핵심 아이디어는 당신이 더 많은 결정 기회를 인식하고 추구한다면 엄청난 이익을 얻을 수 있다는 것이다. 결정 기회는 해결할 문제가 아니라 추구할 기회다.

대부분의 결정은 문제를 해결하려고 내린다. 그러나 그 밖의 결정은 문제와 관련이 없다. 만일 당신이 회사의 구조 조정 때문에 직장을 잃는다면, 그것은 상황을 처리하고 새 직장을 찾는 결정(또는 여러 결정)을 요하는 문제를 유발한다. 만일 당신이 예기치 않게 다른 조직으로부터 당신의 경력에서 일보 전진을 이룰 것이라 여겨지는 더 나은 일자리에 관한 문의를 받는다면, 당신은 결정을 내려야 한다. 하지만 이게 사실상 문제일까? 그것은 부정적 상황이 아니니 문제가 아니지만, 다른 누군가의 결정의 결과로 인해 그 결정이 발생했으므로 문제이며, 당신은 이에 반응해야 한다.

누가 당신의 결정을 내려야 할까? 이것은 함정 질문이 아니며, 정답은 분명하다. 당신이 당신의 결정을 내려야 한다. 그렇다면 누가 당신이 직면할 어떤 특정 결정을 선택하는 결정을 내려야 할까? 이것은 훨씬 더 어려운 질문이다. 내 답변은 당신이 그중 일부는 결정을 내려야 하며 현재 당신이 내리고 있는 것보다 더 많은 결정을 내려야 할 것 같다는 것이다. 당신의 결정은 당신에게 힘을 부여한다! 그것은 당신 삶의 질이나 다른 이들과 우리 지구의 안녕에 당신이 의도적으로 영향을 줄 수 있는 유일한 방법을 제공한다. 그 힘을 이용하라.

능동적 의사 결정 대 반응적 의사 결정

타인의 행동과 당신의 통제를 벗어난 상황 때문에 직면해야 하는 결정 문제는 당신이 선택한 게 아니다. 이런 결정을 처리하는 것은 대개 반응적인(reactive) 대안 중심적 의사 결정에 의존한다. 반면 당신이 직면하고 싶은 특정 결정을 파악하는 데는 당신이 완벽한 통제권을 갖고 있다. 여기에는 능동적인(proactive) 가치 중심적 의사 결정이 요구된다.

> 타인이 유발한 결정 문제를 그저 해결하려고만 하지 말라. 당신의 삶을 개선하고 미래의 결정 문제를 방지할 결정 기회를 창출하라.

우리 모두에게 중요한 개인적 상황 속에서 위의 접근법에 대한 차이를 보여주는 사례는 바로 건강이다. 지금 당신은 건강이 좋아서 거기에 대해서는 생각조차 하지 않는다고 가정하자. 이것은 바람직한 상황이지만, 영원히 그렇지는 않을 것이다. 아파서 의사를 만나러 갈지 말지 결정을 내려야 할 때가 온다. 만일 당신이 정말 의사를 보러 간다면, 당신이 걸린 질병의 특정 진단에 관한 차후의 결정은 의사와 의료진이 내려야 한다. 다음으로는 당신과 의사가 적절한 치료법에 관한 결정을 내려야 한다. 그림 7.1에서처럼 일단 당신이 아팠을 때 내리는 모든 결정은 분명 결정 문제에 대한 반응적 대응이다. 바라건대 그 결과 당신은 회복할 테고, 병에 걸리기 전 상태만큼 건강해질 것이다. 만일 당신이 그저 반응적인 의사 결정자라면, 당신은 필요한 결정을 내린 뒤 잘될 거라고 기대할 것이다.

당신이 능동적 의사 결정자라면 무엇이 달라질까? 건강이 아주 괜찮다면 당신은 스스로 결정 기회를 창출할 수 있을 것이다. 당신이 "건강을 향상시킬 방법을 결정한다"는 결정 기회를 창출했다고 가정하자. 이런 결정 기회 창출은 중요한 넛지이며, 이는 흔히 당신의 삶을 향상시킬 좋은 결정으로 이어질 것이다.

이 결정 기회를 추구함으로써 오는 즉각적인 단기적 혜택은 당신이 더 건강해지고, 아마 기분도 더 좋아지고, 더 많은 활동에 수월하게 참가할

그림 7.1 건강 결정에 대한 능동적 의사 결정 대 반응적 의사 결정

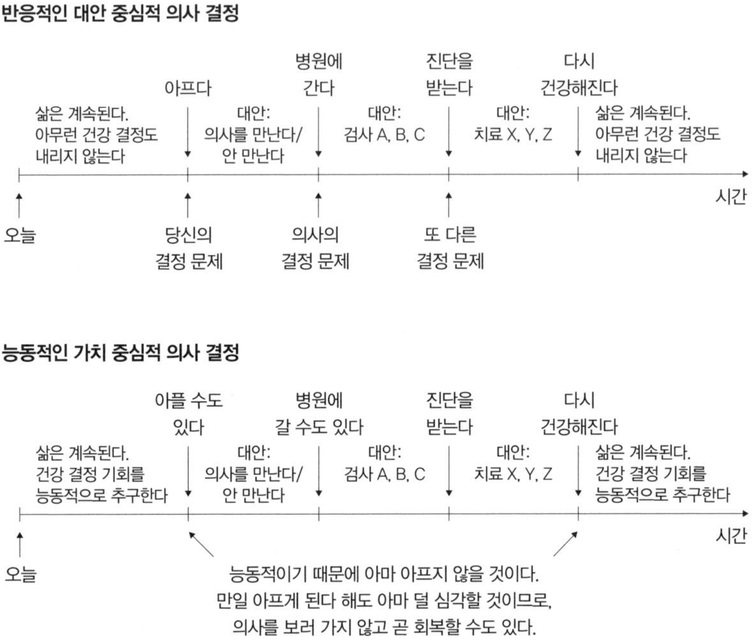

수 있으리라는 것이다. 따라서 그림 7.1에 나타나 있듯 당신은 의학적 결정 문제의 발생을 예방하고 아프지 않을 수 있다. 게다가 만일 당신이 아프게 된다 해도, 더 건강해졌으니 아마 병의 심화 그리고/또는 회복 시간을 감소시킬 것이다.

지금 이 결정 기회를 다뤄서 얻는 장기적 혜택은 당신이 차후에 병이나 사고와 관련한 결정 문제에 직면하지 않을 수 있다는 것이다. 이 경우 능동적인 태도는 심장 혈관 우회 수술을 어디서 받을지, 중증 심장마비가 온 이후 당신의 삶을 어떻게 수정할지와 같은 미래의 결정 문제를 더

욱 건강해지는 방법과 관련한 현재의 결정 기회와 맞바꾼 결과를 가져올 수 있다. 만일 당신이 결국 이런 결정 문제에 직면한다 해도, 당신의 건강이 좋아졌으므로 심각한 영향을 덜 줄 수 있다. 또한 만일 이런 결정 문제가 벌어진다 해도 그것은 미래에 더 늦게 일어날 수 있고 이런 결정 문제를 다룰 더 나은 의학적 대안이 개발될지도 모른다.

당신의 상황에 따라 이런 결정 기회를 추구할 대안으로는 흡연 같은 건강하지 못한 습관을 없애는 것, 더 나은 섭식을 하는 것, 규칙적으로 운동하는 것, 해마다 독감 예방 접종을 하는 것, 적절하게 정기 건강 검진을 받는 것, 운전할 때 집중을 방해하는 요소를 없애는 것(가령 문자 보내기, 화장하기), 그리고 적당한 음주가 포함될 것이다. 요점은 당신이 나만큼이나 이런 건강 대안에 관해 잘 알고 있으므로 거기에 대해 당신에게 조언하려는 게 아니라 당신 삶의 질을 높일 결정 기회를 다루는 결정은 당신의 힘—그리고 오직 당신의 힘—이 미치는 범위 내에 있다는 사실을 이해하기 쉬운 맥락에서 보여주려는 것이다.

많은 사람이 자신의 건강과 안전을 강화할 결정 기회를 생각하는 것은 당연해 보인다. 그것이 내가 능동적 의사 결정과 반응적 의사 결정을 구분하고 결정 기회의 핵심 역할을 보여주기 위해 이런 건강 상황을 이용한 주된 이유다. 당신이 결정 기회의 개념을 이해하고 그것이 어떤 결정 상황에서도 당신이 즉각적으로 쓸 수 있는 좋은 생각임을 이해했으면 한다. 취업, 연애, 자립 등 어떤 상황에서는 결정 기회가 얼마나 유용한지 그다지 명확하지 않을 수 있다. 그러나 어떤 맥락에서든 결정 기회를 창출하는 것은 좋은 생각이다. 그림 7.2를 그림 7.1과 비교하면 취업 결정과 건강 결정에서 능동적 의사 결정이 얼마나 유사한지 잘 드러난다.

그림 7.2 취업 결정에 대한 능동적 의사 결정 대 반응적 의사 결정

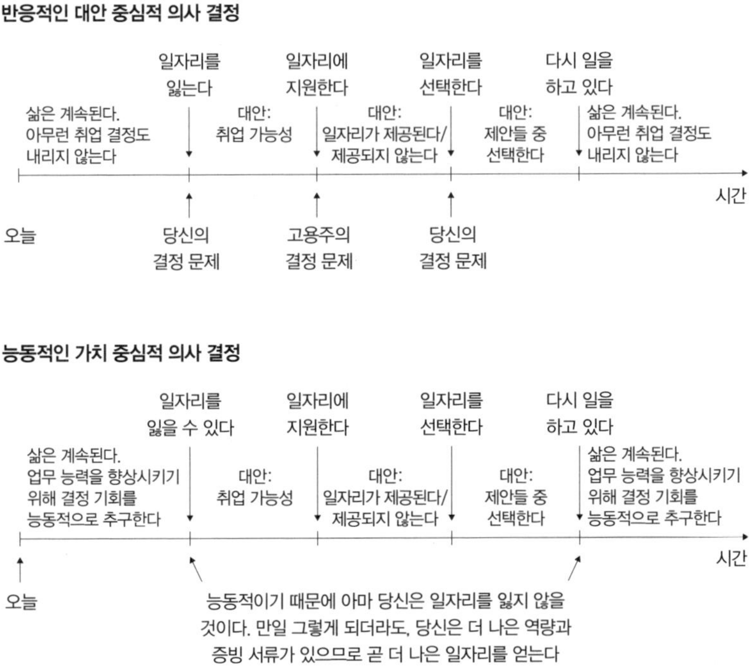

결정 기회와 결정 문제의 핵심적 차이

당신이 창출한 결정 기회를 추구하면 보통 당신의 삶이 나아지는 반면, 발생한 결정 문제를 해결하면 대개 삶이 향상되지 않는다. 결정 문제를 해결한다는 것은 그 결정 문제가 발생하기 전에 당신이 겪었던 상태로, 예전의 현상 유지로 삶의 질을 되돌리려는 것이다. 결정 기회를 추구하는 것은 당신의 현재 삶의 질과 비교했을 때 당신의 상황을 틀림없이 향상시

킬 것이다.

이 중요한 차이는 오늘부터 일정한 기간 동안 당신 삶의 질을 나타내는 그림 7.3에 잘 나와 있다. 그림 7.3의 위쪽은 지금으로부터 일주일 후 심각한 결정 문제를 유발하는 어떤 일이 일어난다. 아래쪽에서는 지금으로부터 일주일 후 당신이 유용한 결정 기회를 다루겠다고 능동적으로 결정한다. 이 첫 주 동안 당신 삶의 질은 양쪽이 똑같다. 그런데 일주일 뒤에는 결정 문제 때문에 삶의 질이 달라진다. 당신은 그 결정 문제를 다루기 시작하고, 며칠 뒤 대안을 이행한다. 당신의 상황은 반드시 개선되겠지만 특정 결정과 선택한 대안에 따라 개선 경로는 매우 달라질 수 있다. 그림 7.3은 결정 문제와 결정 기회 양쪽의 사례를 보여준다.

> 결정 기회의 추구는 당신 삶의 질을 향상시키기 위해 수행한다. 결정 문제 해결은 당신 삶의 질을 그 결정 문제가 발생하기 이전의 상태로 되돌리기 위해 수행한다.

결정 문제에 해당하는 실선이 나타내듯 한동안은 별다른 변화가 없지만, 그러다가 대안의 결과가 삶의 질을 회복시키기 시작한다. 그것은 얼마의 시간이 지나면 대략 당신이 그 결정 문제를 겪기 전 상태로 돌아간다. 한 가지 예로 당신이 물리 치료를 받기로 한 허리 부상에서 회복하는 걸 들 수 있다. 그림의 점선은 미래의 한 시기에 개선이 일어나는 다른 상황을 나타낸다. 한 가지 예로 당신의 차량이 사고 때문에 망가져서 가동되지 못할 때를 들 수 있다. 당신은 그것을 고치기로 하고 수리가 끝나자 거의 사고 이전만큼 괜찮아진다.

그림 7.3에서 결정 기회를 추구하기 시작한 이후에도 두 사례 모두 당신 삶의 질은 그다지 즉시 개선되지 않는다. 결과가 일어날 시간이 필요하기 때문이다. 실선은 당신 삶의 질이 서서히 향상해 어느 정도 시간이

그림 7.3 결정 문제와 결정 기회가 당신 삶의 질에 미치는 영향

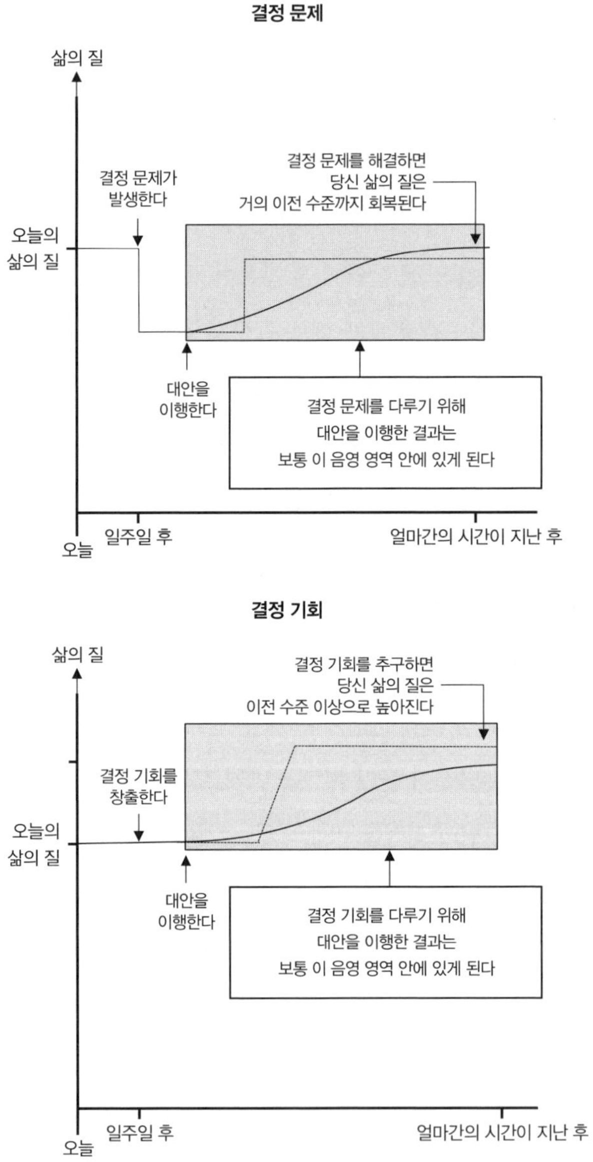

지나자 그 결정 기회를 추구하기 이전보다 상당히 나아지는 사례를 나타낸다. 4개월간 운동 수업을 듣고 당신의 복근을 강화하는 결정 기회를 추구할 때를 예로 들 수 있다. 점선은 얼마간의 시간이 지나자 급속히 개선되는 것을 보여준다. 업무와 연관된 특정 역량을 넓히고 그렇게 하도록 특정 강좌를 수강하는 결정 기회를 능동적으로 추구할 때를 예로 들 수 있다. 당신이 강좌에서 배운 것을 직장에서 실행할 수 있을 때 삶의 질이 급속히 발전하기 시작한다.

시간의 틀과 당신의 결정에 대한 대안을 실행한 덕분에 시간이 경과하는 동안 높아진 삶의 질은 상당히 다를 수 있다. 시간의 경과에 따른 향상은 그림 7.3의 음영 영역 안의 경로를 따른다. 만일 당신의 결정 문제가 독감에 걸린 것 때문이라면, 삶의 질은 한 주 내에 약간 떨어졌다가 회복될 법하다. 만일 당신의 결정 문제가 심각한 사고 때문이라면, 삶의 질은 꽤 떨어져서 회복하는 데 1년이 걸릴 수도 있고, 그 사고 이전 삶의 질로는 완벽하게 돌아가지 못할 수도 있다. 만일 결정 기회에 6개월 기업 비즈니스 역량 특별 프로그램에 등록하는 것이 포함된다면, 나아진 업무로 인한 삶의 질은 대략 1년 후에 쌓일 수 있고, 이전 삶의 질 이상으로 향상하는 정도는 여러 상황에 따라 매우 다를 수 있을 것이다.

당신이 결정 문제나 결정 기회를 다뤘을 때의 상태에서 개선된 삶의 질은 근본적으로 영구할 수도 있고 일시적일 수도 있다. 결정 문제의 경우, 목적은 거의 언제나 당신의 이전 삶의 질을 회복하는 영구적 개선을 가져오는 것이다. 당신은 분명 실업이나 심각한 사고 또는 자녀의 나쁜 학교 성적과 관련한 결정 문제를 해결한 결과가 영구하기를 바란다. 결정 기회의 경우, 학력 신장과 장기간 우정을 키우는 것 그리고 의사 결정 기술의 향상에 관한 것처럼 삶을 즐기는 능력을 강화하는 결정은 영구한 효과를 갖는 것을 목적으로 한다. 특별한 휴가를 내거나, 직장에 대한 도전 과제를 자발적으로 수락하거나, 어려움에 처한 누군가를 돕는 결정 기회는 장기적으로는 당신 삶의 질에 잔존하는 개선이 종종 있기는 하지만 주로 일시적 효과를 미치게 되어 있다.

대부분의 의사 결정자는 왜 결정 기회를 충분히 활용하지 않을까

결정 기회를 인식하고 추구하는 것은 매우 바람직한 넛지다. 결과적으로 당신의 삶은 나아질 게 거의 확실하고, 흔히 앞에서 거론한 건강 및 취업 결정에서 나타났듯 여러 가지 측면에서 나아진다. 결정 기회에 직면하는 것은 긍정적인 일이다.

그렇다면 의사 결정자는 왜 일상적으로 결정 기회를 창출하지 않는 걸까? 근본적으로 대부분의 의사 결정자는 이렇게 할 개념적 틀을 갖고 있지 않다. 결정 문제와 결정 기회 간 구분은 좀처럼 이뤄지지 않는다. 적어도 부분적 이유는 내가 결정 기회라고 정의 내린 것에 대한 적절한 용어나 정의가 없기 때문이다. 이것이 분명 이 유익한 개념의 일상적 사용을 가로막는다.

> 결정 기회를 창출하는 것은 강력한 넛지다. 왜냐하면 그 결정 기회를 추구하면 당신 삶의 질에 긍정적 영향을 미칠 수 있기 때문이다.

많은 개인은 새해 결심을 하고 해보고 싶거나 달성하고 싶은 항목의 버킷 리스트를 작성한다. 이 결심과 버킷 리스트 항목이 결정 기회는 아니지만, 각각은 결정 기회를 정의하는 기초가 될 수는 있을 듯하다. 당신의 개념에 따라 결심을 이루거나 목록에 있는 항목을 달성하는 것은 희망이나 바람에 달려 있는지도 모른다. 희망은 긍정적 감정이지만 단지 희망만으로는 결심이나 버킷 리스트 항목을 성취할지 여부에 아무런 영향을 미치지 않는다. 어떤 희망이나 바람을 이루려면 대안을 선택하고 이행할 결정이 필요하다.

흥미롭게도, 우리 대부분은 알지 못하는 사이 일상적 결정에 대해 많은 결정 기회를 파악하고 추구하지만 그것들을 그렇게 인식하지 않는다. 우리가 자발적으로 인생에서 하게 되는 많은 일은 명시적으로 결정 기회를 정의하는 것과 흡사한 비공식적 과정의 결과다. 예를 들면 어느 날 저녁 영화관에 가기로 하거나, 친구들을 위해 저녁 파티를 열거나, 더 나은 일자리에 지원하거나, 다른 언어를 배우거나, 새로운 취미 또는 기술을 개발하거나, 한 스포츠 팀의 적극적 팬이 되기로 결심하는 것 등이 있다. 우리는 이런 활동을 고려할 권한을 갖고 있고, 우리의 삶은 보통 그것들을 수행한 결과로 나아진다.

다음에 있을 당신의 중요한 결정 선택하기

당신의 삶이 잘 돌아가고 있고 현재로서는 어떤 중요한 결정에도 직면하지 않고 있다고 하자. 당신은 삶을 즐기고 있다. 하지만 그래도 당신의 삶을 틀림없이 좀더 낫게 만들 거라는 걸 알 수 있는 결정 기회는 분명 있다. 이 결정 기회는 다음에 있을 당신이 직면할 중요한 결정이 결정 기회가 될지 아니면 결정 문제가 될지 결정하는 것이다.

만일 당신이 다음 결정을 결정 기회로 만들겠다고 한다면, 당신은 현재 상태로부터 당신 삶의 질을 높이기 위해 그 결정 기회를 창출하고 추구하기 시작한다. 당신이 결정 기회를 택하기로 결심하지 않는다면, 기본 대안은 그냥 아무 일도 하지 않고 다음 결정 문제를 기다리는 것이다. 당신은 그것이 일어나면 그 결정 문제가 발생하기 이전의 상태로 삶의 질을 되돌리기 위해 그것을 해결한다. 결정 기회가 더 나은 선택이다. 결정 문제를 기다리는 것보다는 십중팔구 당신에게 더 높은 삶의 질을 제공하기 때문이다. 이 사실을 인정하는 게 틀림없이 의식적으로 더 많은 결정 기회를 창출하는 쪽으로 당신에게 강력하게 넛지할 것이다.

더 중요한 당신의 결정 중 일부는 당신이 어떤 결정과 직면해야 하는지에 관한 것이다. 당신이 생각해보지 않았거나 적절한 때에 생각하지 못했던 결정은 삶의 질에 그만큼 중요하다. 예를 들면 월급봉투 때문에 만족스럽지 못한 직장에 계속 다니고 있고 월급이 더 많을 수도 있는 더 좋은 직장을 찾아보겠다는 결정을 절대 인식하지 못하는 경우다. 또 다른 예는 자녀를 갖고 싶은지 충분히 생각해보지 않다가[1] 마침내 자녀를 갖고 싶다고 결정한 후에 그럴 가능성이 없어진 경우다. 이런 상황을 다루는 결정 기회를 만들 수 있었을 테고, 그것을 다뤘다면 이런 부정적 상황은 막을 수 있었을지도 모른다.

목적의식을 가지고 결정 기회 창출하기

결정 기회를 유발하는 당신의 맨 처음 생각은 흔히 당신이 미래에 하고

표 7.1 결정 기회 창출을 자극하는 생각의 실례

처음의 생각	결정 기회의 목표
X를 달성하고 싶다	X를 달성한다
성가시게 하는 게 있다	그 성가신 것을 제거한다
좋은 결정을 내리기 위해 더 많은 정보가 필요하다	결정에 유용한 정보를 파악하고 그것을 수집하거나 창출한다
Y를 하고 싶지만 ~ 때문에 안 된다	내가 Y를 할 수 없는 원인을 제거한다
그레이엄의 능력 S에 감동받았다	능력 S를 기른다
다이애나의 개인 습관 H를 존경한다	습관 H를 기른다
친구 또는 가족이 심각한 어려움을 겪고 있다	그 친구나 가족을 돕는다
의사 결정 기술 향상의 유용성을 인식하고 있다	의사 결정 능력을 향상시킨다
Z를 경험하면 멋질 것 같다	Z를 경험한다
직업적 성취 P가 내 경력에 도움이 될 것 같다	P를 성취한다

싶거나 하고 싶지 않은 뭔가에 관한 것이다. 표 7.1은 당신의 상황을 개선할 결정 기회에 대한 여러 유형의 처음 생각과 거기에 해당하는 전반적 목표를 나타낸다.

많은 기업과 집주인은 특정 폐기물을 어떻게 할지에 대한 결정 기회를 고려해본 적이 있을 것이다. 감안해야 할 일반적 질문은 현재의 폐기물을 자원으로 유용할 수 있는지 여부다. 잠재적 대안은 그 폐기물을 생산한 목적 또는 그 폐기물을 생산한 기업이나 가정에서의 사용만으로 국한되지 않는다. 잠재적 사용에는 다른 제품은 물론 그 폐기물을 생산적으로 사용할 수 있는 다른 이들에게 그걸 팔거나 제공하는 것이 포함될 수 있다.

일단 결정 기회에 직면한 다음에는 한 가지 뛰어난 대안을 파악해 적극

적으로 추구할 정도로 그것을 충분히 잘 이해하고 있을 수 있다. 이런 경우 결정 기회를 인식하는 것은 당신이 어떤 행동을 취해야 할지에 대해 충분한 명확성을 제공한다.

폐기물을 자원으로 전환하기

케네스 '햅' 클롭(Kenneth 'Hap' Klopp)은 캘리포니아주 버클리(Berkeley)에 본부를 둔 노스페이스(North Face)의 대표이자 CEO였다. 노스페이스가 지방의 소매점일 때 사들인 후 20년간 그는 이 기업을 야외복, 스키복, 캠핑 설비를 제조 및 판매하는 세계적으로 인정받는 선두 기업으로 성장시켰다. 노스페이스의 의복과 텐트 제품 다수는 나일론 천을 사용해 몇 가지 색깔 중 하나로 제작한다. 절단 방법이 천 조각의 손실을 최소화하기는 했지만 회사가 성장함에 따라 재료의 손실량이 상당히 많아졌다. 클롭은 "손실되는 천 조각을 생산적으로 활용할 수 있는 방법이 무엇인지 결정한다"는 결정 기회를 인식했다. 단색과 복합색 사용 모두를 고려한 대안은 물론 현재의 재료 조각을 버리는 현상 유지, 즉 '아무것도 하지 않는' 대안도 있었다. 선택한 대안은 조각 천으로 만든 복합색의 오리털 파카를 디자인해 생산하는 것이었다. 이 파카는 큰 인기를 끌었고, 어떤 시장에서는 단색 파카에 비해 웃돈을 얹어 팔았다.

어떤 결정 기회의 경우, 당신은 그 결정 기회의 결정 틀을 확실히 구축하는 게 유용하다는 사실을 발견하기도 한다. 그 과정의 단계는 당신이 직면하는 모든 결정 문제의 과정과 같은데, 이에 대해서는 3장에서 언급했고 표 3.1에 요약해놓았다.

첫 번째 단계는 당신이 의도하는 전반적 목표나 목적으로 시작해 '결정한다'는 말로 마무리함으로써 분명하게 당신의 결정 기회를 서술하는 것이다. 이를테면 의도한 목표 "X를 달성하다"에 대해 당신이 원하는 서술은 "X를 가장 잘 달성하는 방법을 결정한다"일 것이다. 각각의 결정 기회는 당신의 삶 또는 삶의 일부 측면을 더 낫게 만드는 게 목적이므로, 두 번째 단계는 이 결정 상황에서 당신이 의미하는 '더 낫다'를 정의하는 것이다. 이를 위해 당신은 이 결정 서술에 대한 가치를 구체화할 필요가 있다. 그것이 당신이 신경 쓰는 것을 나타내기 때문이다. 5장의 절차가 당신이 가치를 구체화하는 데 도움을 줄 것이다. 그러고 나면 이 가치는 당신이 다루기로 한 결정 기회에 대한 대안 창출의 기초로 쓰일 수 있다. 이러한 과정의 세부 사항은 6장에서 제시했다.

당신은 또한 당신의 가치로 시작해 결정 기회를 의식적으로 발전시킬 수도 있다. 다음 사례가 이런 과정을 잘 보여준다.

사회생활 개선하기

캐시(Kathy)는 젊고 재능 있는 젊은이로 최근 안정된 회사에서 일을 시작하기 위해 약 800킬로미터 떨어진 대도시로 이사했다. 그 직장은 멋진 곳으로 판명 났지만, 아직까지 사회생활은 만족스럽지 못하다. 그녀는 자신의 사회생활을 개선할 결정 기회를 인식해온 터였다.

캐시는 결정 기회를 정의하기 위해 우선 자신이 사회생활과 관련해 특히 무엇에 관심이 있는지부터 파악했다. 진지하게 생각한 후 결정 기회를 "친구들과 더 많은 활동을 즐길 방법을 결정한다"로 정의했다. 대안을 창출하기 위해서는 그녀가 특히 관심을 가진 활동에 관해 좀더 구체적일 필요가 있었다. 세 가지 유형의 주요 활동이 구체화됐다. 즉 여행을 가는 것, 스포츠 동호회에서 더 자주 운동하는 것, 생각할 거리를 주는 행사에 참가하는 것이었다.

다음으로 그녀는 왜 자신의 사회생활에서 이런 약점이 발생하고 있는지를 이해하고 싶었다. 일반적인 해답은 분명했다. 주로 자유 시간이 충분치 않아서였다. 하지만 구체적인 이유가 별로 분명하지 않았다. 좀더 깊이 생각하고 나서 그녀는 남는 시간이 부족한 게 주로 두 가지 습관에서 비롯됐다고 결론지었다. 첫째, 직장에서 밤늦게까지 머물 때가 많았는데 주로 동료들과 수다를 떨기 위해서였다. 둘째, 대부분의 자유 시간을 소셜 미디어 사용에 쓰고 있었다.

캐시는 이제 그 두 활동에 자신이 얼마나 많은 시간을 쓰고 있는지 알게 됐다. 자신이 더 빨리 퇴근할 수 있고 업무에 지장 없이 일주일에 6시간을 아낄 수 있을 것이라고 결론 내렸다. 그녀는 자신이 현재 일주일에 약 26시간을 소셜 미디어 사용에 쓴다는 걸 깨닫고 놀랐을 뿐 아니라 화가 나기도 했다. 그래서 소셜 미디어 사용에 1일 1시간의 제한을 뒀고, 이로써 일주일에 19시간을 다른 활동에 쓸 수 있었다. 그녀는 곧 친구들과 소통하는 데 일주일에 25시간을 더 쓰는 이익을 경험했고, 훨씬 더 행복하다고 느꼈다.

중요한 결정 기회 유형은 당신이 누군가로부터 조언이 필요하다고 결정하는 경우다. 흔히 이런 조언은 특정 상황에서 무엇을 할지에 관해 의사나 회계사 또는 영양사나 변호사 같은 전문가로부터 나온다. 우리는 모두 이런 결정 기회를 추구해본 적이 있다. 덜 일반적인 결정 기회로는 당신이 직면하고 있거나 직면하게 될 결정과 관련해 당신이 존경하는 사람으로부터 조언을 원하는 경우가 있다. 나는 어려운 결정에 직면하면 직접

거기에 대해 잠시 생각한 다음 내 결정을 흔히 친구나 가족한테 얘기하고, 그들은 무엇이 내 목표가 되어야 한다고 생각하는지 그리고/또는 내가 좋아할 만한 어떤 대안이 떠오르는지 물어본다. 어떤 때는 직장 선배들에게 향후 2년 동안 내가 전문적으로 무엇을 갖추어야 할지 또는 내가 어떤 역량을 개발하거나 키워야 할지 물어본다. 그들의 답변이 내게는 잠재적 결정 기회를 말해준다.

가족과의 관계

20대 후반인 당신의 다 큰 딸이 집에서 약 40킬로미터 떨어진 곳에 살며 일한다고 가정하자. 고등학교 졸업 후 그녀는 반대편 지역의 대학에 진학했고, 4년 전 직업을 구해 그 지역으로 돌아왔다. 그 기간 동안 당신은 여러 가지 행사를 정기적으로 딸과 함께했다. 전통적인 명절과 생일 축하, 소풍, 연례 주말여행, 그리고 집에서 하는 간단한 가족 저녁 식사……. 하지만 당신은 이런 모임을 계획하는 게 점점 어려워지고 빈도수도 줄었음을 알게 됐다. 기분이 좋지 않다. 그런 일이 어떻게 왜 일어났는지 알 수 없다. 이것이 당신에게 여러 가지 결정 기회를 제시한다. 그중 하나가 방금 언급한 변화된 상황에 대해 딸의 인식과 선호도를 알아내는 것이다. 만약 딸이 가족과 더 자주 만나는 걸 선호한다는 사실을 알게 된다면, 또 다른 결정 기회는 딸이 생각하는 현 상황의 근거가 무엇인지를 찾아내 그것을 바꾸는 것이다.

딸은 왠지 당신이 가족과 자주 만나는 데 그다지 관심이 없다는 신호를 자신에게 보냈다고 느낄지도 모른다. 그걸 바로잡을 방법에 대한 결정 기회를 말해주는 인식이다. 사실이 아니라고 그냥 공표하는 대안은 아마 최고의 대안은 아닐 것이다. 말보다 행동이 중요하기 때문이다. 또한 딸이 직장의 중요한 프로젝트 때문에, 또는 재미있는 친구를 만났기 때문에 시간을 내는 데 추가적 제약이 있다는 사실을 알게 될 수도 있다. 또 하나의 결정 기회는 딸에게 덜 강요적이고 더 재미있는 가족 시간을 어떻게 보낼지 결정하는 것이다.

전반적인 핵심은 만일 당신이 사랑하는 누군가와 개인적 문제가 있다면 이 상황을 다루기 위해 결정 기회를 정의하는 게 그들을 위해 또는 당신을 위해 상황을 개선할 수 있는 유일한 방법이라는 것이다.

우리 모두는 자연스럽게 가족이나 친구를 돕고 싶어 한다. 그들은 아마 결정 기회의 개념과 힘을 의식적으로 알고 있지는 않을 듯하다. 이는 희망을 현실로 변화시키고 그들의 삶을 더 낫게 만들 수 있는 결정 기회를 그들이 인식할 수 있도록 돕는 것이 당신의 결정 기회임을 시사한다.

친구가 개인적 목표를 추구하도록 돕기

몇 년 전 아내와 나는 의사인 친한 친구 앨런(Alan)과 저녁 식사를 하고 있었다. 아내의 책 《샌프란시스코만 지역에서 일자리 찾는 방법(How to Get a Job in the San Francisco Bay Area)》이 막 출간된 참이고, 나는 최근에 몇 편의 전문적인 글을 발표한 터였다. 앨런은 이를 알고 대화 중에 다음과 같이 말했다. "언젠가 나도 글을 발표하고 그게 인쇄되는 것을 정말 보고 싶어." 재닛과 나는 이구동성으로 힘차게 대답했다. "너는 글을 발표할 수 있을 거야." 앨런에겐 기막힌 아이디어가 있었다. 그의 주된 의학적 관심사는 언제나 건강과 역기능적 의료 노동 환경의 원인 및 교정이었다. 우리는 쓰고 싶은 주제, 게재했으면 하는 전문지를 결정한 다음 글을 쓰라고 말했다. 아울러 몇 번 고쳐 써야 할지도 모른다는 것과 그의 글을 게재하기에 적합한 2개의 전문지를 대안으로 파악해야 한다는 것도 언급했다. 앨런은 아무 문제없이 자신의 결정 기회를 인식했고, 그것을 열심히 밀어붙였다. 첫 번째 글이 실린 이후 그는 각종 전문지에 동료 의사들이 보는 글을 100편 넘게 발표했다. 현재 그는 자신의 관심 분야에서 유명한 권위자이며, 전 세계를 돌며 이 주제에 관한 강의를 하고 있다.

예기치 않은 결정 기회. 결정 기회는 예기치 않게 발생할 수 있으므로 당신은 어느 때든 결정 기회를 알아보는 데 익숙해야 한다. 이런 식으로 결정 기회가 발생하는 곳 중 누구나 다 아는 장소는 샤워실이다. 샤워할 때 갑자기 머릿속에 아이디어가 떠올라 하고 싶거나, 경험하고 싶거나, 성취하고 싶은 뭔가를 암시하는 듯하다. 그것은 에스토니아(Estonia) 방문, 책 집필, 특정 인물한테 더 친절해지는 것부터 직장의 걱정거리에 관해 사장에게 얘기하는 것, 일주일 동안 소셜 미디어를 삼가는 것, 또는 애인—어쩌면 평생 동안의 반려자—을 찾는 데 더 적극적이 되는 것까지 다양할 수 있다. 비슷한 생각이 공상 중이거나 쉬고 있을 때 일어나기도 한다. 당신은 사색이나 공상이 암시하는 결정 기회를 파악함으로써 틀림없이 삶을 개선할 넛지를 자신에게 제공할 수 있다.

그 밖의 예기치 않은 결정 기회는 방금 일어났거나 방금 말한 뭔가로 인해 촉발될 수 있다. 당신의 배우자가 며칠간 출장이나 여행을 갔다고 치자. 집에서 음식을 만들고 있거나 혼자 레스토랑에 있는데 그 저녁 식사가 배우자와 함께라면 훨씬 더 즐거울 거라는 섬광 같은 기분이 든다. 속담처럼 "옆에 없으면 더 애틋해진다". 그 기분이 어떤 결정 기회, 예컨

대 배우자가 집에 돌아오면 그녀 또는 그에게 이 느낌을 표현하기 위해 뭔가 특별한 것을 해야겠다는 생각을 자극할 수 있다.

친구나 스승 또는 가족이 결정 기회를 암시하는 뭔가를 얘기할지도 모른다. 가령 당신이 열 살짜리 딸과 함께 동네 공원을 산책하는데 딸이 이렇게 말한다고 치자. "아빠랑 나무 아래를 같이 걷는 게 정말 좋아요." 이것이 딸과 1박 2일의 숲속 가족 캠핑 여행을 떠날 결정 기회를 촉발할지도 모른다. 이 결정의 경우에는 언제, 어디로, 얼마나 오래, 얼마나 멀리 그리고 누구와 함께라는 많은 대안이 있다.

결정 문제를 결정 기회로 전환하기

우리 모두는 특별히 매력적인 대안이 없는 결정 문제에 직면한다. 당신은 방금 다음 달 말에 3일간의 일정으로 당신의 분야에서 중요한 여러 사람이 참석하는 전문 컨퍼런스에 초대받았다. 당연히 컨퍼런스에 가고 싶지만 고민이 있다. 같은 기간 동안 1600여 킬로미터 떨어진 곳에 살고 약 2년간 만나지 못한 대학 때 룸메이트 집을 방문하기로 예전에 약속한 것이다. 지금은 12월 초이고 어제 의료 검진을 받았는데, 오늘 가슴에 종양이 있다는 결과가 나왔다. 당신은 보편적 의료 보장이 가능한 지역에 살고 있고 종양이 악성인지, 만일 그렇다면 종양을 수술로 제거해야 하는지 판단할 조직 검사 예약을 잡기 위해 현지 의료원에 전화를 했다. 연휴가 임박했기 때문에 다음 6주간은 예약을 할 수 없었다.

우리는 이와 같은 결정 문제를 주어진 좁은 틀 안에서 다루는 강한 경향이 있다. 바로 가능한 대안 중 최고를 선택해 그냥 문제를 해결하는 것이다. 진심 어린 사과와 함께 룸메이트와의 여행을 취소한다. 조직 검사를 받을 수 있는 최초로 가능한 예약을 하고, 필요하다면 그다음 수술도 예약한다. 이런 결정을 곧바로 처리하는 게 매력적이지는 않지만 당신은 그렇게 해야 한다고 믿고 적절한 대안도 확실해 보인다.

> 결정 문제가 발생하면 당신은 이따금 그것을 결정 기회로 대체하거나 그것이 결정 기회가 되도록 바꿀 수 있다.

일단 이런 결정 문제가 일어나면, 그 결정 문제를 다룰 필요성을 대체할 훨씬 매력적인 결정 기회가 존재할 수 있다는 걸 인식하는 게 중요하다. 결정 문제를 훨씬 매력적인 결정 기회로 전환하는 기초는 결정 문제의 틀인데, 이에 대해서는 3장에서 언급했다. 그 틀을 구축하는 데 필요한 세 가지 요소는 당신이 직면한 결정의 서술, 그 결정에 대한 당신의 가치, 그리고 당신이 고려하고 싶은 대안이다. 만일 당신이 이런 요소 중 뭔가를 바꾼다면, 당신의 결정 문제가 바뀔 테고, 따라서 그것은 다른 결정이 된다. 그 다른 결정은 당신이 창출했으므로, 그것은 결정 기회다.

다음의 두 사례는 애초 결정 문제의 서술을 확장하고 그 결정과 관련한 추가적 가치를 덧붙이거나 고려 중인 대안의 수를 늘림으로써 결정 문제를 결정 기회로 전환하는 것을 잘 보여준다.

상충하는 시간 약속 관리하기

다음 달에 당신의 대학 때 룸메이트 집을 방문할지, 아니면 전문 컨퍼런스에 참가할지에 관한 결정 문제에 직면하자마자 즉시 가능한 대안은 확실하다. 즉 전자 아니면 후자다. 선택을 감안할 때, 대학 친구와 약속한 방문을 취소해야겠다는 기분이 들 수 있다. 다시 말하지만, 당신의 가치를 생각하라. 당신은 분명 전문 컨퍼런스에 참가하는 것이 재미있고 직업상으로도 매우 중요하다고 느낀다. 당신은 대학 때 룸메이트와 즐거운 시간을 보내고 싶다. 그리고 대학 때 룸메이트도 당신과 즐거운 시간을 보내길 원한다. 위의 가치들을 바탕으로 할 때, 당신은 같은 시기에 전문 컨퍼런스에 참가하고 친구네도 가고 싶지만 그럴 수는 없다. 그러나 더 낫게 만들 수는 있다. '같은 시기'라는 제약을 그냥 없애라. 그러면 당신의 결정 기회는 "어떻게 주말에 전문 컨퍼런스에 참가하고 친구네를 방문할지 결정한다"가 된다.

"우리 다음 기회에 만나자"라고 말하는 것으로 친구와의 만남을 취소하기보다는 대학 때 룸메이트가 정말로 원하는 게 무엇일지 생각해보라. 당신은 그를 잘 알고, 따라서 이게 반드시 어려운 과제는 아닐 것이다. 그런 다음 대학 때 룸메이트와 만날 다른 대안을 창출하라. 둘 다 좋아하는 게 무엇인지 곰곰이 생각하면 사흘간의 퀘벡 방문이나 연례 홈커밍데이 주말에 맞춘 대학 방문 또는 공연도 보고 도시도 즐길 수 있는 뉴욕 여행 같은 몇 가지 대안을 창출할 수 있다. 그런 다음 룸메이트에게 상황을 설명하고 그가 좋아할 만한 이 세 가지 대안 중 하나를 고르라고 제안한다. 룸메이트와 당신 모두 이 세 대안 중 하나 또는 어쩌면 하나 이상을 현재 계획한 약속보다 선호할지도 모른다. 최초의 약속을 불가피하게 취소하려던 것과 결부된 이런 생각과 제안에 분명히 고마워하게 될 것이다.

적절한 의학적 치료 마련하기

종양이 감지되고 조직 검사가 필요한 상황과 관련해 많은 사람은 인근 의료 시설을 알아보고 자리가 가장 빨리 나는 곳을 예약하는 게 대안이라고 여길 것이다.

내 친구 어머니의 경우는 가장 빠른 조직 검사 일정이 약 6주 뒤라는 것을 알았다. 내 친구를 비롯한 가족들은 이때까지 기다리는 게 매우 바람직하지 못하고 위험할 수도 있다고 느꼈다. 따라서 그들은 훨씬 더 빨리 조직 검사를 하고 차후에 필요한 치료(가령 가능한 다른 단계와 더불어 종양 제거 수술)도 할 수 있는 시설을 찾기로 했다.

그들은 고려할 수 있는 지리적 폭을 넓히고, 여기에 필요한 서비스를 제공할 수 있는 추가적인 대안으로서 주립 의료 시설을 대거 포함했다. 이틀 뒤 조직 검사를 하고 그다음 주에 후속 치료를 할 수 있는 시설 한 곳을 발견했다. 그들은 이 옵션을 택했다. 조직 검사를 해보니 종양은 악성이었고, 급속히 퍼지는 암과 관련이 있는 것으로 밝혀졌다. 이 정보를 바탕으로 내 친구의 어머니는 종양 제거와 화학요법을 병행했다. 나중에 의사는 암을 빨리 발견한 게 중요했다고 말했다. 왜냐하면 달마다 달라질 수 있었기 때문이다. 모든 치료를 마친 후 내 친구의 어머니는 암에서 완쾌했다.

부가적 결정 기회

당신은 애틀랜타에서 일하는데, 캐나다 앨버타주의 캘거리(Calgary)로 지금부터 2주일 뒤인 9월 중순에 수요일부터 금요일 정오까지 출장을 가게 되었다. 출장 일정과 관련한 결정 문제가 생긴 것이다. 시간이 촉박해 회사의 출장 관계 부서에 항공편을 추천해달라고 요청했고, 그 부서에서는 최저 비용의 환불 불가 티켓을 제안했다. 그들이 제안한 여정대로 하면 왕복 모두 솔트레이크시티(Salt Lake City)에서 환승해야 한다. 대략 4시간을 경유한다고 치면, 화요일 정오에 떠나 현지 시간으로 저녁 8시 30분에 도착하고 금요일 오후 4시에 출발해 토요일 새벽 5시 15분에 애틀랜타에 도착한다. 끔찍한 일정이라 당신의 주말 전체에 지장을 줄 것이다.

더 나은 항공편

당신은 더 편리한 항공편을 찾는 결정 기회를 추구한다. 인터넷 검색 중 그날 저녁 시카고를 경유하는 훨씬 더 좋은 항공편을 찾았는데, 애틀랜타에서 비슷한 시간에 출발해도 캘거리에 현지 시간 오후 5시 30분에 도착할 수 있을 터였다. 그리고 돌아올 때는 금요일 오후 2시 30분에 출발해 애틀랜타에 그날 밤 11시면 도착할 수 있다. 추가 비용은 총 40달러 정도였다. 당연히 당신은 이 여정을 예약한다.

당신의 가치를 바탕으로 다양한 항공편을 조사하는 결정 기회를 인식하는 것은 가치 있을 때가 많다. 일단 계획한 여정의 출발지와 도착지만 알고 나면 단 15분만 생각하고 노력해도 비교적 적은 비용으로 혹은 비용을 들이지 않고 번거로움과 불편함 때문에 훨씬 더 많은 시간을 날리는 일을 피할 수 있다. 시카고 선택지는 회사의 출장 관련 부서가 예약한 비행 일정과 비교했을 때 캘거리의 저녁 시간과 전체 이동 시간보다 약 8시간을 절약하고 집에 올 때 밤샘 비행을 하지 않아도 된다. 대부분의 여행자에게 15분의 생각을 투자해 8시간의 낭비를 피하는 것은 그 밖의 다른 장점이 없다 해도 싼 셈이다.

결정에 대한 대안의 이행에는 시간, 돈, 노력 같은 자원의 투자가 수반된다. 이 같은 투자를 할 때는 투입되는 자원을 나눠 쓸 수 있는 다른 어떤 결정을 고려하면 유용하다. 이런 일이 벌어지는 흔한 사례로는 특정 목적을 위해 잡힌 출장을 들 수 있다. 고객이나 의뢰인과의 미팅 같은 출장 목적, 아니면 친구네 집이나 유명한 박물관 또는 특별한 스포츠 행사에 방문하는 것 같은 개인적 욕구의 달성을 병행하는 것은 비교적 쉽다. 부가적 결정 기회라는 개념은 자원의 투입을 더 잘 활용하도록 당신에게 넛지할 수 있다.

출장을 위해 항공편을 예약하기 전에 개인적 관심사를 포함시켜 가치를 확장함으로써 결정 기회를 고려하는 것도 흔히 좋은 아이디어다. 결정 기회는 출장/여행이 엄격한 출장 옵션보다 더 나을지, 어떤 여행이 나을지 결정하는 것이다. 이 결정 기회를 인식한다고 상황이 더 나빠질 리 없고, 그걸 인식하지 못하는 경우보다 훨씬 더 나을 것이다.

특별한 주말

당신이 돌아오는 주말에 애틀랜타에서 아무런 약속도 없도록 쉽게 조정할 수 있다고 가정하자. 그리고 캘거리 출장에 뭔가 다른 걸 병행할 수 있을지 스스로 물어보는 시간을 가져보자. 캐나다령 록키산맥과 밴프 국립공원(Banff National Park)은 캘거리에서 130킬로미터밖에 떨어지지 않은 북아메리카의 아름다운 지역이다. 며칠간 그곳을 방문하는 일정을 계획에 덧붙일 만하다. 어쩌면 당신의 배우자나 친구가 금요일 점심 이후 캘거리에 합류할 수도 있다.

다음 주 월요일 출근 때문에 돌아오기는 해야 하지만, 만일 캐나다령 록키산맥 지역을 한 번도 본 적이 없다면 이틀은 되어야 즐길 수 있을 것이며, 향후 좀더 장기간의 그 지역 여행을 계획해야 할지를 분명히 당신에게 알려줄 것이다. 이런 식으로 당신에게 가치 있는 활동을 추가해 여행 대안을 개선하는 넛지를 자신에게 제공할 수 있다. 이것을 안다면 남은 질문은 추가로 시간 및 비용을 들일 만한 가치가 있느냐 하는 것이다.

모든 결정에서 학습의 가치. 어떤 결정 문제든 학습에 관한 목표를 추가하면 그것은 결정 기회로 전환된다.

회사는 거의 모든 개인보다 고용 및 일자리 제안과 관련해 훨씬 더 많은 경험을 갖고 있다. 만일 어떤 회사가 당신에게 일자리를 제안한다면, 당연히 총비용보다 조직에 돌아가는 이익이 훨씬 더 크다고 믿는다는 얘기다. 일자리 제의를 받았을 때는 당신이 인식한 이익의 가치와 그 회사가 당신을 고용할 때 비용의 차이에 관해 당신은 그다지 잘 모를 것이다. 그러나 당신도 그 차이에 관해 뭔가를 배울 수 있다.

만일 당신이 연봉을 올려달라고 제안한다면, 회사의 응답이 그러한 차이를 당신에게 가르쳐줄 것이다. 당신이 제안한 연봉이 회사에는 그다지 큰 차이가 없겠지만, 당신의 제의를 향상시키는 결과를 낳을 수 있다. 연봉이 오르지는 않아도 별도의 바람직한 특혜 제안을 추가할 수도 있다. 아니면 회사가 "지금은 해드릴 수 없지만 당신의 상황을 알았으니 아마도 나중에는……"이라고 답할지도 모른다. 만일 당신이 세련되게 제안한다면, 최초의 제의가 바뀌지 않더라도 그걸 철회하는 일은 좀처럼 없을 것이다. 당신은 또한 미래의 직책과 관련해 약간의 협상 경험을 쌓을 수 있다. 고용 논의에서는 언제나 어떻게 하면 더 잘할지 배우겠다는 목표를 갖고 있어야 한다. 당신이 배운 게 미래에 아주 유용할 것이기 때문이다.

일자리 제의 협상하기

앨리슨(Allison)은 3년간 높은 평가를 받는 회사에서 잘 일하고 있었는데, 국가 기관이 회사를 인수하면서 상황이 달라지기 시작했다. 3개월 만에 동료 몇몇이 떠났고, 따라야 할 새로운 규칙과 회사 정책도 많이 생겼다. 출근이 더 이상 즐겁지 않고, 고객이 제대로 대접받고 있다는 기분도 들지 않았다. 그녀는 더 나은 기회를 찾기로 했고, 현재 다른 두 회사 A와 B로부터 매력적인 제의를 받은 상태다. 대부분의 측면에서 두 회사는 그녀의 목표에 부합하는 것도 비슷하고 연봉도 같다. 그녀는 어느 쪽이라도 기쁘게 수락할 테지만, A 회사가 제공하는 것이 B 회사가 제공하는 것보다 약간 더 좋다. 왜냐하면 A 회사 인근 동네가 더 재미있기 때문이다. 새로운 일자리를 고르는 결정 문제가 이제는 두 대안 사이의 선택을 필요로 했다. 그러나 앨리슨은 좀더 깊이 생각했다.

앨리슨은 1년간 실질적인 휴가를 써본 적이 없다. 그래서 휴가를 가졌으면 했다. 그러나 두 회사 모두 성수기가 곧 닥쳐오기 때문에 휴식 없이 일을 시작하길 바란다. 앨리슨은 자신의 결정을 확장할 매력적인 결정 기회를 파악했다. A 회사에 성수기가 끝나면 특정 시기에 3주간의 휴가를 줄 수 있겠냐고 문의할 수 있다. 이것을 유급이나 무급 또는 성수기의 초과 근무에 대한 보상으로 요구할 수도 있다. 만일 유급으로 휴가를 받는다면 그 제안을 확실히 받아들이겠다고 말할 수도 있다.

이와 별개로 재정 상황 때문에 앨리슨은 B 회사의 제의에 따라 B 회사를 선호할 수도 있다. 이미 A 회사의 제의를 받았으므로 B 회사에 연봉 10퍼센트 증액을 제안하고 왜 이것이 그렇게 중요한지 예의 바르게 설명한다고 해서 잃을 건 없다. 그 이유는 학자금 대출을 갚는 것일 수도 있고, 홀로 남은 연로한 부모님을 돕는 것일 수도 있고, 아니면 앨리슨에게 중요한 게 오직 돈뿐인 것처럼 들리지 않도록 하는 다른 무엇일 수도 있다. 어쨌든 그 이유를 명확히 밝힐 수 있어야 한다. 만일 B 회사의 연봉이 10퍼센트 더 오른다면 그 제의를 받아들이면 그만이고, 아닐 경우 A 회사에 연봉 인상을 제안하면 된다.

결정 기회로 이익 얻기

일상적으로 결정 기회를 파악하고 추구하면 상황을 개선할 가능성이 생기고 삶의 질을 상당히 높일 수 있다. 이런 가능성을 현실로 전환시키려면 네 가지 단계를 추구하는 노력을 해야 한다.

1. 결정 기회의 개념과 그것이 당신이 수시로 직면하는 결정 문제와 어떻게 다른지 철저하게 이해하라. 결정 기회를 추구하면 당신의 삶을 향상시킬 수 있는 반면, 결정 문제를 다루면 그 결정 문제가 발생하기 이전의 상태로 삶의 질을 회복시킬 수 있을 뿐이다.
2. 당신 자신의 결정 기회를 파악할 힘은 오직 당신에게만 있다는 것을 인식하라. 당신의 이런 능력이 제한적이라면 분명 결정 기회를 파악하기 위한 개념과 절차에 대한 이해가 결여되어 있거나 그것을 파악할 노력과 시간의 투자가 부족하기 때문일 것이다.
3. 매력적인 결정 기회를 의식적으로 파악하기 위해 시간과 노력을 할애하라. 맨 처음부터 결정 기회를 창출하고, 결정 문제를 결정 기회로 전환하고, 당신이 고려 중인 다른 결정들에 결정 기회를 추가하는 많은 절차가 있다.

4. 당신의 개인 생활과 직장 생활 양쪽에 수시로 결정 기회를 사용하기 시작하라. 단지 당신의 삶을 바꿀 결정이나 아주 중요한 결정뿐 아니라 생각할 만한 모든 결정에 그것을 활용하라. 당신의 경험은 가치 있는 이익을 제공할 뿐 아니라 대단히 중요한 결정을 포함해 당신의 모든 결정에 대해 일상적으로 결정 기회를 파악하고 실행하는 능력을 향상시키는 데도 도움이 될 연습 역할을 할 것이다.

이 네 단계를 따름으로써 당신은 결정 기회를 파악하고 사용하는 것을 당신 삶의 질에 크게 기여하는 평생의 습관으로 만들 수 있다.

조직의 결정에 대한 추가적 생각

결정 기회는 모든 기업이나 정부 조직에 중요하다. 기업의 경우, 능동적이 되어 일상적으로 결정 기회를 추구하다 보면 기업을 향상시키는 대안이 생기고 경쟁에서 앞설 수 있다. 당신의 모든 결정 노력을 결정 문제에 집중하면 당신의 기업은 현 상태를 유지하고 기껏해야 경쟁에 뒤처지지 않을 뿐이다. 차이는 흔히 반복적인 질문과 관련이 있다. 앞서고 싶은가, 아니면 따라가고 싶은가? 선두 기업은 결정 기회를 이용하기 위해 그것을 파악하고 대안을 실행해야 한다.

> 기업에서는 능동적이고 수시로 결정 기회를 파악해 추구하는 것이 창의성과 혁신을 촉발한다.

아메리칸 익스프레스의 고객 유치

아메리칸 익스프레스(American Express)는 전 세계 고객에게 후불 카드와 신용카드를 공급하는 가장 크고 가장 신뢰받는 회사 중 한 곳이다. 1980년대부터 1995년까지 아메리칸 익스프레스는 오직 수익 극대화라는 목표만으로 다수의 전략적 결정을 내렸다. 핵심적 전략 결정은 예비 신규 카드 소지자의 모집에 관한 것이었다. 아메리칸 익스프레스는 해마다 자사 카드를 신청하라고 제안할 수백만 명을 선정하곤 했다. 연락할 인원은 장래 카드 소지자로서 수익의 현재 순(純)가치에 대한 예상 기여도를 계산하는 정교한 분석 모델의 결과를 바탕으로 선정했다.

1980년대와 1990년대 초 경쟁사 비자(Visa)와 마스터카드(MasterCard)의 급속한 성장 때문에 1995년까지 카드 결제와 관련한 전체 시장에서 아메리칸 익스프레스의 점유율은 10년 넘게 감소해온 터였다. 아메리칸 익스프레스는 시장 점유율을 어떻게 재구축할지 다루는 결정 기회가 있다고 인식했다. 회사는 예비 고객을 평가할 때 순수익의 극대화라는 애초 목표에 시장 점유율 증대라는 목표를 덧붙였다. 따라서 단일 목표를 가진 모델이 목표가 두 개인 모델로 확대됐다. 나는 아메리칸 익스프레스 경영진과 기대 수익이나 시장 점유율에서 일어나는 모든 변동의 상대적 중요성을 지속적으로 평가하고 아메리칸 익스프레스와 비교할 수 있는 2개 목표 평가 기능을 구축하는 작업을 했다.

이 모델은 5000만 명의 예비 고객 중 연락 대상자를 선정하기 위해 1995년 말에 처음 실행됐다. 결과적으로 표적화 전략(targeting strategy)은 고이용(高利用) 집단과 고위험 집단 양쪽에 해당하는 고객에게 초점을 맞추는 쪽으로 변경됐다. 이것이 신규 고객 유치의 규모를 상당히 키웠고, 1996년 기업의 고객 유치 목표는 크게 초과 달성되었다. 지난 10년간 동일한 6개월 동안 시장 점유율이 떨어졌던 반면, 1997년의 처음 6개월간 아메리칸 익스프레스의 국내 카드 시장 점유율은

18.31퍼센트에서 18.90퍼센트로 올랐다. 다중 목표 평가 기능을 사용하자 시장 점유율의 이러한 증가는 1997년 기준으로 4억 4700만 달러의 추가 수익에 해당하는 것으로 나타났다.

〈월스트리트 저널〉에서 이러한 인상적인 발전에 대한 기사 한 편을 실었다.[2] 기사에서 닐슨 보고서(Nilson Report)[3]의 발행인 스펜서 닐슨(H. Spencer Nilson)은 이렇게 말했다. "여러분은 창의적 마케팅과 훌륭한 고객 서비스를 통해 성장의 엄청난 장애물을 극복한 아메리칸 익스프레스를 신용해야 합니다." 이 기사는 또한 훗날 회장 겸 CEO가 된 당시 아메리칸 익스프레스 사장 케네스 셔놀트(Kenneth I. Chenault)의 다음과 같은 말을 인용했다. "시장 점유율은 지난 3년간 저희 카드 사업에서 대단히 핵심적인 과제였고, 여러분이 보고 계신 것은 우리가 카드 제품과 카드에 대한 지출을 늘리는 데 매우 강력한 영향을 미친 것이라고 생각합니다."

정부 조직의 동기는 민간 조직과 다르다. 정부 조직은 그들이 대표하는 시민을 괴롭히는 문제를 다룰 책임이 있다. 일단 이런 문제를 인식하고 나면 그들이 처리하는 전형적인 방법은 대안을 창출하고 그중 하나—바라건대 좋은 대안—를 골라 시행하는 것이다. 하지만 정부가 직면하는 문제는 보통 반복된다.

예를 들면 교통을 개선하고, 학생들을 더 잘 교육하고, 사람들에게 취업 훈련을 시키고, 빈민층에 먹을 것과 거처를 마련하고, 유권자와 소통을 더 잘하고, 인프라를 관리하는 방법 등이 있다. 이런 상황과 서비스에 대해 정부는 비슷한 문제가 일어날 경우 향후 어떻게 조치를 개선할지 정하고 향후 이런 문제의 빈도와 규모를 어떤 사전 대책으로 방지하거나 줄일 수 있는지 결정할 결정 기회를 능동적으로 창출하고 추구할 수 있다.

어떤 조직이든 내부에서 결정 기회를 창출하는 과정은 개인의 과정과 비슷하다. 모든 결정 기회를 창출하는 최초의 계기는 반드시 개인의 머릿속에서 일어나기 때문이다. 하지만 조직의 개인(가령 사장이나 경영자)은 특정 목적을 충족시킬 만한 결정 기회를 사전에 창출하는 데 자신을 위해 일하는 수많은 다른 이들의 도움을 구할 수 있다. 이런 일을 하는 경영자는 자신이 창출한 결정 기회, 즉 유용한 결정 기회의 생성을 추구할 것이다. 또한 그러한 결정 기회를 추구하기 위해 대안과 관련한 제안을 끌어낼 결정 기회도 추구할 것이다. 이런 두 상황에서 만일 자신이 달성하고 싶은 가치를 제안 요청에 분명히 명시한다면 그 경영자는 훨씬 더 나은 응답을 얻을 것이다.

위의 경우 경영자는 특정 도움을 요청하고, 그런 다음 유용한 아이디어를 받는다. 하지만 조직에서 아이디어를 위한 자극은 반드시 일부 운영자의 특정 요청으로부터 나올 필요는 없다. 왜 이렇게 제한적인가? 조직은 그 조직에 이익이 될 결정 기회를 위해서라면 누구한테든 능동적인 아이디어를 자극할 체계적 과정을 구축할 수 있을 것이다. 또한 재정적으로 그리고/또는 그 밖의 방식으로 그 조직에 상당한 기여를 하는 엄청난 결정 기회를 인정하고 보상하는 것도 바람직할 듯하다.

08

타인에 의해 좌우되는 대안을 선택하려면 승인을 얻어라

당신의 결정을 내릴 권한은 분명 당신에게 있다. 그런데 이 말은 당신의 결정에 대해 생각할 수 있는 대안이면 무엇이든 당신한테 선택할 권한이 있다는 뜻일까? 안타깝게도 그렇지 않다. 당신한테 엄청나게 매력적인 일부 대안을 실행할 권한이 당신에게 없는 중요한 결정도 있다. 내가 수권(授權, authorized) 의사 결정자라고 부르는 다른 누군가가 당신이 특정 결정에 대해 선호하는 대안을 실행할지 여부를 통제한다. 희소식은 이런 제약을 제거할 합리적 방편이 있다는 것인데, 이것이 이번 장의 초점이다.

당신은 어떤 도시나 지방 자치 단체에 유용한 제품을 파는 소프트웨어 회사의 영업 사원이다. 당신이 담당하는 지역에는 남부의 여러 주가 속해 있고, 사무실은 애리조나주의 피닉스(Phoenix)에 있다. 개인적 이유, 주로 스키와 캠핑의 용이한 접근성 때문에 당신은 사무실이 솔트레이크시티에 있었으면 더 좋겠다. 당신의 사장은 수권 의사 결정자로서 사무실 이전을 승인할지 말지에 대한 전권을 갖고 있다. 또 다른 예로는 이웃의 시야를 가리는 주택의 건축이나 리모델링 단속 법규가 있는 도시를 들 수 있다. 이웃들에겐 당신의 건축 계획을 점검하고 특정 기간 내에 이의를 제기할 권리가 있다. 불만이 없으면 당신은 계획대로 지을 수 있다. 한 가지 이상의 불만이 있다면, 시청 공무원은 모든 불만을 검토하고 무엇을 지을 수 있고 지을 수 없는지 결정한다. 당신의 이웃과 시청 공무원 모두 이 결정에 대한 수권 의사 결정자다. 세 번째 상황은 당신이 다른 개인과 의사 결정 권한을 공유하는 경우다. 그들은 당신이 바라는 대안을 수락하지 않기로 정할 수 있는데, 이것이 근본적으로 당신이 이 대안을 실행하는 걸 가로막을 터이다. 간단한 예가 당신이 친한 친구와 함께 주말 야유회에 가고 싶을 때다. 만일 그가 포기한다면 당신은 같이 야유회를 가지 못한다.

거부할 수 없는 대안

어떤 결정은 당신이 매우 바람직한 일반적 대안을 생각해낼 수 있다. 하지만 수권 의사 결정자가 당신이 제안하는 특정 대안을 수락하거나 거부할 권한을 갖고 있다. 시행 전에 당신이 바라는 대안의 일반적 특성과 그 특정 대안을 수권 의사 결정자한테 매력 있게 만들 추가적 특성을 포함하는 특정 대안을 창출할 필요가 있다. 당신은 그 특정 대안이 수권 의사 결정자에게 너무나 매력적이어서 그걸 거부할 수 없게 만들고 싶다.

그런 대안을 창출하는 것은 좋은 결정—흔히 당신의 삶을 향상시킬—

에 이르는 강력한 넛지다. 이 넛지의 즉각적 영향은 수권 의사 결정자에게 미친다. 이 넛지의 결과, 당신의 바람직한 일반적 대안의 특정 버전이 실현 가능해지고 당신은 그걸 선택할 수 있게 된다. 그러니까 거부할 수 없는 특정 대안을 창출하는 것은 당신이 너무나 바라는 대안을 선택할 수 있게끔 해주는 당신의 간접적 넛지로 간주해도 된다.

거부할 수 없는 대안을 창출하고 제안하는 과정은 내가 **유령 협상**(phantom negotiation)이라고 생각하는 과정이다. 당신은 자신은 물론 수권 의사 결정자를 위해 협상하고 있는데, 그 사람은 현재 직접 관여하지 않고 어쩌면 그 과정을 알지도 못할 것이다. 그것은 당신이 원하는 뭔가가 생각날 때 시작된다. 이 생각 자체가 대안이 될 수도 있고, 아니면 그 생각을 하고 난 후 거의 즉시 당신이 바라는 걸 제공할 대안이 떠오를 것이다. 나는 이것을 그림 8.1에 나와 있듯 **꿈의 대안**(dream alternative)이라고 부른다. 하지만 당신은 이 대안이 그림에서처럼 수권 의사 결정자한테는 현 상태보다 나쁘다는 걸 알아챈다. 당신의 도전 과제는 당신이 제안하는 대안이 꿈의 대안의 핵심 특성을 포함하는 것은 물론 당신의 대안을 승인해야 할 수권 의사 결정자의 상황을 개선하도록 설계하는 것이다. 당신은 그의 개선이 현 상태에 비해 거부할 수 없는 대안이 될 만큼 충분히 중요하길 바란다. 어쩌면 현재 당신이 갖고 있는 꿈의 대안보다 당신에게도 더 낫고 수권 의사 결정자에게도 긍정적인 대안을 알아낼 수도 있다.

일단 당신이 거부당하지 않을 것이라고 생각하는 대안을 창출하고 나면, 그걸 수권 의사 결정자에게 제안한다. 그의 시각에서 보면 당신은 아무 경고도 없이 그의 상황을 현 상태에서 바꿀 대안을 제안하고 있는 셈이다. 만일 이 변화가 그의 현 상태보다 개선을 나타낸다면 그는 그걸 승

그림 8.1 거부할 수 없는 대안 창출하기

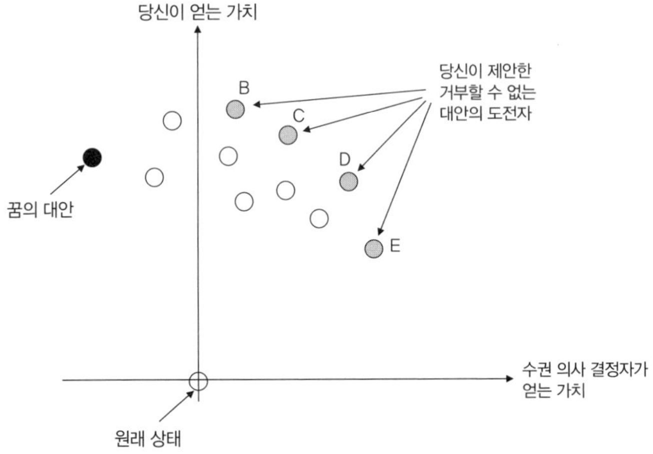

인할 것이다. 그렇지 않다면 당신은 이유를 찾아내 그의 관심사를 다루도록 제안을 변경해야 한다. 당신은 이 과정에서 어울리지 않는 짓을 하고 있는 것이 아니다. 너무 좋아서 거부할 수 없는 제안을 누가 받아들이고 싶지 않겠는가? 나는 이런 제안에 개방적이며 당신도 역시 그러길 바란다.

당신이 그림 8.1에서처럼 추가적 대안을 창출한다고 가정하자. 창출한 10개의 대안 중 음영으로 표시한 4개만 당신이 제안한 거부할 수 없는 대안의 도전자를 나타낸다는 점에 주목하자. 다른 대안 중 2개는 수권 의사 결정자에게 현 상태보다 더 나쁘고, 4개는 당신과 수권 의사 결정자 모두에게 적어도 4개의 음영 도전자 중 하나보다 더 나쁘다. 당신은 대안 B를 제안할 수도 있다. 왜냐하면 그것이 수권 의사 결정자에게는 현 상태보다 낫고 당신한테는 도전자 중 최상이기 때문이다. 하지만 수권 의사 결정자가 이것을 제안할 당시의 잠재적 이익이 당신 쪽으로 기울었음을 알아채지 않는다 해도 나중에는 인식하게 될 것이다. 이런 이유로—그리고 어쩌면 당신의 공정성 개념을 바탕으로 했을 때 당신은 대안 C나 D를 제안할 것이다—양쪽 다 이익의 균형성이 더 낫고 거부할 수 없는 대안이 될 가능성도 더 높다.

만일 당신이 바라는 대안의 실행 여부에 대한 권한이 다른 사람에게 있다면, 둘 모두 만족시키도록 당신이 바라는 대안을 변경하기 위해 그 수권 의사 결정자의 가치를 사용하라.

거부할 수 없는 대안 창출의 중요한 개인적 사례 하나는 틀림없이 그 개념과 과정을 명료하게 밝혀주고 그것의 가치를 잘 보여줄 것이다.

책 공동 집필하기

MIT의 운영분석 전공 대학원생이던 나는 하버드 대학의 하워드 라이파 교수를 내 박사 과정 지도교수로 모시도록 주선했고, 다중 목표를 포함한 목표 기능 사용의 이론과 실제에 관한 박사 논문을 썼다. 졸업하기 전 봄에 나는 학위 요건을 모두 완료한 상태여서 졸업 후의 내 삶과 내 개인 생활 및 직업 생활을 둘 다 향상시킬 결정 기회에 대해 생각할 시간이 있었다. 내게 크게 매력적으로 다가왔던 결정 기회 중 하나는 하워드와 함께 다중 목표가 있는 의사 결정에 관한 책을 쓰는 것이었다. 그는 당시 의사결정학(decision sciences)이라 부르는 분야에서 세계적으로 유명한 선구자이자 쾌활한 인물이었다.

이런 책을 공동 집필한다는 것은 내게 꿈의 대안이었다. 그것은 즐겁고, 내가 배우는 게 대단히 많고, 내 전문 경력을 엄청나게 강화시킬 게 분명했다. 하지만 그런 공동 작업이 하워드에게 좋은 것인지는 확실치 않았다. 그에겐 직업적으로 해야 할 수많은 일이 있고, 활발한 개인 및 가족 생활도 있었다. 나는 이 공동 저서를 수권 의사 결정자인 하워드에게 제안할 필요가 있었고, 진심으로 긍정적 답변을 원했다.

나는 이런 프로젝트에서 하워드의 가치가 무엇일지 골똘히 생각했다. 그가 그런 책을 출간했으면 한다는 것은 알고 있었다. 다중 목표가 있는 결정에 대해 명확히 사고하고 분석하는 방법이라는 중요한 주제에 관한 그의 많은 생각을 책을 통해 전달할 수 있기 때문이다. 책은 이런 상황에서 더욱 정보가 풍부한 결정을 촉발할 것이고, 그 주제에 관해 미래의 학생들을 교육하는 기초를 제공할 터였다. 나는 하워드가 언제나 젊은 연구진을 돕고 싶어 한다는 걸 알았고, 그는 공동 저서가 나에게 엄청난 도움을 주리라는 걸 분명히 알 터였다. 또한 만일 출간한 책의 질이 뛰어나다면 그의 지적 영향력도 훨씬 더 커질 터였다. 당시 이 중요한 주제에 대한 종합적 저서는 전혀 존재하지 않았기 때문이다. 책의 이러한 가치들은 하워드의 장점과 관계가 있었다. 그렇다면 단점은 무엇일까?

단점은 분명했다. 주로 하워드가 시간을 투입하고도 노력을 헛되게 만들지 모를 차후의 불편함과 관련이 있었다. 이것이 그가 향후 집필을 지속하지 못하는 기회로 이어질 수 있고, 책 프로젝트를 취소해야 할 일이 발생할 가능성은 언제나 있었다.

하워드가 거절할 수 없는 대안을 개발하기 위해 나는 우리 과제를 명확하게 설명하는 제안을 개괄하기로 했다. 거기에는 하워드가 보기엔 중요하지만 아직 널리 알려지거나 이해되지 않은 내용도 포함되었다. 나는 이것을 그가 자부심을 갖고 공동 집필할 책의 개요로 만들기 위해 애썼다.

나는 그가 시간을 투입하는 걸 줄일 수는 없지만 그것이 미치는 부정적 영향은 꽤 줄일 수 있음을 깨달았다. 나는 우리가 유연한 시간 틀에서, 즉 가능한 한 그의 다른 활동에 부정적 영향을 많이 미치는 일은 피하도록 조정할 수 있는 시간 틀에서 책을 쓰자고 제안했다. 필요한 미팅과 소통은 낮이건 밤이건 아무 때나 하워드에게 편리한 장소라면 아무 데서나 하면 될 터였다. 그리고 그는 사전 예고 없이 이런 미팅을 취소하거나 연기해도 무방했다.

6월의 미팅에서 나는 공동 저서 프로젝트를 제안하고 개요를 제시했다. 나는 나한테 확실한 장점을 얘기한 다음 내가 생각하는 그의 장점과 단점을 언급했다. 그런 다음 그에게 미칠 부정적 영향을 최소화할 모든 방침을 상세히 설명했다. 요약하면, 나는 그가 그 주제를 좋아하고 이런 책이 나오길 바라는 것은 확실하지만 아마도 다른 흥미로운 프로젝트와 활동이 너무 많기 때문에 혼자서는 그 책을 쓸 수 없을 거라고 말했다. 반면 나는 직업적으로 더 중요하게 추구할 일이 하나도 없고 우리의 공동 저작을 실현하기 위해 최선을 다할 것이라고 말했다. 마지막으로 나는 당연한 것을 말했다. "언제든 그 책이 당신의 품질 기준에 부합하지 않는다고 느끼면 이 프로젝트를 취소하셔도 좋습니다." 많은 논의를 했던 우리의 미팅 말미에 하워드는 열렬한 마음으로 그 프로젝트에 동의했다.

기뻤다. 우리 대안의 일부였던 타이밍의 유연성은 결정적인 것으로 판명 났다. 하워드는 곧 오스트리아 빈 인근의 국제응용시스템분석연구소 창립 작업에 몰두했고, 이후에는 그곳의 첫 번째 대표 역할을 했기 때문이다. 그 시기 동안에도 우리는 다중 목표를 포함하는 많은 중요한 결정에 이 책의 방법론적 아이디어를 적용할 수 있었다. 좀더 단축된 일정으로 우리가 달성할 수 있었을 성과와 비교했을 때 이 적용 사례 중 몇몇을 우리 책에 포함시킨 것이 책을 더 낫게 만들었다. 우리의 책 《다중 목표가 있는 결정(Decisions with Multiple Objectives)》은 이렇게 출간됐고, 아직도 판매 중이다.[1]

내 꿈의 대안의 결정적 특성이 내가 실질적 기여를 할 수 있는 의사 결정에 관해 하워드와 고품질의 책을 공동 집필하는 것이었음을 인식할 필요가 있다. 이 중대한 특성을 알았기에 내 과제는 꿈의 대안의 결정적 특성을 유지할 뿐 아니라 수권 의사 결정자인 하워드한테도 현 상태보다 더 나은 특정 대안을 설계하는 것이었다.

위의 사례는 수권 의사 결정자에게 더 나은 대안을 창출하는 데 필요한 두 가지 활동을 잘 보여준다. 첫째는 수권 의사 결정자의 가치를 파악하는 것이며, 둘째는 그 가치의 달성 수준을 향상시킬 잠재적 가치의 특성을 파악하는 것이다. 그런 다음 꿈의 대안을 당신이 거부당하지 않을 거라고 믿는 대안으로 만들기 위해 거기에 이런 특성들을 추가하라.

거부당하지 않을 대안을 창출하는 데 결정적일 수 있는 공통적 상황이 이 사례에 나와 있다. 가끔 당신의 꿈의 대안 중 수권 의사 결정자한테 주로 불리한 점은 대안 자체보다는 그 대안을 이행하는 과정에서 발생한다. 이러한 약점은 흔히 향후 다른 활동을 불편하거나 어렵거나 불가능하게 만드는 시간·노력·돈의 투입에서 기인한다. 그러므로 이행과 관련해 수권 의사 결정자의 가치가 거부할 수 없는 대안을 구축하는 데 핵심일 수 있다. 많은 결정 기회에서 그렇듯 수권 의사 결정자의 불편함, 제약, 번거로움을 없애기 위해 대안 실행에 유연성을 제공하는 것이 이 사례에서는 많은 도움이 되었다.

수권 의사 결정자의 가치 파악하기

당신의 꿈의 대안을 수권 의사 결정자한테 매력적이게 바꾼다고 해서 관심사의 결정과 관련한 그들의 가치를 모조리 알 필요는 없다. 수권 의사 결정자의 가치 중 단 하나만 알아도 여전히 당신의 꿈의 대안을 받아들일 만하게 변경할 수 있다. 하지만 수권 의사 결정자의 가치를 더 잘 알면 알수록 거부할 수 없는 대안을 창출하기가 더 쉬워지고, 수권 의사 결정자의 동의로 이어질 확률도 더 높아질 것이다.

수권 의사 결정자의 가치를 파악하기 위해서는 누군가 그것을 명확히 표현해야 한다. 세 가지 가능성이 있다. 바로 당신 또는 수권 의사 결정자 또는 다른 사람들이다. 많은 경우, 수권 의사 결정자는 당신이 아는 사람이고 당신은 당신의 지식을 통해 그 또는 그녀의 가치 목록을 다수 생성할 수 있다. 위의 사례에서 나는 박사 과정 학생으로 2년간 하워드와 작업해봤고, 이 결정과 관련한 그의 많은 가치를 명확히 표현할 수 있었다.

수권 의사 결정자는 당연히 그 또는 그녀 자신의 가치의 훌륭한 원천이며 가끔 당신은 이것들에 대해 직접 물어볼 수 있다. 만일 당신이 그 사람을 이미 안다면, 이렇게 하도록 자리를 마련하는 일이 틀림없이 어렵지 않을 것이다. 대부분의 사람은 자신들이 성취하고 싶어 하는 바와 연관된 가치를 포함해 그들이 좋아하는 것을 기꺼이 논의하고 싶어 한다.

여름 인턴직 근무

당신은 한 단체에서 여름 인턴직을 하게 됐고, 그 일이 할 만한 가치가 있길 바란다고 가정하자. 바라지 않을 사람이 누가 있겠는가? 그러나 당신은 가치 있다는 게 무엇인지에 대한 당신의 개념이 모호하다는 것을 깨닫고, 따라서 이 인턴직과 관련한 당신의 가치에 대해 골똘히 생각한다. 이 상황에서 수권 의사 결정자인 당신 관리자의 업무는 물론 조직에도 기여할 프로젝트였으면 좋겠다. 당신은 인턴 과정이 당신의 능력을 입증하고 그것을 향상시킬 기회를 제공했으면 한다. 이 능력에는 다른 사람들과의 전문적 상호 작용, 효과적 글쓰기, 창의적이고 신중하고 철저한 것이 포함된다. 끝으로, 당신은 향후 유용할 만큼 아주 열의가 넘친다는 평가를 받고 싶다.

당신은 프로젝트에 대해 관리자에게 얘기할 필요가 있다. 먼저 당신의 관리자가 이 프로젝트로 달성하길 바라는 가치에 관해 문의해야 한다. 그런 다음 제대로 수행할 경우 이런 가치를 달성할 잠재적 프로젝트에 대해 논의할 수 있을 것이다. 그러고 나서 어떤 프로젝트가 관리자의 가치를 당신이 가장 잘 달성하도록 해줄지 신중히 고민해보게 하루를 달라고 요청할 수 있다. 이 시간 동안 프로젝트 각각이 당신의 인턴 과정 목표를 얼마나 잘 충족할지도 고려해야 한다. 관리자, 조직, 당신에게 더 낫다고 당신이 느끼는 방식으로 관리자의 제안을 변경해 새로운 대안 프로젝트를 창출할 수 있을지도 모른다. 당신은 당신이 선호하는 프로젝트를 관리자에게 설명하고 기본적으로 이렇게 말한다. "저는 A 프로젝트가 더 좋습니다. 당신이 중시하는 가치에 제가 가장 잘 기여할 수 있도록 해주고 또한 조직에도 긍정적인 기여를 하도록 해주니까요." 만일 그걸 설득력 있게 제시한다면 거부하기 힘들 것이다. 관리자는 잃을 게 거의 없고 당신이 그 이익에 대해 설명한 것이 부분적 이유다.

당신은 회사에서 비교적 신참인데, 회사의 운영이나 제품을 개선하는

데 필요한 아이디어를 직원들로부터 모으고 관리하기 위해 정기적으로 모이는 상임위원회의 존재를 알게 되었다. 당신은 결정 기회를 파악하고, 회사 전체의 다른 사람들을 만나고, 여러 부서의 활동 및 기능에 대해 좀 더 빨리 배우기 위해 그 위원회의 일원이 되고 싶다고 결정한다. 동료들로부터 위원회는 부회장에게 보고하며 그가 위원회 구성원을 선정한다는 사실을 알게 되었다. 당신은 수권 의사 결정자인 부회장을 만나본 적이 없는데, 위원회와 관련한 그의 가치를 알았으면 한다. 이 경우 당신은 다른 사람들로부터 이러한 가치를 개발할 필요가 있을 것이다.

당신은 현재 누가 위원회에 있는지 찾아내고 이 구성원 중 2명과의 만남을 마련한다. 아울러 당신은 존재의 이유를 기술한 위원회 서류에 대해서도 알게 된다. 이 자료를 통해 당신은 위원회에 대한 부회장의 가치를 다수 포착할 수 있다. 여기에는 직원을 위한 가치와 회사를 위한 가치가 포함된다. 회사를 위한 가치는 직원의 아이디어를 효율적으로 받아들여 움직이고, 근무 환경을 향상시키고, 제품을 개선하는 것이다. 직원에게 직접적으로 영향을 주는 가치는 회사 경영진이 직원을 소중히 생각하고 근무 환경의 질에 신경 쓰며, 전 직원의 제안을 고려하고, 그들의 아이디어 중 다수를 이행하고, 우수한 아이디어에 대해서는 각 개인을 인정해 준다는 것이다.

수권 의사 결정자에게 바람직한 대안 창출하기

수권 의사 결정자에게 매력적인 대안을 설계하는 것은 6장에서 거론한 수권 의사 결정자를 위해 대안을 향상시키고 당신이 원하는 현재의 특성을 유지하기 위해 그 수권 의사 결정자의 가치를 사용하라.

당신 자신에게 좋은 대안을 창출할 때와 똑같은 신중한 절차를 사용한다. 당신은 수권 의사 결정자의 모든 가치를 따로따로 고려하고, 그 가치의 측면에서 그걸 향상시키기 위해서는 당신의 꿈의 대안에 어떤 요소를 추가하거나 변경할지 생각한다.

이 설계 과정에서 중요한 마음가짐은 당신의 결정적 특성을 포함시키는 특정 대안을 창출할 수 있다고 믿는 것이다. 노력과 창의성이 있으면 성공할 수 있다. 당신이 최종적으로 제안한 대안은 수권 의사 결정자에게 긍정적인 뭔가를 포함할 수 있기 때문이다. 심지어 수권 의사 결정자가 바라는 이것과는 무관한 결정을 당신의 대안에 결합시킬 수도 있다.

축구팀 코치하기

당신과 다른 아이의 부모 한 명이 초등학교 축구팀의 공동 코치라고 가정하자. 시즌이 시작할 때 두 사람은 모든 연습과 경기에 참석하기로 했다. 그런데 일이 생겨서 다음 주말 경기에는 정말 빠졌으면 하는데, 한 명이 경기 도중 팀의 모든 측면을 관리하기가 얼마나 어려운지 당신은 알고 있다. 당신은 경기에 참석하지 않으려면 다른 코치의 허락이 필요할 것 같다고 생각한다. 하지만 마지못해 그렇게 되길 바라지는 않는다.

다른 코치가 원한다면 경기 한 번 혹은 연습 두 번을 빠지는 대안을 창출할 수 있다. 또한 두 가족이 시즌 마감 팀 파티를 개최하는 생각이 떠오를 수도 있는데, 아마 다른 코치는 그걸 담당하고 싶어 하지 않는 것 같다. 그 파티의 모든 걸 혼자서 책임지는 것을 당신의 대안에 넣을 수도 있다. 그는 이 대안이 괜찮다고 생각할 듯싶다. 또한 다음 주말 경기에 불참하고 싶은 당신의 바람과 무관한 결정을 결합할 수도 있다. 당신은 사는 곳으로부터 2시간 떨어진 곳의 휴양 단지에 여름 통나무집 한 채를 갖고 있는데, 대안 중 하나로 주말 동안 그에게 그 통나무집을 쓰라고 제안할 수도 있다. 요점은 많은 가능성이 있다는 것이고, 창의적 사고를 통해 당신의 제안을 다른 사람에게 더 긍정적인 것으로 만드는 방법을 모색할 수 있다는 것이다.

결정을 결합하는 이런 일반적 아이디어는 당신이 원하는 특성이 수권 의사 결정자에게 확실히 부정적일 때 특히 중요하다. 이런 경우 당신의 결정적 가치의 관점에서 보면 양측 모두가 동시에 이익을 얻지는 못한다. 당신이 얻으면 수권 의사 결정자가 잃고, 그쪽이 얻으면 당신이 잃는다. 연봉 인상 결정도 그런 특징이 있다. 특히 아주 작은 회사의 경우가 그렇다.

당신이 20퍼센트 인상을 확실히 원한다고 결정한다면, 이 요구를 거부할 수 없는 대안을 창출하기 위해 다른 가능한 많은 측면과 결합할 수 있을 것이다. 당신이 현재 하는 업무에 덧붙여 책임을 추가로 지겠다고 제안할 수도 있다. 당신은 그걸 즐길 수도 있고, 당신의 역량이 높아지길 고대할 수도 있다. 회사의 비용 절감에 더욱 효율적이고 효과적인 방법에 관해 아이디어가 있을지도 모른다. 이런 방법을 알아내는 일을 담당하겠다고 제안할 수도 있다. 상황에 따라 당신이 바라는 월급 인상액을 이렇게 절감한 것으로 지급할 수 있고, 그것을 문서화하자고 제안할 수도 있다. 또한 수익 증대 아이디어도 있을 수 있다. 핵심은 만일 당신의 제안을 이행해서 회사의 품질이나 수익성이 높아진다면 연봉 인상이 훨씬 용이해진다는 것이다.

거부할 수 없는 대안의 사용

수권 의사 결정자의 승인을 따내는 것은 적어도 세 가지 일반적 상황에서는 매우 유용하다. 꿈을 실현시킬 때, 악몽을 피할 때, 그리고 제약을 극복할 때다. 꿈을 실현하기 위해 사용하는 것은 앞에서 거론했다. 그 밖의 두 가지 사용은 다음과 같다.

악몽 피하기. 악몽은 다른 누군가의 결정 때문에 당신이 지금 처해 있는 바람직하지 않은 상황이다. 수권 의사 결정자인 그 사람은 당신한테 불리할 결정을 내렸다. 우리는 모두 그런 상황에 가끔 처한다. 예를 들면 당신의 사장이 한 달간의 시간과 노력이 필요한 지루한 과업을 당신에게 배당했을 때다. 그림 8.2는 다른 사람의 결정이 있기 전의 원래 상태와 현재의 새로운 악몽이 나타난 일반적 상황을 잘 보여준다.

다른 사람의 결정에 따른 결과로 인해 당신이 바람직하지 못한 상황에 처해 있을 때는 그 수권 의사 결정자가 당신을 이 상황에서 빠져나가게 할 수 있다. 당신을 이 상황에서 빠져나가게 하는 것을 포함한 더 나은 대안을 창출하고 의사 결정자에게 제안하라.

이 악몽에서 벗어나려면 당신은 이 새로운 현 상태보다 당신은 물론 수권 의사 결정자한테도 더 높은 가치가 있는 대안을 창출해야 한다. 그러니까 그림 8.2의 점선 위 오른쪽에 있는 새 대안들만 인정받을 수 있다. 당신이 사용하는 사고 과정 및 절차는 당신의 꿈을 실현하게 하는 것들과 동일하다. 그림 8.2에서 대안 A와 B

그림 8.2 악몽을 피하기 위한 대안 창출하기

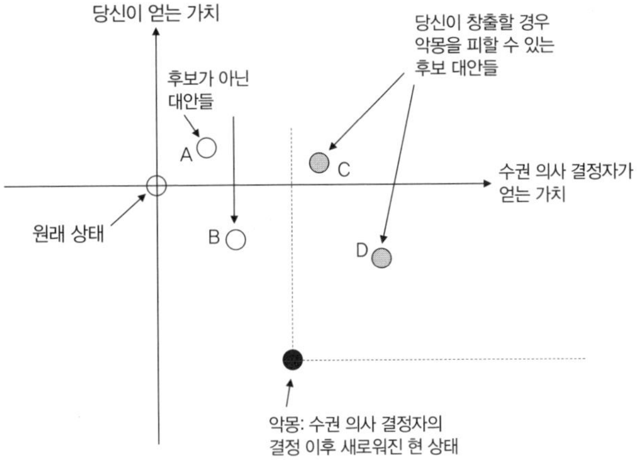

는 수권 의사 결정자한테 더 낫지 않으므로 잠재적 후보는 아닐 것이다. 만일 대안 C를 창출할 수 있다면 그것을 제안하라. 아니라면 대안 D도 당신과 수권 의사 결정자 모두에게 나을 듯하다. 대안 D가 원래 상태보다 당신에게 덜 바람직하기는 하지만 악몽보다는 훨씬 낫다.

만일 당신의 사장이 악몽의 업무를 당신에게 배당했다면 당신이 하고 싶은, 사장과 회사에 더욱 가치 있는 업무를 파악할 수도 있다. 그런 다음 사장에게 악몽의 과업 대신 더 가치 있는 큰 과업을 하겠다고 제안하라. 당신의 제안을 용이하게 수락하도록 사장이 악몽의 과업을 손쉽게 이룰 다른 방안을 당신이 제시할 수도 있다. 아마 효과적으로 외주를 줄 수도 있고, 어쩌면 사장 직급의 다른 경영자를 시급으로 고용할 수도 있다. 아울러 그 과업은 기존에 존재했거나 창출하면 되는 대학생 인턴 과정에 유용할 수도 있다. 이런 아이디어 중 하나 또는 몇몇 개의 결합이 아무런 부정적 영향 없이, 그리고 어쩌면 그 업무를 다루는 더 좋은 방법을 창의적으로 생각한 덕분에 다소 긍정적 영향을 미치며 그 악몽의 과업을 하는 데서 당신을 빠져나오게 해줄 것이다.

잠재적 악몽은 이따금 예측하고 방지할 수 있다. 흔한 사례로 가령 5명의 집단이 개별적으로 수행하지만 한꺼번에 통합해야 할 여러 과업의 완수를 요하는 뭔가를 하는 데 동의했을 때를 들 수 있다. 구체적인 두 가지 경우는 보고서를 작성해야 하는 직장 팀과 7일간의 오지 하이킹을 준비하는 친구들과 관련이 있다. 당신은 두 경우 개개인을 모두 좋아하지만 그중 일부가 미적거리는 경향이 있다. 그리고 당신은 그 일을 완수하는 과정에서 필연적으로 닥칠 수많은 소소한 문제점을 상의하는 데 엄청난 시간이 필요할 것임을 알고 있다. 당신은 이런 논의가 지루하고 시간 낭비라 생각하며, 당신한테는 곧 닥쳐올 다른 중요한 책임 업무가 있다.

이런 잠재적 악몽을 피하려면 우선 원하는 결과를 내기 위해 당신의 정당한 노력의 몫 이상을 제공할 실속 있는 일을 알아내면 된다. 그런 다음 이 업무를 곧 수행하겠다고 팀에 제안하고, 그것이 그 활동에 당신이 기여하는 방법이라고 설명한다. 그것은 둘 다 다른 사람들의 노력을 감소시키므로 그들 모두가 거부할 수 없는 대안으로 볼 게 틀림없다. 협조하기 위해 당신은 전반적인 준비를 마치려면 어느 정도 시간이 필요한 기여를 기꺼이 고려하겠다고 덧붙일 수도 있다. 당신의 능동적 조치는 닥쳐올 지루한 논의와 시간 낭비로부터 당신을 빼내줄 테고, 그럼에도 당신은 공동 프로젝트 업무에서 당신의 몫 이상을 기여할 것이다.

제약 극복하기. 가끔 당신이 이행하고 싶은 대안을 생각해낸 다음, 어떤 제약이나 규칙 또는 지침 때문에 그 대안을 이행할 수 없음을 알게 될 때가 있다. 그 제약은 정부나 기업 또는 학교 같은 권력 기관이나 부모에 의해 구축된다. 제약의 목적은 당신이 추구하고 싶어 하는 것과 같은 대안 관련 품질을 확립하거나 유지하는 것일 터이다. 이를테면 특정 강의의 신청자 수를 제한하는 대학 또는 일주일에 1일로 재택근무를 제한하는 제약을 둔 회사를 예로 들 수 있다.

보통은 신청자 수를 제한한 강의의 강사나 재택근무 관련 경영자처럼 어떤 개인이 그 제약을 강제하는 책임을 갖고 있다. 이들은 특정한 경우 그 제약을 무시하는 권한을 갖고 있을 때가 많고, 만일 그들한테 그런 권한이 없다면 누구한테 있는지 그들은 아마 알 것이다. 당신의 대안을 위해 그 제약을 철회하도록 하려면 당신이 해야 할 일이 두 가지 있다. 대안을 이행할 수 있을 만큼 타당하도록, 그리고 그것이 수권 의사 결정자에게 이익을 제공하도록—또는 반드시 손해가 없도록—설계할 필요가 있다. 이렇게 해서 수권 의사 결정자는 다른 사람은 안 되지만 당신에게는 그 제약을 철회하는 걸 정당화할 수 있고 아울러 그 제약을 부적절하게 강행하는 데 따른 불만도 막을 수 있다.

제약의 무시를 정당화하는 핵심은 당신의 대안이 특정 지침을 위반하기는 하지만 그 제약의 의도를 달성할 수 있도록 창출하는 데 있다. 대학 수업에서 학생 20명으로 신청자를 제한하는 의도는 그 수업을 듣는 학생들에게 고품질의 개별적 관심을 보장하기 위함이다. 교실 정리, 각 수업에 필요한 자료의 준비 및 처리 같은 다른 요인도 여기에 영향을 줄 수 있다. 만일 당신이 강사에게 이미 인원이 꽉 찬 수업에 합류하겠다고 요청하고 이와 같은 일을 일부 책임지겠다고 제안한다면, 강사는 부담스러운 업무를 일부 피할 수 있고 가르치는 데 초점을 맞출 수 있을 터이다.

이것이 수업의 질을 높일 것이며, 당신의 경우 강의 제한 제약을 무시하는 근거를 제공할 것이다. 당신은 그 수업의 21번째 학생이 될 가능성이 높고, 당신이 바라는 강사와 많은 상호 작용도 할 수 있을 것이다. 나아가 필요하다면 강사는 당신을 자원봉사 조교라고 말함으로써 지침 위반을 기술적으로 피해갈 것이다.

똑같은 발상을 당신이 원할 때마다 재택근무 승인을 얻는 데도 적용할 수 있다. 이 경우 당신은 처음에는 회사의 주 1회 제약을 따를 수 있다. 더 많은 그리고/또는 더 나은 품질의 작업을 하는 데 재택근무를 함으로써 당신이 하루에 2시간을 절감할 수 있도록 해보라. 재택근무를 통해 더 많은 기여를 하기 위해 당신이 수행한 업무의 구체적 사항을 문서화할 수 있어야 한다. 주 2회 또는 가끔 3회의 재택근무를 하고 싶은 당신의 희망을 논의할 때 직장 동료들과의 상호 작용이 당신의 생산성에 중요하다는 것과 사장이나 동료들이 요구할 때마다 사무실에 직접 나오겠다는 것을 확실히 언급하라. 재택근무가 사장으로 하여금 당신을 위해 재택근무 제약을 무시할 명확한 정당성을 제공할 때 당신의 생산성은 더욱 높아지고 직장 생활도 더 나아진다. 그것은 아울러 허용치 이상으로 재택근무를 자주 하고 싶어 하는 다른 이들에 대해 높은 기준을 설정하기도 한다.

만실인 호텔에서 예약 따내기

2013년에 동료인 요하네스 시버트와 같이 일하고, 가치 중심적 의사 결정에 관한 단기 강좌를 하고, 대학 세미나에서 발표도 해달라며 독일의 바이로이트 대학에서 나를 일주일간 방문 교수로 초대했다. 바이로이트는 해마다 유명한 리하르트 바그너(Richard Wagner) 페스티벌이 열리는 곳이다. 그해 2월 나의 방문 날짜가

5월 20일부터 24일까지로 정해졌다. 보통 때라면 바이로이트의 모든 호텔은 연중 이맘때 절반 정도만 찬다. 나는 온라인 검색으로 묵고 싶은 호텔을 찾았다. 골데너 앙커(Goldener Anker) 호텔은 1753년 창업한 이래 같은 가문이 소유한 역사적인 곳으로 시내 중심에 위치해 있다.

요하네스가 5월 19일 일요일부터 5월 25일 토요일까지 6일간 예약을 하겠다고 했다. 하지만 그는 5월 21일이 만실이라 방이 없다는 걸 알았다. 마침 5월 22일은 바그너 탄생 200주년이었고, 수많은 오페라 팬을 바이로이트로 불러들이는 1일 특별 행사가 있었다. 내가 원하는 나머지 5일 동안은 호텔이 절반도 차지 않았다. 호텔은 방이 50개가 넘었고 행사는 3개월 정도 남았으므로 한 건 이상의 예약이 취소되길 고대하는 게 마땅했다. 게다가 호텔은 '미래의 상황'에 대비해 분명 방 몇 개는 여유분으로 놔뒀을 터였다. 요하네스는 1인실 표준 가격이 연중 이맘때에는 1박에 100유로이지만 5월 21일에는 1박에 200유로라는 것도 알았다.

이 정보를 가지고 요하네스는 접수 담당 직원과 얘기했다. 그리고 나를 위해 6일치 예약을 하는 게 5월 21일과 나머지 5일간 빈방으로 200유로를 받는 것에 비교하면 1박에 100유로씩 600유로가 들어오는 셈이라고 설명했다. 접수 직원은 5월 21일에는 방이 없으므로 그런 예약을 할 권한이 자기한테는 없다고 했다. 요하네스는 그녀에게 감사를 표하며 매니저와 얘기하게 해달라고 요청했다. 매니저는 나를 위해 6일간 예약을 받는 게 호텔에는 당연히 이익임을 인정했고, 그에게는 그렇게 할 권한이 있었다. 알고 보니 그 호텔은 묵기에 아주 좋은 곳이었다.

이 사례에서 두 가지 측면에 주목할 만하다. 첫째, 제약을 무시하기 위해 다른 대안을 창출할 필요가 없었다. 특정 6일간 예약이라는 대안은 여전히 같았다. 그것이 제약을 따르기보다 호텔에 훨씬 더 나은 대안이었기 때문이다. 둘째, 처음 그 제약을 제기한 접수 담당 직원에게는 그걸 무시할 권한이 없었다. 그 권한을 가진 수권 의사 결정자를 찾는 게 확실히 결정적이었다.

가치 중심적 협상

당신은 아마도 인생에서 많은 협상에 참여해봤을 것이다. 비록 대부분의 '협상'을 공식적 협상으로 인식하지 못했겠지만 말이다. 10대 청소년과 부모는 하룻저녁 차량 사용에 관해 협상할 수 있다. 당신과 동료는 중요한 프로젝트를 완료하는 데 한 달의 시간이 남았으므로, 공동 프로젝트 계획을 진행하고 누가 어떤 부분을 수행할지와 일정을 협상한다. 새 차나 중고차 또는 주택 구매에 관여한다면 당신은 이것들 다수를 협상으로 인식한다. 고위급 고용의 경우 대부분 책임, 자원, 보상과 관련한 협상이 있다.

협상에 관한 책은 많다.[2] 여기서는 다른 저자들이 아주 명확하게 말한 내용을 반복하지 않겠다. 대신 협상에서 이득을 얻는 넛지를 준비하고 창출하는 데 가치 중심적 개념이 어떻게 중요한 보충 역할을 하는지 설명하겠다. 아이디어가 다자간 협상과 관련이 있더라도 도식에는 양측 당사자, 당신 그리고 내가 당신의 협상 파트너라고 부르는 개인이 있는 협상도 포함된다. 당신의 협상 파트너는 당신의 관점에서 봤을 때 수권 의사 결정자다. 그것을 이행하려면 그 또는 그녀가 당신이 좋아하는 대안을 수락해야 하기 때문이다.

협상 파트너의 가치 알기. 어떤 협상에 당신이 미치는 영향은 그 협상에서 당신이 내리는 개별 결정에서 비롯하는 반면, 협상 결과 당신에게 누적되는 영향은 그 협상에 대한 특정 합의를 수락하는 공동의 결정에서 생긴다. 그러면 이런 결정에 당신은 왜 관심이 갈까? 당신이 직면하는 어느 결정이든 똑같은 대답은 당신의 가치다. 협상으로부터 당신은 더 나쁜 결과를 얻기보다 오히려 더 나은 결과를 가져올 테고, 당신의 가치는 그 협상에서 당신이 신경 쓰는 것을 구체화한다. 당신이 협상으로 달성하고 싶은 게 무엇인지 모른다면 어떤 것도 성공적으로 협상하지 못할 터이다. 따라서 어떤 협상에서든 당신의 가치를 아는 것이 필수다.

협상에서 결정의 확연한 특성은 당신이 겪는 결과가 협상 파트너뿐 아니라 당신 자신의 결정에도 달려 있다는 것이다. 당신은 당연히 당신 자신을 위해 협상하고 당신의 협상 파트너는 그 또는 그녀 자신을 위해 협상하기는 하지만, 당신이 파트너의 가치를 아는 것은 중요하다. 협상을 통해 당신이 원하는 뭔가를 달성하기 위해서는 파트너가 동의해야 한다. 동의할지 말지에 관한 그 또는 그녀의 결정은 당신이 제안한 동의 협상이 그 또는 그녀의 가치를 얼마나 잘 달성하는지에 달려 있다. 그러므로 협상에 대한 당신의 가치 중 하나는 당신이 자신을 위해 바라는 것도 제공하는 동의 협상을 당신의 파트너가 수락할 수 있도록 그 또는 그녀를 충분히 만족시키는 것이 되어야 한다.

> 다른 당사자와의 협상에서는 그들의 가치를 철저히 아는 게 중요하다. 그들의 가치를 알면 당신은 당신이 바라는 것을 제공하면서 동시에 그들에게 이익이 되고 수락할 만한 대안을 창출할 수 있다.

파트너의 가치를 더 잘 알면 알수록 당신이 고려 중인 대안이 그들에게

> 당신의 협상 파트너가 만일 당신이 신경 쓰지 않는 가치를 갖고 있다면 당신도 거기에 신경을 써야 한다. 당신이 그 가치를 인정하는 것이 바람직한 동의 협상을 달성하는 데 핵심일 수 있다.

얼마나 바람직한지, 그리고 그것이 그들의 현 상태보다 나은지, 그리하여 받아들일 만한 가능성이 있는지 더 잘 평가할 수 있다. 또한 고려 중인 대안이 그들에게 훌륭한 거래인지도 알아볼 수 있다. 만일 그렇다면, 당신한테는 더 낫고 그들의 이익은 약간 줄이는 수정 대안을 창출할 수도 있다. 이 바뀐 대안이 당신과 그들 사이의 협상에서 이익의 균형을 더 잘 잡아줘서 양측이 수락할 만한 게 될지도 모른다.

가치 사이의 거래가 포함된 대안 창출하기. 가장 중요한 협상에서는 각 협상가들이 다중의 가치를 갖고 있기 마련이다. 또한 당신의 협상 파트너가 당신이 전혀 신경 쓰지 않는 가치를 갖고 있을 수도 있다. 그러나 만일 당신의 파트너가 신경 쓴다면, 당신도 거기에 신경을 써야 한다. 그런 가치의 존재와 그것을 당신이 인정하는 게 당신이 바라고 당신의 협상 파트너도 만족시키는 모든 것을 제공하는 동의 협상에 이르는 핵심인지도 모른다.

중고차 구입하기

당신의 아들이 2개월 뒤 대학에 가는데, 그를 위해 중고차를 한 대 물색하고 있다고 치자. 6000달러 이상은 지불하고 싶지 않고 5000달러 정도가 적당한 것 같다. 한 달 넘게 수소문했는데 당신의 가격대로는 적당한 매물을 찾지 못했다.

그런데 어제 한 이웃이 자기 동료가 회사의 런던 본사 발령을 막 수락했다고 알려줬다. 그는 한 달 뒤 떠날 테고 그 전에 차를 팔 것이다. 이웃은 당신이 그에게 연락해 차에 대해 알아보도록 도와준다. 판매자가 6800달러를 원한다는 점을 빼면 정확히 당신이 원하는 조건이다. 물론 그 차는 6800달러 이상의 가치가 있다고 생각하지만 당신이 지불하고 싶은 것보다 많은 액수다.

판매자의 가치를 생각해보니, 다음 달까지 차 없이는 그의 생활이 매우 어려울 듯하다. 논의를 하던 중 무심코 차를 팔고 나서는 어떻게 할 거냐고 묻자 그는 아마 차 한 대를 렌트해야 할 것이라고 말한다. 당신은 그 비용과 불편이 그에게 800달러 이상의 가치일 것이라고 생각한다. 당신은 아들이 대학에 입학하는 향후 2개월 내로 인수하기만 한다면 언제 차를 받아도 상관없다.

이 정보를 가지고 당신은 그가 거부할 수 없는 대안을 창출한다. 당신은 자동차 값으로 6000달러를 제안하고 판매와 양도는 그가 런던으로 출발하기 전 아무 때나 해도 된다고 말한다. 판매자는 이렇게 말한다. "이런 조정은 생각해보지도 않았네요. 괜찮은 생각이고, 제게는 아주 편리하게 들립니다. 그렇게 하시죠."

당신은 언제 차를 인도받아도 상관없지만, 판매자한테는 다음 달까지 자신의 차를 갖고 있는 게 아주 중요했다는 점을 기억하라. 그것은 당신과 무관한 가치로 그를 만족시키는 대안을 창출할 수 있었기 때문에, 그리고 그 대신 당신에게 아주 중요한 판매 가격 인하를 그가 받아들일 수 있도록 했기 때문에 당신에게 의미 있었다. 사실 그것은 동의 협상을 찾는 데 필수였다.

이와 같은 개념은 양측 모두가 특정 가치를 신경 쓴다 해도 적용할 수 있다. 결정적 특성은 특정 가치에 대해 주어진 결과를 변화시키는 것의 중요도가 당신과 당신의 협상 파트너한테 다르다는 것이다. 당신이 한 달 뒤가 아니라 지금 차를 받는 걸 사실은 선호하지만 이것이 그다지 중요하지는 않았다고 치자. 얼마나 중요한지 명확히 밝히기 위해 당신은 지금 6800달러에 차를 인도받거나 한 달 후 6000달러에 인도받는 것의 상대적 중요도가 당신한테 어떤지 생각해볼 수 있다. 한 달 먼저 차를 인도받는 것보다 800달러를 아끼는 게 약 5배 더 중요한 듯하다. 따라서 한 달 뒤와 비교해 지금 차를 인도받는 게 당신에게는 약 160달러의 가치인 셈이다. 하지만 지금보다 한 달 뒤에 차를 파는 것은 판매자에게 적어도 800달러의 가치가 있다.

타이밍이 중요할 때는 한 달 후 6000달러에 그 차를 구매하겠다는 제안이 당신한테 약간은 덜 바람직할 수 있겠지만, 이런 합의는 당신에게 여전히 좋은 거래다. 그것이 당신의 6000달러 지침을 충족시켰으며, 당신은 그 차의 가치가 그보다 더 크다고 느꼈기 때문이다.

각각의 가치를 개별적으로 다루면서 대안을 구축하는 어리석은 행동. 보통 모든 협상자의 모든 가치에 타당성을 부여하고 개별적으로 균형을 맞추는 동의 협상안을 구성하는 것은 상당히 어리석다. 앞의 사례는 이처럼 중요하지만 흔한 오류를 입증하는 데 유용하다.

자동차 매매 가격 범위는 판매자가 원하는 가격 6800달러와 구매자가 지불하고 싶은 최대 6000달러 사이에 있음을 감안할 때 사람들은 6400달러가 경계 가격의 절반이므로 공정하다고 선택할 것이다. 매매 날짜의 범위는 구매자가 선호하는 오늘부터 판매자가 선호하는 한 달 이후 사이에 걸쳐 있다. 한 달이 4주라고 가정하면 똑같이 공평해 보이는 절차는 2주 후에 차의 소유권을 이전하는 것으로 귀결될 터이다. 종합하면 2주 뒤 6400달러에 차를 이전하는 대안이 있다. 판매자는 더 높은 가격을 바라고 여전히 차를 대여하는 불편과 비용도 겪어야 할 것이므로 여기에 대해

"아니요"라고 말할 가능성이 높다. 구매자 역시 자신이 감당할 수 있는 가격 이상이므로 이 대안을 거절할 것이다.

이런 어리석은 절차는 6800달러와 6000달러 사이의 가격 차이가 두 협상가에게 매우 다르게 평가될 수 있다는 사실을 설명하지 않는다. 게다가 양도 시기의 차이도 매우 다르게 평가될 수 있다. 대부분의 협상을 각 당사자한테 유익하게 만드는 것이 바로 이런 가치의 차이다. 이 차이가 크면 클수록 각 당사자한테 협상 가능한 동의를 파악하기 더 쉽고, 각자에게 더 나은 조건을 제시할 수 있다. 이것이 한 달을 꽉 채우고 6000달러에 차를 양도하는 대안이 2주 뒤 6400달러에 양도하는 것보다 양쪽에 더 나은 이유를 설명해준다.

합의 후 개선 창출하기. 당신이 처음에 원가 외 가치(non-cost values: 가령 안전 설비, 주행의 질, 본체 상태)의 관점에서 성능 좋은 차에 대해서는 7000달러까지 지불하기로 결정했다고 치자. 런던으로 이사할 사람이 내놓은 차를 점검해보니 완벽한데 요구 금액이 6800달러다. 당신은 그 차를 구입하겠다고 제안한다. 왜냐하면 당신이 기꺼이 지불할 가격보다 더 적고, 그러면 아들에게 차를 마련해주는 일이 끝나기 때문이다. 협상을 마친 계약서에 서명하고 수표를 전달하면 차는 당신 소유가 된다.

이 합의로 당신과 판매자는 그림 8.3에 나와 있듯 상황이 더 나아졌다. 이제 당신은 협상을 마친 합의와 비교해 각각의 상황을 다시 한번 향상시킬 수 있는 협상을 약간 더 고려하는 게 유용하겠다는 생각이 들 수 있다. 당신은 윈윈(win-win) 대안을 찾기 위해 앞에서 기술한 것과 똑같은 과정을 사용하는데, 지금은 6800달러를 지불하고 그 차를 집으로 가져간다는 합의의 현 상태에 관해 대안을 고려하고 있다.

그림 8.3 합의 후 개선된 해결책 창출하기

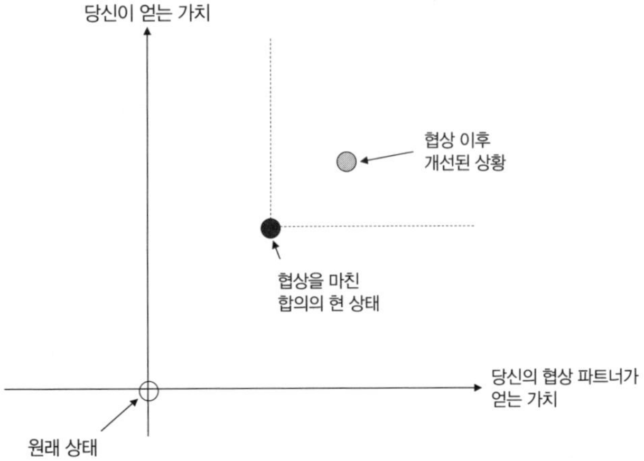

당신은 판매자에게 다음 달에 어떤 이동 수단을 이용할지 물어볼 수 있다. 이야기는 앞에서 말한 내용과 같다. 즉, 그는 차를 대여해야 할 것이다. 당신은 이번 달에 당신한테 그 차가 별로 필요하지 않다는 것을 밝힌 다음 한 달 뒤 6000달러에 매매할 것을 제안하고, 판매자는 이를 수락할 수 있다. 만일 그럴 경우 그는 6800달러짜리 수표를 반환하고 당신은 한 달 뒤 차를 픽업할 때 6000달러를 지불하겠다는 계약을 한다. 이는 그림 8.3의 협상 이후 개선된 상황처럼 당신과 판매자 모두에게 추가적인 이득을 가져올 것이다.

당신은 이 사례에서 구매자가 처음부터 6800달러에 차를 구입하는 데 합의하지 말고 한 달 뒤 6000달러에 차를 양도받는 제안을 왜 하지 않았는지 의아할 수도 있다. 주된 이유는 구매자가 정말 그 차를 원한다는 것이고, 6800달러의 가격에 구매하기로 합의하는 것이 언쟁이나 실수 없이 협상의 가장 중요한 측면을 마무리할 수 있도록 보장하기 때문이다.

처음부터 6000달러에 한 달 후 차를 넘겨달라고 제안했다면 판매자는 이를 나쁜 거래로 받아들일지도 모른다. 자신이 요구한 6800달러보다 한참 밑이기 때문이다. 게다가 그가 소유권은 한 달 뒤에 넘겨주면서 6000달러 이상의 가격으로 다른 사람에게 차를 팔면 되겠다는 아이디어를 얻을 수도 있다. 하지만 그가 이미 오늘 소유권 이전과 함께 6800달러에 그 차를 팔았다면, 그의 참고 기준—현 상태의 합의로 나타나는—은 원래 상태와 다르다. 아마도 자신의 차를 운전하는 편리함과 또 다른 차를 대여하는 데 지불할 800달러는 좋은 거래일 것이다. 이 협상 후 제의가 받아들여지지 않더라도 당신한테는 여전히 차가 있고 그게 당신이 가장 중요시하는 것이다. 당신의 가치는 협상 과정에서 당신이 내리는 결정뿐 아니라 합의 이후의 개선에 관한 결정도 이끌어야 한다.

협상 이전의 긍정적 영향. 협상 이전에 잠재적 협상 파트너는 자신들에게 협상을 보장하기에 충분히 양립할 수 있는 이익이 있는지 알기 위한 미팅을 종종 갖는다. 한 예로 개인과 회사 간 잠재적 취업 및 고용 미팅이 있다. 만일 협상을 추구한다면 당신의 가치를 어떻게 전달하느냐가 흔히 모든 취업 제의의 상대적 질을 긍정적으로 넛지할 수 있다.

더 큰 조직의 경우, 일자리 제의의 세부 사항을 마무리하는 논의는 종종 인사부 직원과 함께 이뤄진다. 그 또는 그녀는 직장에서 무엇을 달성하고 싶은지, 그리고 가끔은 구체적으로 월급이 당신에게 얼마나 중요한지 묻기도 한다. 지나치게 돈에 연연하는 것으로 들리지 않길 바라는 경향이 있으므로, 아마 당신은 기여·팀워크·학습이 직장의 가장 중요한 측면이고, 그다음이 좋은 업무 관계와 재미일 거라고 말한다. 돈은 관련이 있지만 다른 항목들과 동등한 수준은 아니라고 응답할 것이다. 그 결과 당신은 당신이 좋아하는 제의를 받거나 아니면 적어도 수락할 것이다.

하지만 당신의 가치를 달리 소개하는 게 더 잘 먹힐지도 모른다. 첫째, 인사부 직원은 초봉 외에 기여, 학습, 재미 같은 위의 가치에는 거의 영향을 미치지 않는다는 점을 인식하라. 위의 모든 가치에 덧붙여 당신은 "연봉 역시 아주 중요합니다. 학자금 대출이 상당히 많기 때문입니다" 또는 "부모님을 부양하는 게 대단히 중요합니다" 또는 "직장 근처에서 적정선으로 생활하는 비용을 감당할 수 있어야 합니다" 식의 방향으로 말할 수도 있다. 이는 만일 회사 측에서 당신이 회사의 제의를 받아들일 확률을 높이고 싶다면 아마 가능한 범위에서 더 높은 수준의 연봉을 제안해야 한다는 신호를 인사부 직원에게 보낸다.

친구나 가족의 집단 결정에 대한 대안

나는 보통 친구나 가족과의 공동 결정을 비록 각각 구조는 비슷하지만 협상보다는 집단 결정으로 생각한다. 협상에서는 참가자들이 주로 자신을 만족시키는 데 관심을 두는 경향이 있다. 집단 결정에서는 참가자 한 명 한 명이 보통 다른 참가자 각각을 만족시키는 데도 관심을 가진다. 그러면서도 각각의 참가자가 다른 사람의 시각에서 봤을 때는 수권 의사 결정자다. 기본적으로 각자가 집단 전체가 추구할 대안에 거부권을 행사할 수 있기 때문이다.

집단 결정의 흔한 부류는 몇 명의 친구나 동료가 각자에게 개인적 영향을 미칠 대안을 함께 선택해야 할 경우와 관련이 있다. 다음에 논의할 아이디어는 이따금 약간 더 큰 집단에 유용할 수도 있지만, 내가 말하는 '몇 명'은 2~5명을 뜻한다. 결정 사례에는 어떤 활동을 같이할지, 주말 모임에 어디서 만날지, 요구받은 업무를 어떻게 정리할지 등이 속한다.

간단한 예가 이해를 도울 것이다. 두 사람이 함께 괜찮은 저녁 식사를 어디서 할지 결정한다고 하자. 한 사람이 다른 사람에게 어떤 종류의 음식을 먹고 싶은지 묻는다. 겉으로 보기에는 대답하기 쉬울 것 같지만 신중한 사람한테 이 대답은 어쨌든 그렇게 쉽지 않을 수 있다. 복잡성은 응답자가 두 가지 가치, 즉 자기 자신을 기쁘게 한다는 것과 친구를 기쁘게 한다는 가치를 갖고 있다는 사실에서 생긴다. 그의 친구도 아마 자신의 가치와 똑같은 고려 사항을 갖고 있을 터이다. 그는 친구가 프랑스 레스토랑에서 먹는 쪽을 좋아할 것 같다고 생각하는데, 이것이 자신의 첫 번째 선택은 아니지만 그런대로 괜찮아서 프랑스 레스토랑을 제안한다. 친구는 이 제안을 그의 선호도로 해석하고 사실 자신의 첫 번째 선택은 아니지만 평화롭게 동의한다. 그런데 프랑스 레스토랑에서 저녁을 먹으며 얘기하던 중 그들은 각자가 태국 레스토랑이었다면 훨씬 더 좋았을 거라고 생각한다.

친구나 동료가 공동의 결정에 직면하면 종종 열등한 대안을 제안하고 차후에 선택한다. 사람들 각자가 다른 이를 기쁘게 하는 데 신경 쓰기 때문이다. 각각의 사람은 자신의 가치와 잠재적 대안에 대한 선호도는 아주 잘 알지만 보통 다른 사람의 선호도는 잘 알지 못한다. 그들은 분명 다른 사람이 아는 것만큼 그 사람의 선호도를 잘 알고 있지 않다. 그러므로 이런 상황에서는 자신에게 넛지해 이런 단점을 피하고 더 나으면서도 흔히 훨씬 더 빠른 결정을 내리기 위해 간단한 방법을 사용하라. 핵심은 정보가 풍부한 집단 결정을 내리는 데 필요한 두 가지 고려 사항을 분리하는 것이다. 첫째, 각 집단 구성원의 대안에 대한 선호도를 얻어내라. 그런 다음 집단 평가를 제공하기 위해 그 선호도를 결합하라.

레스토랑 선정하기

위의 레스토랑 사례에서 한 사람이 "우리 각자가 개인적으로 좋아하는 것에 대한 자신의 가치만 우선 생각해보자. 그런 다음 오늘 저녁 식사를 위해 상위 서너 곳의 레스토랑에 순위를 매겨보자" 식으로 말할 수도 있었을 것이다. 일단 우리에게 이런 정보가 있으면 어디서 먹을지 쉽게 선택할 수 있다.

이 대안에 의하면 한 사람의 순위는 태국, 이탈리아, 일본, 프랑스 레스토랑이었다고 치자. 다른 한 사람의 선호도는 모로코, 태국, 프랑스 레스토랑 그리고 스테이크집이었다. 확실히 양쪽이 프랑스 레스토랑보다는 태국 레스토랑을 선호한다. 또한 한 사람의 첫 번째 선택인 모로코를 제외한 어떤 레스토랑도 순위 정보를 감안할 때 태국 레스토랑보다 선호되지 않았다. 모로코와 태국 레스토랑 사이의 호감도 격차가 자신한테 크지 않다고 생각한다면, 그는 아마도 확실한 쪽을 말할 것이다. "태국 레스토랑에서 저녁 먹자."

만일 여러 친구 집단이나 가족 또는 학교 집단이 이런 공동의 결정에 직면한다면, 그 과정과 절차는 약간 더 복잡하다. 첫째, 각각이 오직 개인적 관점에서만 자신이 원하는 대안에 대한 아이디어를 내놓는다. 그들의 제안을 전체 대안 목록에 합친 다음, 각자가 이 목록에 있는 대안의 순위를 매기거나 그냥 개인적 취향의 관점에서 자신의 상위 5개 대안을 말한다. '개인적 취향'이란 개인이 다른 사람의 판단이나 기분을 고려하지 않고 좋아하는 것을 의미한다. 각자 자신의 대안에 대한 개인적 취향에 있어서는 전문가이므로 이 순위는 확실한 집단 결정을 내리는 데 필요한 모든 정보의 요약을 나타낸다. 이 순위와 레스토랑 사례에서 살펴본 약간의 상식을 활용하면 하나의 대안이 확실하게 최선이 될 수 있다. 그게 아니면, 여러 잘못된 대안을 빼버리고 비교적 짧은 경쟁 대안의 목록을 알아내는 것도 틀림없이 가능할 것이다.

> 확실한 집단 결정을 내리기 위해 당신에게 필요한 기본적인 정보는 각 집단 구성원이 고려 중인 대안에 대한 개인적 취향이다.

이 경쟁 대안의 장단점을 논의하면 분명히 공동으로 합의할 수 있는 결정의 기초가 마련될 테고, 개인 각각을 흔히 만족시킬 것이다. 이 과정은 현실적인 모든 대안을 적절히 고려하는 전면적 참여를 가능케 하며, 활용하고 이해하기도 쉽다.

조직의 결정에 대한 추가적 생각

기업, 기관, 정부 조직에서는 대부분의 사람이 누군가에게 보고한다. 흔히 대안을 선택하는 업무 대부분은 어떤 위치에 있는 한 개인이나 집단에 의해 수행된다. 그 결과는 대개 더 높은 위치의 수권 의사 결정자인 경영자에게 보내는 추천 대안이다. 바꿔 말하면, 하급직일수록 실행할 대안을 추천하고 고위급일수록 그 추천을 수락하거나 거부한다. 거부에는 아마도 하급직에서 좀더 많은 정보와 지침을 가지고, 혹은 추천한 대안을 수정한 것을 실행해 차후에 유사한 결정 과정을 시작하는 일이 수반될 것이다. 그 지침에는 수권 의사 결정자가 이 결정을 내려 달성하고 싶은 완벽한 일단의 목표가 틀림없이 들어 있을 것이다. 아울러 이 수권 의사 결정자가 생각하기에 권장 사항을 창출할 때 고려하거나 고려하지 말아야 할 대안은 알아두면 매우 유용할 것이다.

> 기업 및 조직의 많은 결정은 수권 의사 결정자에게 보고하는 팀에 의해 검토 및 평가된다. 결정을 다루기 전에 그 수권 의사 결정자의 가치를 이해하는 것이 그 보고서의 영향력을 상당히 높일 것이다.

조직에서는 협상이 자주 벌어진다. 가령 고용이나 홍보 또는 핵심 인물의 해고를 포함하는 것처럼 개인 간의 내부 협상이 있다. 제품 개발, 영업, 곧 출시될 제품을 위한 마케팅처럼 회사 내 집단 간의 협상도 있다. 어떤 이들은 이런 상호 작용을 협상의 특성이 많기는 하지만 논의라고 부른다. 이런 상황에 처한 모든 집단은 가령 초히트 상품 같은 공통의 전략적 목표가 있겠으나, 이 전략적 목표에 기여하는 다른 구체적 목표가 있을 수도 있고 이러한 목표는 적어도 일부는 서로 상충될 것이다.

또한 조직 간에도 수많은 조직 협상이 있다. 회사는 당연히 공급업체 및 특정한 의뢰인과 협상할 것이다. 정부 기구는 비슷한 활동과 관련된 여러 주(州) 기관과 협상할 수도 있다. 고위급에서 조직 간의 협상은 계약, 합병, 혹은 공동의 목적을 위해 협력할 그 밖의 중요한 방안을 고려한다.

다른 당사자를 포함하는 모든 조직 결정의 경우, 목적은 내부의 조직 결정과 같다. 바로 좋은 대안을 파악해 실행하는 것이다. 다른 당사자가 결정에 개입할 때의 차이점은 이런 대안이 당신의 조직뿐 아니라 그 다른 당사자에게도 좋은 대안이어야 한다는 것이다. 물론 이런 어떤 상황에서도 당신의 가치를 철저하게 이해하는 것은 필수다. 아울러 만일 당신이 그 다른 당사자, 또는 당사자의 가치를 최대한 잘 이해하려 노력한다면, 탁월한 대안을 파악하고 이행할 훨씬 더 좋은 입지에 있게 될 것이다. 이러한 이해가 있다면 당신은 그들과 자신을 위해 더 나은 대안을 창출하고, 당신의 제안과 행동에 대한 그들의 행동과 반응을 더 잘 예상하고, 의사 결정 과정 전체에 걸쳐 좀더 생산적인 방식으로 대응할 수 있을 것이다.

09

가치 중심적 의사 결정자가 되어라

가치 중심적 의사 결정자는 결정을 내리는 힘을 사용해 자신의 삶의 질에 영향을 미칠 수 있다는 사실을 안다. 그들은 더 나은 결정을 내리도록 자신에게 넛지하는 특정한 가치 중심적 개념 및 절차를 적극적이고 능동적으로 사용한다. 더 나은 결정을 내리도록 스스로 넛지하는 가치 중심적 의사 결정을 일상적으로 사용하려면 그것의 네 가지 핵심 개념을 적용하는 기술을 길러야 한다. 대부분의 의사 결정자의 기술에 포함되어 있지 않은 이 개념은 다음과 같다.

1. 가치 파악하기. 당신이 직면한 결정과 관련해 당신이 신경 쓰는 것의 완벽한 목록을 창출하기 위해 시간과 노력을 할애하라.
2. 대안 창출하기. 당연하거나 주어진 대안을 그냥 받아들이지 말라. 현재 인식한 대안보다 나은 새로운 대안을 창출하려고 노력하라.

3. 결정 기회 생성하기. 당신의 삶을 더 낫게 만들고 어쩌면 미래의 결정 문제를 차단해줄 결정 기회를 능동적으로 창출하라. 문제가 일어나길 그저 기다리지 말라.
4. 다른 사람을 만족시키는 대안 설계하기. 당신이 원하는 대안을 이행하기 위해서는 흔히 다른 누군가의 승인이 필요하다. 그 다른 사람의 가치를 이해하고 당신이 바라는 대안이 그 또는 그녀의 가치의 관점에서 봤을 때 그 또는 그녀의 이익을 포함하도록 변경하는 것이 중요하다. 반드시 시행할 대안은 바로 새로 개발한 이 윈윈 대안이다.

가치 중심적 의사 결정 기술 마스터하기

가치 중심적 의사 결정의 기술을 마스터하기 위해서는 핵심적인 이 네 가지 가치 중심적 개념과 테크닉을 당신의 결정에 사용하는 방법을 익힐 필요가 있다. 이러한 개념을 반복적으로 사용하면 더 나은 결정으로 이어지고 그것들을 적용하는 연습이 될 것이다. 연습을 더 하면 할수록 당신은 자연히 가치 중심적 의사 결정에 더 능숙해지고 일상에서 더 나은 결정을 내리도록 자신에게 넛지하게 될 것이다. 최근의 두 연구는 삶을 향상시키기 위해 주도권을 잡고 앞에서 말한 가치 중심적 의사 결정 기술을 개발 및 사용하는 데 능동적인 사람이 다른 이들보다 자신의 결정에 대한 만족도가 더 높을 뿐 아니라 한층 만족스러운 삶을 누린다고 밝힌 바 있다.[1]

가치 중심적 의사 결정 기술을 키우는 방법을 학습하고 연습하는 이 과정은 운동을 하거나, 악기를 연주하거나, 글을 쓰거나, 요리를 하는 것처럼 다른 기술을 발전시키는 데 필요한 학습 및 연습과도 유사하다. 개념적으로는 이런 활동을 수행하기 위해 거기에 대한 책을 읽어 방법을 익힐 수도 있지만, 상당한 연습 없이는 이 기술에 능숙해지지 않을 것이다. 의대생이 학습한 것을 연습하는 인턴 과정이 긴 이유도 그 때문이다. 수술에 관한 모든 것을 배웠지만 연습을 전혀 하지 않은 외과 의사에게 누가 수술을 받고 싶겠는가?

> 당신의 의사 결정 기술을 향상시키려면 더 나은 결정을 내리는 방법을 계속 배우고 당신이 학습한 것을 지속적으로 연습해야 한다.

의사 결정을 향상시키기 위해 앞에서 제시한 네 가지 가치 중심적 기술을 모두 발전시키려면 세 가지 단계가 필요하다.

1. 그것들을 실행하는 데 필요한 개념과 테크닉을 배우고 이해하라.
2. 이 개념과 테크닉을 익숙하고 중요도가 덜한 결정에 사용하는 연습을 하라. 그리고
3. 가치 중심적 개념 및 테크닉을 당신의 결정을 향상시키기 위해 생각할 만한 결정에 적용하고 가치 중심적 개념을 지속적으로 적용하는 능력을 키워라.

전반적으로 1단계를 다루는 5장부터 8장까지는 앞의 네 가지 개념 각각에 관한 세부 사항과 당신의 결정을 향상시키기 위해 그것들을 사용하는 방법을 제시했다.

이번 장에서는 2단계를 추구할 때 당신을 이끌어줄 내용을 소개한다. 그 개념을 사용하는 기술을 발전시키려면 처음에는 각각 따로 연습하는 것이 유익하다. 각각의 개념을 사용하는 연습을 하기 위해 아래에서는 당신이 예전에 직면했던 결정과 비슷한 몇몇 기본 결정을 소개할 것이다.

이 기본 결정을 당신이 직면했거나 직면할 결정을 나타내는 개인적인 것으로 국한해도 된다. 이 결정에 그 개념을 적용하면 당신이 그것을 적용해 창출하는 정보를 이해할 수 있을 것이다. 이것이 처음의 기술을 발전시켜 당신의 모든 결정과 연관된 가치 중심적 의사 결정 개념을 적용하도록 도와줄 것이다.

> 의사 결정을 향상시키려면 중요한 의사 결정 기술의 기초를 이루는 개념 및 테크닉을 배우고 능숙해지기 위해 그것들을 익숙한 결정에 사용해야 한다. 그러고 나서 이러한 기술을 당신의 모든 생각할 만한 결정에 수시로 적용하면 된다.

3단계는 당신이 당연히 하고 싶어 하는 일, 바로 당신이 직면한 중요한 결정에 새로 개발한 가치 중심적 의사 결정 기술을 적용하는 것이다. 그것은 이 결정을 향상시키는 것 외에도 당신의 기술을 계속 발전시키는 연습 역할도 한다. 당신이 현재의 모든 결정을 내리는 방법에서 얻는 교훈은 향후 다른 결정을 얼마나 잘 내릴지와 관련이 있다.

가치 중심적 의사 결정 개념을 결정에 사용할 때마다 그것은 당신이 더 나은 선택을 하도록 넛지한다. 그러나 당신이 일상적으로 모든 적합한 개념을 결정에 사용하기 시작하면, 그 이익은 금융 투자의 복리와 비슷한 방식으로 혼합된다. 어떤 결정에 대한 가치를 더 잘 이해하면 다른 결정에 대한 특정 가치를 좀더 빨리 파악할 수 있고, 이것이 좋은 결정을 내리는 데 필요한 시간을 줄여준다. 특정 결정에 대한 가치를 알면 더 나은 대안을 창출하는 능력도 발전한다. 따라서 당신은 더 나은 결과로 이어지는 더 나은 결정을 내릴 수 있다. 그 결과, 미래 결정 문제의 빈도와 심각성이 둘 다 줄어들고, 이로써 그렇지 않았다면 일어났을 그 결정 문제를 다루는 시간과 번거로움이 절감된다. 부분적으로 이런 상호 관계 때문에 당신의 의사 결정 기술이 나아지면 당신의 삶도 나아질 것이다.

당신은 연습을 통해 가치 중심적 의사 결정을 마스터할 테고, 그것이 결정을 다루는 당신의 자연스러운 방식이 될 것이다. 당신이 더 능숙해지면 능숙해질수록 그것은 본질적으로 습관이 된다. 당신은 생각할 만한 모든 결정에서 중요한 가치에 신속히 초점을 맞출 테고, 확실한 결정으로 나아가는 데 필요한 적절한 단계를 인식할 것이다.

당신의 가치 파악 기술 개발하기

양질의 결정을 내리려면 그 결정에 대한 당신의 가치를 철저히 이해해야 하고, 가치는 그 결정을 내림으로써 당신이 달성하고픈 것을 말해준다. 따라서 당신은 어떤 결정 상황에서든 당신의 가치를 우선 생각해야 한다. 우선이라 함은 늦어도 당신이 결정을 내리게 될 거라고 의식적으로 인식한 직후를 의미한다.

표 9.1은 당신의 가치 파악 능력을 기르기 위한 첫 시도에 사용할 여섯 가지 기본 결정 상황을 보여준다. 이 기본 결정 각각을 당신과 직접적으로 연관 짓기 위해서는 그것들을 수정할 수 있어야 한다.

이제 그러한 결정 중에서 당신이 비교적 쉽다고 생각하는 것 하나를 고르라. 그 결정에 대해 머릿속에 떠오르는 당신의 가치 전체를 목록으로 만들어라. 이 결정에 대해 추가적 가치가 더 이상 생각나지 않으면 다른 결정 다섯 가지에 대한 가치 목록을 작성하라. 다음 과제를 좀더 쉽게 완성하고 당신의 진전을 알아챌 수 있도록 결정마다 따로따로 기록하라.

이제 당신의 목록이 얼마나 완벽한지 알기 위해 점검하라. 당신의 가치

표 9.1 당신의 가치를 파악하기 위한 기본 결정

1. 당신은 당신을 고용할지도 모르는 사장이나 지난달에 만난 잠재적으로 중요한 다른 사람 또는 독서 클럽 회원이나 그 밖에 누군가와의 중요한 저녁 미팅을 위해 레스토랑을 고르고 있다. 레스토랑 선정에 대한 당신의 가치는 무엇인가?
2. 당신은 개인 또는 기업의 행사에 참석할 예정이다. 이를 위해 직항로가 없는 두 도시 간의 특정 왕복 항공편 일정을 골라야 한다. 하지만 다른 장소를 경유하고 다른 항공사를 이용하는 수많은 가능한 경로가 있다. 항공편 선택에 대한 당신의 가치는 무엇인가?
3. 당신이 지저분하다고 생각하는 뭔가를 청소 및 정리하고 싶다. 그것은 책상일 수도 있고, 서류 캐비닛이나 옷장이나 방이나 차고나 정원이나 그 밖의 것일 수도 있다. 당신이 고른 지저분한 것에 대해 그 과제를 위한 당신의 가치는 무엇인가?
4. 당신은 신제품이든 중고든 대형 제품이 하나 필요하다. 그것은 부엌용품(가령 냉장고, 전자레인지 겸 오븐 또는 식기세척기), 세탁건조기, 텔레비전, 컴퓨터, 자동차나 또 다른 대형 제품일 수도 있다. 제품을 고르고 그 제품 구입에 대한 당신의 가치를 구체화하라.
5. 당신은 다음 몇 달 안에 날을 정해 주말여행을 계획하고 있다. 잘되면 엄청나게 즐거울 그 여행의 가치는 무엇인가?
6. 위의 첫 번째 결정에 대해 당신이 고른 중요한 미팅의 경우, 미팅 중 당신이 달성하고 싶은 것이 무엇인지 고려하라. 이 미팅을 위한 가치의 목록을 발전시켜라. 이 가치 목록은 첫 번째 결정에 대한 가치 목록과 무조건 달라야 하지만 겹칠 수도 있음을 유념하라.

중 어떤 것이 누락되었는가? 목록 중 두 가지를 뽑아 가치의 수를 2개로 늘리도록 스스로 도전하라. 각 결정과 관련한 추가적 가치를 열심히 생각하는 데 적어도 6분을 써라. 다른 두 가지 결정을 골라 표 5.2에 있는 가치의 사고를 추가적으로 자극하는 장치를 사용하라. 마지막 두 가지 결정에 대해서는 친구 몇 명에게 따로따로 당신의 가치 목록을 보여주고 그들이 생각하는 당신과 연관된 가치를 더 파악해달라고 부탁하라. 그중 어떤 것이 관련 있거나 혹은 관련 있는 다른 가치에 대해 당신의 사고를 자극한다면 그것들을 집어넣어라. 제시된 과정을 통해 당신은 이 여섯 가지

결정 각각에 대해 틀림없이 추가적 가치를 파악할 수 있을 것이다.

이 단계에서 당신은 여섯 가지 결정 상황에 대한 합리적 가치 목록을 갖고 있어야 한다. 당신은 각각의 가치가 무엇을 의미하는지, 그리고 당신이 왜 거기에 대해 신경 쓰는지 명확히 함으로써 목록을 개선할 수 있을 것이다. 이것을 결정마다 따로따로 하고, 한 번에 한 가치를 진행하라.

목록의 가치를 하나하나 살펴보고 스스로 물어보라. "이 가치는 나한테 무슨 의미일까?" 당신의 생각은 그 가치에 대한 좀더 명확한 재서술을 유발하거나 추가적 가치를 나타낼 수 있다. 그런 다음 아마 업데이트했을 목록을 훑어보고 나열된 가치 각각에 대해 물어보라. "이 가치를 내가 왜 신경 쓰는 걸까?" 여기서 당신의 생각은 흔히 새롭게 추가되는 가치를 나타내는데, 이 경우 맨 처음 나열했던 가치는 새로 파악한 가치에 영향을 주는 수단이다. 당신이 정말 새로운 가치를 추가적으로 파악한다면, 당신이 거기에 왜 신경 쓰는지 질문하라. 더 이상 가치가 추가로 생성되지 않을 때까지 이 과정을 계속하라. 이것의 결과가 바로 내가 생각하는, 특정 결정에 대한 당신의 최종 가치 목록이다.

당신의 여섯 가지 결정 상황에 대해 완성된 목록과 처음 목록을 비교하면 통찰력이 생긴다. 당신이 놀랄 만큼 자기 성찰적인 사람이 아닌 다음에야, 처음 목록을 작성할 때 당신이 놓쳤던 일부 가치가 당신의 최종 목록에 있는 것을 보고 놀랄 거라는 게 내 생각이다. 내 예상으로는 몇몇 새로운 가치에 대해 당신은 이렇게 생각할 것이다. "내가 어떻게 이걸 놓쳤지?" 내게도 여전히 그런 일이 가끔 일어난다. 어떤 결정에 대해 완벽한 일련의 가치를 구체화하기 어렵기 때문이다. 만일 당신이 이 과제를 열심히 했고 당신의 원래 목록과 최종 가치 목록이 본질적으로 같다면, 당신의 가치 파악 테크닉을 나와 공유해주기 바란다.

앞의 사례를 마무리하려면 각 가치 집합으로 해야 할 과제가 2개 더 있다. 첫째는 절차상의 과제다. 당신은 목적어에 이어 동사가 오는 공통된 목표 형식으로 각 가치를 서술하고 싶어 한다. 아이디어를 보여주는 많은 예가 표 5.3에 나와 있다. 앞의 항공 일정 결정 사례에는 "여행 시간을 최소화한다", "도착하자마자 잘 쉰다", "연결 항공편 놓치는 일을 방지한다", "항공사 회원 번호로 마일리지를 받는다", "밤샘 이동을 피한다", "행사에 맞춰 제시간에 도착한다", "여행을 즐긴다", "여행 비용을 최소화한다"가 포함될 수 있다.

두 번째 과제는 각 결정에 대한 당신의 가치를 정리하는 것이다. 여기에는 당신의 목표를 두 범주로 분류하는 것이 들어간다. 바로 수단 목표와 근본 목표다. 특정 결정과 관련한 각각의 목표에 대해 당신이 왜 그것에 신경 쓰는지 스스로 물어보라. 만일 최종 답변이 오직 목록의 다른 목표를 더 잘 달성하는 데 영향을 미치기 때문에 그 목표에 신경 쓰는 것이라면 그것은 수단 목표다. 그렇지 않으면 그것은 근본 목표다. 항공편 사례에서처럼 당신이 밤샘 이동을 피하고 싶은 단 한 가지 이유가 도착해서 잘 쉬는 것이라고 하자. 그렇다면 그것은 "밤샘 이동을 피한다"는 수단 목표다. 만일 연결 항공편을 놓치는 걸 방지하는 것이 총 이동 시간을 최소화하고 밤샘 이동(당신이 연결 항공편을 놓친다면 필요할지도 모른다)을 피하는 것하고만 관련이 있다면 "연결 항공편 놓치는 일을 방지한다" 역시 수단 목표다. 만일 목록의 다른 목표가 각각 항공편 여정의 선택과 직접적으로 관련이 있다면 그것들은 근본 목표다. 그림 5.1은 중요한 개인적 결정에 대해 수단 목표와 근본 목표를 구분하는 방법의 상세한 사례를 보여준다.

어떤 결정에 대해 완벽한 가치 목록을 창출하는 것은 그 결정에 대한 가치 중심적 의사 결정의 토대다. 당신은 거의 언제나 이 기술을 연습할 수 있고, 연습으로 혜택을 볼 수 있다. 만일 당신이 줄 또는 교통 체증 때문에 기다린다거나, 대중교통을 이용한다거나, 혼자 혹은 친구들과 커피나 음료를 마시는 것처럼 '비생산적인' 휴식 시간이 있다면, 당신이 생각하기에 어떤 가치가 특정 결정에 적절할지 잠시 숙고할 수 있다. 이것은 현재의 결정이나 미래에 당신에게 닥칠 결정일 수도 있고, 아니면 당신이 속한 집단의 결정일 수도 있고, 아니면 당신의 시나 주 또는 국가가 직면한 결정일 수도 있다. 공공 결정의 사례에는 새 학교나 새 공원 또는 현지의 노숙자 정책을 위한 장소를 선정하는 관청의 결정을 위한 가치가 포함된다. 이민 정책을 세우거나 새로운 개인 과세법을 확립하거나 특정 오염물질 방출을 줄이는 데 대한 당신 국가의 가치는 어떤 것이 되어야 할까? 아주 소소한 결정이라도 관련 가치를 고려해보는 것이 흥미로울 수 있다. 유용한 연습을 제공하는 사례로서 공공장소에서 어디에 재킷을 걸어야 할지, 스포츠 클럽에서 어떤 로커를 선택해야 할지, 특정 장소나 가게에 갈 때 어디에 주차해야 할지, 식기세척기에 어떻게 그릇을 놓아야 할지, 레스토랑에서 어떤 테이블을 선택해야 할지에 대해 당신의 가치를 고려해보라.

위의 여섯 가지 기초 결정 사례를 통해 당신은 가치를 파악하고 정리하는 지식과 경험을 어느 정도 얻었을 것이다. 이제는 당신 자신의 더욱 중요한 결정에 대해서도 생산적으로 가치를 파악하기 시작해야 한다. 이런 연습은 이 결정을 내리는 것과 관련해 유용한 통찰력을 제공할 뿐만 아니라 당신의 가치를 더욱 쉽게 파악하고 알아보는 능력도 향상시킬 것이다.

대안 창출의 기술 개발하기

대안 창출은 대단히 중요한 의사 결정 기술이다. 만일 당신이 처음에 고려하고 있던 대안보다 더 나은 대안을 하나 창출한다면—그리고 당연히 그 이후 선택한다면—당신은 원래 생각하고 있던 대안 중 최고를 파악해 선택할 경우 가능했을 것보다 더 나은 결정을 내리도록 자신에게 넛지한 것이다.

바람직한 대안을 창출하는 데 시간을 쓰는 것의 잠재적 중요성은 잘 알려져 있지 않고 덜 활용되고 있다. 6장에서는 당신의 중요한 결정에 대해 양질의 대안을 개발하기 위해 당신의 창의성을 자극하는 여러 가지 아이디어를 제시했다. 만일 당신이 내년에 회사에서 승진하기 위해 개발하고 싶은 경험과 기술을 고려하고 있다면, 이 목적을 추구할 대안은 아마 많을 것이다. 이 중 최고를 추구한다면 그 효과와 즐거움은 그냥 괜찮은 정도의 확실해 보이는 대안을 추구하는 것보다 훨씬 더 클 것이다. 만일 부엌의 리노베이션이나 휴가 때 어디 가서 뭘 할지 계획 중이라면 대안이 많아서 당신은 그것들 전부를 알지 못할 가능성이 높다. 이와 같은 결정에 대해 선택에 앞서 일단의 좋은 대안을 창출하는 데 어느 정도 시간을 쓰는 것은 보통 그럴 만한 가치가 있다.

진도를 나가기 전에 대안 창출이 도움이 되지 않는 특정 결정도 있다는 점을 언급해야겠다. 이런 결정에 대해서는 가능한 대안을 전부 파악하기 쉽다. 만일 당신이 어떤 특정 크기의 텔레비전을 구매할지 결정하는 중이라면, 일단의 대안을 판매자가 제시한다. 만일 당신이 내년 여름에 언제 특별한 일주일간의 휴가를 직장에 낼지 결정하는 중이라면, 6월부터 9월

표 9.2 대안 창출을 위한 기본 결정

1. 다가오는 몇 달 중 어떤 주말에 개인적으로 여행을 떠날 계획이다. 매력적으로 보이는 가치는 무엇인가?
2. 실제로는 그렇지 않다 하더라도 당신이 살고 있는 건물을 당신이 소유하고 있다고 가정하자. 당신은 특정한 방 한 개를 리모델링하기로 결정한다. 방을 선택하고 리노베이션을 위한 대안을 창출하라.
3. 사무실 건물에서 당신이 일하고 있다고 하자. 당신은 주 2일은 집에서 일하고 싶지만, 생산성이 떨어질까 봐 걱정이다. 집에서의 생산성이 사무실에서의 생산성만큼 높거나 더 높아지도록 향상시킬 대안은 무엇인가?
4. 당신은 스포츠 시설에서 규칙적으로 운동하기에는 보통 너무 바쁜 듯하다. 당신의 하루 일정과 삶에 통합시킬 수 있는 수준에서 약간의 운동을 제공하고 아예 안 하는 것보다는 훨씬 더 나은 대안은 무엇인가?
5. 당신이 원하는 직책을 맡을지 여부에 영향을 줄 면접이 곧 다가온다. 이 면접은 현재 다니는 곳의 다른 업무 아니면 다른 회사의 인턴 과정이나 일자리를 위한 것이다. 이 상황 중 당신과 연관성이 있을 수 있는 것을 하나 골라 그 일자리나 인턴 과정을 제의받을 확률을 높이려면 그 면접을 당신이 어떻게 해야 할지(즉, 무엇을 하고 무엇을 얘기할지) 대안을 창출하라.
6. 가족이나 아주 친한 친구가 최근 힘든 시기를 보내고 있다. 그 또는 그녀의 상황을 더 낫게 만들기 시작할 뭔가를 해주고 싶다. 이런 식으로 도와주고 싶은 사람을 고른 다음 그 목적에 맞는 일련의 대안을 창출하라.

까지의 모든 주(週)가 가능한 완전한 대안에 포함된다.

표 9.2는 대안 창출을 연습하는 데 사용할 여섯 가지 기본 결정을 보여준다. 이것들 각각에 당신과 연관 있거나 머지않아 연관될 특정 결정을 반영해 개인화하라.

물론 당신은 당신이 고르는 순서대로 여섯 가지 결정을 다룰 수 있다. 하지만 나는 결정 1을 제일 먼저 고려할 것을 제안한다. 대안 창출 연습을 통해 당신은 이 결정에 대한 가치를 이미 갖고 있기 때문이다. 특정 결정 각각에 대해 순차적으로 다섯 가지의 별도 활동을 점검하라.

1. 그 결정에 대해 당신이 생각할 수 있는 최대한 많은 대안을 나열하라.
2. 그 결정에 대한 당신의 가치 목록을 만든 다음, 이러한 가치를 한 번에 하나씩 추가적 대안의 창출을 자극하는 데 사용하라.
3. 만일 당신이 마지막 대안을 생성한 지 적어도 5분이 지났다면 휴식을 가져라. 그런 다음 다시 적어도 세 가지를 더 내놓도록 스스로 도전하라. 거의 틀림없이 좋은 대안이 더 많이 있을 것이다.
4. 당신의 대안 목록에서 모든 항목을 하나하나 검토하라. 그 자체로 대안이 되는 것 외에도 이런 항목을 다양하게 결합하고 약간 수정하면 추가 대안으로 통합될 가능성이 높다. 이 중 특히 매력적으로 보이는 것들을 구성하라.
5. 완성도를 점검하는 차원에서 몇몇 친구나 동료에게 각각 그에 해당하는 당신의 대안과 함께 두 가지 결정을 보여줘라. 그들에게 두 가지 결정에 대해 다른 대안을 추가로 창출하는 도전 과제를 던져라.

일단 여섯 가지 결정을 마치고 나면 당신의 결과물을 가치 중심적 브레인스토밍 연습 기초의 일부로 사용할 수 있다. 표 9.2의 결정 1과 결정 2 모두에 한 명 이상의 가족이나 친구가 관련되어 있다고 가정하라. 이 중 하나의 결정에 대해 위의 처음 두 활동을 통해 다른 사람들을 각각 개별적으로 안내하라. 가치 중심적 브레인스토밍의 목적을 나타내려면 이 다른 사람들에게 그들이 노력하기 전에는 당신의 개인적 결과물을 알려주지 않는 게 가장 좋다. 그런 다음 그들과 당신의 가치 및 대안을 그 결정을 위해 결합시켜라. 결합된 일단의 가치와 대안을 당신 및 다른 사람들 각자의 것과 비교하면 다중의 개인을 포함하는 결정에서 가치 중심적 브레인스토밍의 유용성이 나타난다.

결정 기회를 생성하는 기술 개발하기

결정 기회를 생성하고 추구하면 당신의 삶 또는 삶의 한 측면을 지금보다 더 낫게 만들 수 있다. 그리고 설령 삶의 한 측면은 더 나아지고 다른 측면은 그대로라 하더라도 당신의 삶은 확실히 더 좋아진다.

당신이 생성할 수 있는 결정 기회는 대단히 많다. 이 중 어떤 것은 당신 삶의 질에 직접적 영향을 준다. 어떤 것은 당신의 환경에 직접적 영향을 미치고, 이것이 삶의 질에 영향을 줄 수 있다. 그런가 하면 또 어떤 것은 당신이 신경 쓰는 다른 이들의 삶의 질에 영향을 미치고, 이것이 당신 삶의 질에 간접적으로 영향을 준다.

결정 기회는 결정 문제와 같은 구조를 갖고 있다. 관련 가치와 대안이 각각을 규정한다. 차이는 결정 기회—좋은 상황이다—가 당신이 직면하기로 결심한 것인 반면, 결정 문제—대개 좋은 상황은 아니다—는 당신이 다루려고 선택한 것이 아니라는 점이다. 7장에서 언급했듯 여러분은 각자 예전에 결정 기회를 어느 정도 인식한 적이 있다. 당신이 만일 강요 없이 어떤 활동이나 저녁 식사 또는 커피나 술을 같이하는 자리에 누군가를 초대한다면, 당신은 사실상 결정 기회를 추구하고 있는 것이다. 명시적이든 아니든 당신은 초대할지 말지의 결정을 창출했고, 그런 다음 그렇게 하기로 결정했으니 말이다. 하지만 결정 기회의 창출 과정을 많은

표 9.3 결정 기회를 생성하는 범주

1. 나의 가정생활을 향상시킨다
2. 나의 직장 또는 학교 생활을 향상시킨다
3. 더 가치 있는 활동에 참여한다
4. 관심 있는 것을 배운다
5. 특정 가족(가령 배우자, 자녀, 부모, 형제자매)의 삶을 향상시킨다
6. 특정 친구와 특별한 것을 한다
7. 나의 지역 사회에 긍정적 영향을 준다
8. 나의 탄소 발자국(즉, 나로 인한 온실가스 방출)을 낮춘다

사람은 분명하게 인식하지 못한다. 그 결과, 그들은 자신의 삶을 향상시킬 결정 기회의 잠재력을 모른다. 그것의 개념 및 유용성을 잘 알기 위해 표 9.3은 당신이 결정 기회를 창출함으로써 자신에게 능동적으로 넛지할 수 있는 8개의 범주를 제공한다. 이 중 4개의 범주는 당신에게 직접적인 영향을 주고, 2개는 모두 당신이 아끼는 사람들과 당신의 환경에 영향을 준다.

표 9.3의 범주 각각에 대해 여러 개의 결정 기회를 창출하라. 그렇게 하기 위해서 "~을 하려면 나는 무엇을 할 수 있을까"라는 말 속에 그 범주를 집어넣어라. 가령 첫 번째 범주라면 이것은 "나의 가정생활을 향상시키기 위해 나는 무엇을 할 수 있을까?"가 된다. 당신의 응답 범위는 넓을 수도 있고 좁을 수도 있다. 모든 결정 기회를 "결정한다"는 말로 끝나는 결정 서술로 나열하라. 예를 들어, 범위가 넓은 결정 기회가 "집 정리를 더 잘하기로 결정한다"라면, 반면 좁은 것은 "꽉 찬 휴지통의 쓰레기를 수시로 비우기로 결정한다"일 것이다. 결정 기회마다 대안은 틀림없이 많을 것이다. 당신이 왜 좁은 범위로 서술된 결정 기회에 관심을 갖는지 생

각하다 보면 더 넓은 결정 기회가 떠오를 수도 있다.

각 범주별로 일단의 결정 기회를 창출한 후 각 범주마다 당신에게 특별히 매력 있는 한 개의 결정 기회를 선택하라. 이 결정 기회 각각에 대해 그것을 추구하기 위한 당신의 가치를 파악하라. 예를 들어 당신이 직장생활을 향상시키기 위해 창출한 결정 기회 중 하나가 "내 업무와 관련한 기술을 강화하기로 결정한다"라고 치자. 업무 능력을 강화하는 결정에 대해 당신의 가치를 생각하고 적어보라. 이제 선택한 결정 기회 각각에 대해 앞에서 거론한 절차를 활용해 어쩌면 그 결정 기회를 추구할 만한 가치가 있을 일단의 대안을 파악하는 데 해당 가치를 사용하라.

다른 이들을 만족시킬 대안을 설계하는 기술 개발하기

앞에서 언급했듯 당신의 결정에 대해 당신이 원하는 대안을 실행하기 위해서는 가끔 다른 사람의 승인이 필요하다. 만일 그 원하는 대안이 현 상태보다 더 나쁜 결과를 수권 의사 결정자에게 초래한다면 승인받을 것 같지 않다. 이런 한계를 극복하려면 당신이 바라는 대안이 수권 의사 결정자에게 현 상태보다 낫도록 그것을 수정해야 한다. 당신이 수권 의사 결정자에게 이런 윈윈 대안을 제안하면 그 또는 그녀는 그것을 승인해야 할 우수한 대안으로 인식할 것이다.

당신은 이미 당신의 가치를 충족시키는 대안을 창출하는 연습을 해봤다. 여기서 다른 점은 제안한 대안이 수권 의사 결정자의 가치에도 부합해야 한다는 것이다. 그러자면 우리가 예전에 연습한 적 없는 것, 다시 말해 다른 사람을 위한 가치 목록을 개발하는 작업이 필요하다. 다행히 수권 의사 결정자의 가치를 전부 알아야 할 필요는 없다. 당신이 그 또는 그녀의 가치 중 일부만, 아니 어쩌면 단 하나만 사용해도 현재 상황에 비해 개선된 대안을 창출할 수 있기 때문이다. 일단 당신에게 수권 의사 결정자의 가치 중 일부나 전체의 목록이 있으면, 그것을 충족시킬 대안을 구축하는 데는 당신의 가치에 부합하는 대안을 구축하는 것과 똑같은 사고 과정이 필요하다.

표 9.4는 당신이 원하는 대안을 이행할지 여부를 좌우하는 수권 의사 결정자가 있는 두 가지 결정 상황을 보여준다. 각각의 결정 상황마다 두 가지 버전이 있으므로 당신에게는 다른 사람의 가치를 구체화하는 연습을 하도록 설계된 네 가지 서로 다른 결정이 있는 셈인데, 이 결정은 수권 의사 결정자에게 승인받을 대안 창출과 관련이 있다.

표 9.4의 결정 1의 경우, 우선 두 가지 버전을 위한 특정 인물을 선정하라. 두 버전의 결정에 대해서는 개별적으로 순서대로 다뤄야 할 여섯 가지 질문이 있다. 그 질문은 다음과 같다.

1. 당신의 가치만 생각하면서 여행의 바람직한 대안을 적어보라.
2. 여행 파트너 예정자에게는 얘기하지 말고 당신이 생각하기에 여행에 대한 그 또는 그녀의 가치가 무엇인지 나열하라.
3. 이러한 가치를 사용해 당신의 공동 여행을 위한 새로운 대안을 창출하라.
4. 당신의 여행 파트너와 상의하라. 우선 주말여행 아이디어를 설명한 다음 그 또는 그녀가 그런 여행에 대한 자신의 가치를 표현하도록 이끌어라. 당신 자신의 가치 창출을 자극하는 5장의 아이디어를 그 또는 그녀가 자신의 가치

표 9.4 수권 의사 결정자가 있는 결정 상황

1. 당신은 특정 개인과 당일치기나 1박 2일의 주말여행을 가기로 결정했고, 여기엔 두 가지 버전이 있다. 하나는 특정 가족 구성원이 있는 것이고, 다른 하나는 특정 친구가 있는 것이다. 친구와는 각자가 자기 비용을 부담하고 공동 비용은 나눠서 내기로 계획했다. 당신의 시각에서 보면 양쪽 버전의 다른 사람이 수권 의사 결정자다. 만일 그 또는 그녀가 동행을 거절한다면, 당신의 꿈은 실현될 수 없다.
2. 당신은 일은 한 도시에 위치한 직장에서 하고, 거주는 800킬로미터 넘게 떨어진 다른 도시에서 하고 싶다. 한 가지 버전은 6주 후 시작되는 3개월 특별 기간 동안 주 3일 재택근무를 하는 일시적 조정이다. 두 번째 버전은 월 1회 '전 직원' 미팅 때만 사무실에 오도록 영구적인 조정을 확정하는 것이다. 당신의 사장은 당신의 이러한 제안을 수락할지 말지 판단하는 수권 의사 결정자다.

를 표명하도록 안내하는 데 사용할 수 있다.

5. 당신의 여행에 대한 대안을 추가로 창출하기 위해 수권 의사 결정자인 당신의 여행 파트너 예정자가 표명한 가치를 사용하라. 이 추가적 대안은 당신이 예전에 개발한 대안의 수정 버전일 수도 있음에 유념하라.
6. 당신의 가치와 파트너의 가치 모두를 생각하고 질문 1, 3, 5로 만든 대안 목록을 보면서 두 사람 모두가 적어도 다른 한 가지 대안보다 열등하다고 생각하는 대안을 모두 제거하고, 당신이 생각하는 공동 여행의 경쟁 대안 목록을 구축하라.

당신은 표 9.2의 결정 1에 응답하면서 주말여행에 대한 당신의 가치와 대안을 창출했다는 점에 유의하라. 이들 대안은 위의 항목 1에 대한 반응으로 당신이 대안 목록에서 만든 것과 가까워야 한다. 또한 앞의 항목 2에 대한 응답으로 여행 파트너의 참여 없이 창출한 그 또는 그녀의 가치 목록, 그리고 그 후에 항목 4에 대한 응답으로 함께 상의해 창출한 목록을 비교하면 통찰력이 생길 것이다. 끝으로 항목 1과 6에 대한 응답으로 준비한 일단의 대안과도 비교하라. 당신 여행 파트너의 가치에 대해 더욱 명확한 정보를 갖고 있으면 항목 6에 대한 응답에서 나타나는 것처럼 대개 훨씬 더 나은 대안으로 이어진다는 것을 알게 될 것이다.

표 9.4 결정 2의 경우, 당신이 두 가지 결정 버전 각각에 대해 구체적으로 고려하고 싶은 다섯 가지 문제가 있다.

1. 일은 지금의 장소에서 하지만 생활은 다른 곳에서 할 가능성에 대해 사장에게 물을 때 당신이 사용할 수 있을 대안을 적어보라.
2. 당신이 왜 거기서 일하며 다른 곳에 살고 싶은지와 관련한 당신의 가치를 전부 나열하라.
3. 아이디어를 자극하기 위해 당신의 가치를 사용하고, 승인을 얻길 바라며 당신의 사장에게 제안할 추가적 대안을 써보라.
4. 당신이 생각하기에 사장이 당신의 직장/집 대안을 승인할지 여부를 결정할 때 고려할 가치 전체의 목록을 파악해 작성하라.
5. 이러한 가치를 고려하면서 사장에게 당신의 요청을 승인해달라고 할 때 사용할 추가 대안을 써보라.

항목 2의 당신의 가치가 표 9.2의 결정 3에 대한 응답으로 당신이 개발한 것과 상당히 비슷해야 한다는 점에 유의하라. 구체적으로 말하면, 항목 2에 나열한 당신의 일부 가치가 회사에 당신이 기여하고 싶은 것과 관련 있는가? 또한 항목 1에서 당신이 생성한 대안과 비교했을 때 항목 3과

항목 5의 가치를 사용해 추가적 대안을 창출할 수 있는가? 항목 3과 5 모두 더 나은 대안을 생성했다고 느끼는가? 당신이 이러한 가치를 명시적으로 표현하기 전에 직관적으로 고려한 경우가 아니라면 이 두 질문에 대한 답은 모두 "그렇다"여야 한다.

가치 중심적 의사 결정 사용 연습하기

지금쯤 당신은 가치 중심적 의사 결정을 당신의 삶을 향상시키는 데 어떻게 사용할 수 있고, 거기서 이익을 얻으려면 무엇을 해야 할지 분명 잘 알고 있을 것이다. 이제 당신이 직면할 더 나은 결정을 창출하고 더욱 정보가 풍부하고 훨씬 나은 결정을 내리기 위해 이 개념을 쓰기 시작하면 된다. 이것은 당신에게 직접적 혜택을 제공할 게 틀림없다. 아울러 간접적 혜택도 제공할 것이다. 사용할 때마다 더 많은 연습이 되어 기술이 늘기 때문이다.

연습은 개념 그 자체는 물론 그것을 어떻게 효율적으로 사용할지에 관한 학습을 한 걸음 더 나아가게 할 것이다. 특히 초반에는 두 가지 이유 때문에 덜 복잡하고 덜 중요한 결정을 가지고 확실한 연습을 해둬야 한다. 첫째, 생각할 만한 이런 결정은 많으므로 연습을 더 할 수 있다. 둘째, 적은 노력으로도 가치 중심적 의사 결정 과정이 어떻게 작동하고 당신에게 어떤 이익이 되는지 알기 위한 유용한 통찰을 얻을 수 있다. 결정에 대한 더 완전한 가치 같은 정보 제공 절차를

> 처음에는 덜 복잡하고 덜 중요한 결정으로 가치 중심적 의사 결정 및 절차를 연습하라. 이런 결정은 많으며, 매번 사용할 때 시간과 노력도 덜 든다. 기술이 늘면 그 절차를 더욱 중요한 결정에 적용하라.

사용하는 데 한층 능숙해짐에 따라 당신은 자연스럽게 훨씬 복잡한 결정도 더욱 효과적으로 활용할 수 있다.

가치 중심적 의사 결정의 사용을 마스터하기 위해서는 열심히 연습할 필요가 있다. 연습에는 지적인 훈련이 수반되며 아마 유용하고 재미있을 것이다. 그러나 아이디어를 내려고 골똘히 생각은 하지만 찾아내기 힘들 때, 특히 초반에는 노력이 재미보다는 일에 가까워 보일지도 모른다. 그러므로 친구와 게임하듯 또는 혼자서 생각을 자극하는 퍼즐을 풀 듯 연습을 설계한다면 도움이 될 것이다. 둘 다 보통 더 재미있다. 이것을 하기 위한 아이디어는 아래에 있다.

가치 중심적 의사 결정의 사용을 연습하는 방법은 다양하다. 그것은 개별 연습, 친구와 연습 게임하기, 결정 상황에 직면한 다른 사람을 위해 컨설턴트로 행동하기 등 다양하다.

혼자 연습하라. 당신이 처음으로 가치 중심적 의사 결정에 필요한 기술을 개발하는 경험을 얻는 자연스러운 방법은 시간이 날 때 당신이 직면한 좀더 간단한 결정에 그 개념을 써보는 것이다. 가치를 파악하고 대안을 창출하는 것이 모든 결정 문제와 결정 기회, 그리고 바람직한 대안을 얻으려면 다른 사람의 승인이 필요한 모든 결정의 필수 측면이므로 처음에는 당신한테 중요하기는 하지만 그다지 복잡하지 않은 결정에 대해 가치를 파악하고 대안을 창출하는 연습을 하면 도움이 된다.

당신은 틈이 날 때 5분이든 더 길든 그 시간을 어떻게 사용할지에 대한 결정 기회를 인식함으로써 항상 자신에게 넛지를 제공할 수 있다. 평소에는 많은 관심을 기울이지 않지만 생각해보면 재미있을 듯한 결정에 대해 가치 중심적 의사 결정 개념을 연습할 수 있다. 당신의 하루 중에는 아침

먹기, 식기세척기로 설거지하기, 출근하기, 직장에서 회의 주재하기, 점심시간에 동료 만나기 등이 있을 것이다. 이러한 활동 중 무엇을 하더라도 당신은 어떻게 할지 선택한다. 아무 생각 없이 선택하는 것도 포함해서 말이다. 어떤 결정이든 인식하고 그것을 결정해 달성하고 싶은 가치에 대해 생각하면 된다. 그런 다음 가능한 한 많은 대안을 창출하기 위해 노력하라. 당신이 하루에 내리는 수백 가지 작은 결정 중 어떤 것이라도 그것에 대한 가치와 대안을 파악하는 것은 신중하고 유용한 연습—적어도 몇 번—이다. 곧바로 가능한 결정 상황을 가지고 연습하라. 그러면 가치를 파악하고 대안을 창출하는 데 따른 당신의 민감도와 기술이 향상될 것이다.

당신이 사장의 추천을 받기 위한 업무 회의에서 한 사람의 협조가 있기를 바랐다고 가정하자. 하지만 그런 협조는 일어나지 않았다. 돌아보니 회의 전에 이런 협조가 가능하도록 뭔가를 할 수도 있었음을 깨닫는다면 그것은 당신이 인식하지 않았거나 추구하지 않은 결정 기회를 나타낸다. 그렇다면 당신이 시간을 몇 분만 냈다면 결과적으로 더 많은 협조를 얻었을 결정 기회에 대해 대안을 창출하는 연습을 하라. 이 과정은 전문 스포츠맨들한테는 흔한 정신 자세다. 경기가 끝나면 코치와 선수는 무엇을 잘못했는지, 무엇을 개선할 수 있는지, 그리고 그런 이해를 미래의 행동(즉, 결정)에 어떻게 구축할지 알기 위해 경기 영상을 다시 보곤 한다.

매일매일 당신은 다른 사람이 내리는 수많은 결정의 결과를 관찰한다. 이것은 시판되는 제품과 그 가격에서부터 광고, 신호등 설치, 대중교통 노선을 따라 있는 역의 위치, 게임 중인 스포츠팀 관리, 노동자 운용 절차, 주목받아야 할 듯한 공공의 문제까지 걸쳐 있다. 이 중 어떤 것에 대해서든 당신이 관찰한 결과로 귀결된 결정을 내리는 데 어떤 가치를 사용했을지 생각해봄으로써 연습할 수도 있다. 가령 특정 제품을 설계하거나 당신이 관찰한 공공의 문제를 다루는 데 사용해야 할 가치는 무엇일까? 가치가 명확할 때도 있는데, 그렇다면 합리적 대안은 무엇인가? 이것은 흥미로운 문제 및 기회에 대해 생각해봄으로써 가치 중심적 의사 결정 기술을 키우기 위한 생산적 공상이다.

다른 사람과 연습하라. 가치 중심적 기술을 혼자 발전시킬 때 각각의 제안은 친구나 동료—적어도 지적 호기심이 많거나 현실 지향적인 이들—와 함께 사용해도 된다.

당신은 가치를 파악하거나, 대안 또는 결정 기회를 창출하거나, 수권 의사 결정자가 거부할 수 없는 대안을 설계하기 위해 가치 중심적 의사 결정 개념을 사용해 팀으로 일할 수 있다. 만일 이렇게 하는 게 당신한테 매력적이라면, 당신은 이 연습의 일부를 협동이나 경쟁의 게임으로 만들 수 있다. 만일 당신이 친구와 대학 강의실에 있다면, 주요 학기말 과제의 주제를 고르는 데 누가 가장 많은 목표를 나열하고 목표 중 최고의 것을 나열할 수 있는지 보라. 그런 다음 학기말 과제의 잠재적 주제를 창출하기 위해 목표 각각을 일단의 결합된 목표 집합에 사용하라. 컨설팅 회사에서 동료들의 책임인 고객 보고서에 대해 목표를 파악하는 것이 비슷한 상황에 해당한다.

다른 사람에게 뭔가를 가르치고 나면 그 주제에 관해 철저히 이해하게 된다고들 흔히 말한다. 만일 당신에게 어떤 연령대든 즉시 구할 수 있는 '학생'이 있다면, 그 또는 그녀에게 가치 중심적 의사 결정의 개념과 그 사용 및 유용성에 대해 가르쳐볼 수 있다. 그 과정에서 당신은 분명 이런 아이디어를 사용하는 자신만의 기술을 향상시킬 것이다.

다른 사람의 조언자로 연습하라. 기술적(記述的)으로 말하면, 누구나 없는 게 더 낫다고 생각하는 문제를 갖고 있는 듯하다. 이런 사람들이 목적의식을 가지고 자신의 상황에 긍정적 영향을 주는 유일한 방법은 그들의 결정에 의해서뿐이다. 당신은 조언자로서 더 나은 결정을 내리도록 넛지하는 데 가치 중심적 의사 결정의 적절한 개념을 적용함으로써 그들을 도울 수 있다. 그들은 당신이 도움을 줄 결정 중 일부를 제한할지도 모른다.

그 사람은 가족, 친구, 동료 혹은 어쩌면 비행기 옆 좌석에 앉았거나 칵테일파티에서 당신과 수다를 떠는 이일 수도 있다. 그와 당신의 관계, 그와 함께할 시간, 그리고 그 또는 그녀의 자발적 참여도가 분명 당신이 할 수 있는 일에 영향을 준다. 만일 그 또는 그녀가 혹시 단 몇 분이라도 잠깐의 시간과 생각을 기꺼이 제공하려 한다면, 당신은 긍정적 효과를 거둘 확률이 높다.

만일 시간이 별로 없다면, 이런 사람이 자신의 가치를 명확히 표현하도록 돕는 것 정도로도 대개 유용하다. 그는 처음에 단 한 가지, 아니 어쩌면 몇 가지 가치를 서술할지도 모른다. 당신이 그의 결정 상황과 관련해 전반적 이해와 가치에 대한 지식을 가지고 적어도 몇 개는 더 생성할 수 있을 법도 하다. 그러한 가치가 그의 결정과 관련 있는지 곧바로 묻기보다는 추가적 관련 가치를 스스로 발견하도록 그들을 대화를 통해 이끌려고 애쓰라. 가끔 '수단-목적' 관계성을 추구하면 그렇게 할 수 있기도 하다. 그가 처음 서술한 가치 전체에 대해 왜 진짜로 그것을 신경 쓰는지 물어보라. 어떤 응답이 나와도 그의 결정에서 그한테 중요한 것은 다른 가치일 가능성이 있다는 점을 지적하라. 그런 다음 그 응답에 대해 이렇게 물으라. "왜 그것이 중요한지 저한테 좀더 말해주세요." 이것은 틀림없이 그가 자신의 결정에서 대안을 창출하고 평가하기 위해 사용해야 할 근본 목표를 이해하는 데 더 가까이 다가가도록 할 것이다.

친구나 가족하고는 시간이 많을 수도 있다. 특히 진전이 있다면 그렇다. 결정 상황에 따라 가치 중심적 의사 결정 개념 중 어떤 것, 어쩌면 전부가 유용할 터이다. 5장과 8장에서 소개한 이 개념을 이행하는 절차 중 어떤 것을 사용해도 좋다. 이러한 조언이 잘 진행된다면, 당신은 결과적으로 그 의사 결정자를 돕게 되고, 아울러 향후 당신 자신을 도울 능력을 향상시키는 지식과 기술도 얻는다.

중요한 시각

가치 중심적 의사 결정 개념을 명시적으로 사용하려는 최초의 시도에는 그 개념을 당신의 첫 번째 중요한 결정과 씨름하기 전에 생각해볼 만한 여러 작은 결정에 적용하는 일이 수반되어야 하며 아마도 수반될 것이다. 그러나 당신이 직면한 중요한 결정에 대한 최초의 시도가 있을 것이다. 이 의사 결정 과정에서 당신이 얻은 통찰과 거기서 받은 도움이 당신이 기대했던 것보다 결과적으로 적을지도 모른다. 이게 놀랄 만한 일일까? 절대 아니다. 중요한 결정에 가치 중심적 의사 결정을 사용한 첫 번째 시도는 당신이 중요한 결정으로 여러 차례 다른 시도를 하고 나서 점검한다면 당신의 시도 중 덜 유익했던 것 중 하나로 여겨질 확률이 상당히 높다.

가치 중심적 기술이 있으면 당신은 그것을 사용하는 진지한 시도를 열

번만 해도 눈에 띄게 나아질 것이며, 스물다섯 번 시도한 후에는 훨씬 더 나아질 것이다. 당신은 가치 중심적 개념의 경험이 전무한 최초의 지점에서 시작하고 있기 때문에 가파른 학습 곡선이 있다. 만일 가치 중심적 의사 결정을 사용하는 초기 시도에 당신이 학습한 내용의 유용성을 포함시킨다면, 모든 시도는 반드시 성공할 것이다. 가치 중심적 의사 결정을 사용한 초기 경험이 있으면, 당신의 실제 결정 중 어느 것에 착수해도 긍정적인 직접적 결과는 물론 간접적(즉, 미래의 결정을 위해 학습한다) 결과도 가져올 수 있다.

조직의 결정을 위한 추가적 사고

이번 장의 내용은 조직의 의사 결정과 직접적 관련이 있다. 만일 조직이 그곳의 결정과 관련 있는 가치를 명확하게 서술하고 전달한다면 상당한 이득이 있을 것이다. 조직은 혁신적이고 더 나은 대안을 창출하는 데 관심을 가져야 한다. 관련 가치를 이해할 때 조직의 모든 구성원은 조직의 전략적 목표를 달성하게끔 해줄 결정 기회뿐 아니라 더 나은 대안을 생성할 수 있다. 가치 중심적 의사 결정의 개념은 이런 각각의 상황과 관련된 사안을 직접 다룬다. 그러므로 가치 중심적 의사 결정은 조직에 매우 유용할 수 있다. 사용할 때마다 더 나은 결정을 내리는 넛지를 제공할 수 있다.

오직 개인만이 가치 중심적 의사 결정을 조직에 도입하고 이행할 수 있다. 가치 중심적 의사 결정의 개념과 그것의 사용 방법을 배우고 이해한 기업과 조직의 결정에 대해 동료와 작업하면서 당신은 가치 중심적 의사 결정의 개념과 그 사용에 대해 그들을 교육할 수 있고, 다루고 있는 유형의 결정과 관련한 이익을 보여줄 수 있다.

개인이 그것을 조직의 결정에 적용할 수 있다. 그들은 이런 결정에 대해 흔히 동료와 협력할 것이므로, 가치 중심적 의사 결정의 개념과 그 사용에 관해 동료에게 가르치고 있을 것이다.

이번 장은 가치 중심적 의사 결정의 개념을 당신이 직면한 다른 결정에 실행하는 연습을 위해 여러 가지 의사 결정 훈련을 제공했다. 당신이 이 개별 결정을 연습하면서 발전시키는 기술은 조직이 직면하는 모든 결정과 연관된다. 아울러 어떤 특정 조직이든 가치 중심적 의사 결정을 잘 아는 누군가가 또는 일단의 동료가 그 조직에서 발생하는 전형적인 결정을 다루는 유사한 일련의 사례를 설계할 수 있을 것이다. 이러한 사례가 조직의 결정에 그 개념을 사용할 생각인 개인에게 추가적 훈련 기회를 제공할 것이다. 사용할 때마다 결과적으로 경험이 늘어나고 가치 중심적 의사 결정을 활용하는 숙련도도 나아진다.

10

삶의 질을 높여라

지금까지 이 책의 초점은 당신이 직면했거나 직면할 수밖에 없는 개인적 결정에 맞춰져왔다. 이제 나는 초점을 당신이 평생에 걸쳐 내리는 모든 결정의 집합체로 확대한다. 랠프 월도 에머슨(Ralph Waldo Emerson)이 말했듯 "당신의 운명은 오직 당신의 결정에 달려 있다".[1] 당신은 당신 삶의 질을 향상시키고 그것을 높은 수준에서 유지할 힘을 갖고 있다. 당신이 이것을 해내는 방법, 이것을 할 수 있는 유일한 방법은 당신이 직면한 결정과 그 결정을 위해 당신이 실행하기로 결정하는 대안을 통해서다. 이것의 다른 측면은 만일 당신이 목적을 가지고 결정을 내리지 않는다면 당신 삶의 질에 영향을 줄 방법이 없다는 것이다.

우리 대부분은 아마 양질의 삶을 바라겠지만, 그것이 개인적으로 무슨 의미인지 확실히 알고 있지 않다. 이런 상황은 코미디언 릴리 톰린(Lily Tomlin)의 말에 아주 잘 요약되어 있다. "저는 항상 대단한 사람이 되고 싶었지만, 지금은 제가 좀더 구체적이었어야 한다는 걸 깨닫습니다."[2] "나는 어떤 사람이 되고 싶은가?"라는 질문에 답하는 게 더 구체적인 것이다.

당신은 당신의 삶을 가능한 한 잘살고 싶으므로, 당신의 모든 것을 아우르는 인생 목표는 분명 삶의 질의 극대화일 것이다. 양질의 삶을 추구하기 위해 당신은 '삶의 질'이란 개념이 당신에게 무슨 의미인지 정의해야 한다. 이 과업에는 당신이 평생 동안 달성하고, 기여하고, 경험하고 싶은 것을 설명하는 목표를 명확히 표현하는 게 포함된다. 이 삶의 목표가 당신의 모든 결정에 지침과 일관성을 제공한다.

개인의 전략적 계획

평생에 걸친 결정은 목적의식을 가지고 당신 삶의 질에 영향을 주는 유일한 방법을 나타낸다. 그렇다면 당신은 당신의 삶을 위한 의사 결정을 이끌 전략적 계획이 있는가? 대부분의 사람이 없겠지만 다음을 고려하라.

- 많은 사람이 어른이 된 후 경제 계획, 건강 계획, 아마도 사망 계획(가령 유언장, 법적 서류)을 갖게 된다. 이런 계획은 각각 우리 삶에 잠재하는 특정 문제를 다루는 데 도움이 되지만, 삶의 기회나 당신이 살고 싶은 삶을 위한 지침은 거의 제공하지 않는다. 자신이 갖고 싶은 미래를 이끌도록 해주는 삶의 계획을 가진 개인은 거의 없다.
- 대부분의 개인은 기업, 정부 기관 또는 비정부 기구(NGO) 같은 중요한 조직에 틀림없이 전략적 계획이 있을 거라고 믿는다. 내가 "왜요?"라고 물으면,

주어지는 전형적 이유는 모든 조직의 성과는 중요한데 전략적 계획이 우수한 성과를 촉진한다는 것이다. 내가 사람들에게 인생에서 그들의 성과(즉, 그들이 하고, 경험하고, 성취하고, 기여하는 것)가 중요하다고 생각하느냐고 물으면, 그들은 거의 모두 자신의 성과가 중요하다는 점은 인정하지만 좀처럼 전략적 인생 계획을 갖고 있지는 않다.

조직에 전략적 계획이란 흔히 쉽게 혹은 빨리 바꾸거나 적용할 수 없는 커다란 대안의 실행을 포함한다. 조직의 전략적 계획은 일단 대안 실행이 시작되고 나면 비교적 엄격해 바꾸기 어려울 수 있다. 아울러 전략적 계획은 조직의 부서가 어떻게 공동의 목적을 달성하기 위해 협력해야 하는지를 나타내기도 한다. 이러한 전략적 계획은 개인에게는 비실용적일 터이다.

어떤 사람이 개인적 삶을 경영하는 것은 조직을 운영하는 것과는 다른 특성이 있다. 사람의 일생은 다면적이고 역동적이다. 동시에 추구하는 많은 별개의 전략이 있다. 건강, 연애, 육아, 공동체 기여, 팀워크, 친구들과의 시간 향유, 업무상 도전 과제 처리, 재정, 공동체적 사안, 수많은 화제 따라잡기, 영적인 성장 등과 관련한 전략이 있을 수 있다. 이것들을 추구하기 위해 많은 대안을 동시에 계획하고 실행한다. 대안을 신속히 적용해야 하는 사건이 일어날 수 있는데, 개인은 어떤 조직보다도 훨씬 더 민첩하기 때문에 이런 대안이 가끔 실행되기도 한다.

당신은 삶의 질에 영향을 주는 결정을 굉장히 많이 내리고 있기 때문에 인생에서 직면하는 모든 결정에 대해 선택해야 하는 대안을 나타내는 전략적 계획을 개발할 합리적 방법이 없다. 하지만 당신은 당신의 개인적 인생 목표를 구체화하는 전략적 계획에서 엄청난 이익을 볼 수 있다. 인생 목표를 아는 것은 더 창의적이고 더욱 일관되며 전반적으로 훨씬 나을 뿐 아니라 걱정과 좋은 결정을 내리는 데 드는 시간을 줄이도록 당신의 의사 결정을 넛지한다. 인생 목표는 또한 당신이 직면하는 모든 중요한 결정에 대해 구체적 목표를 창출하기 위한 체크리스트를 제공하기도 한다. 당신의 인생 목표는 통틀어 당신이 달성하고 싶은 것의 전체 범위를 포함하므로 그것들을 개발하고 일상적으로 고려하면 모든 중요한 결정에 대한 대안의 창출 및 평가에서 관련 목표를 놓칠 확률이 줄어든다. 이것이 이러한 각각의 결정에 대해 더 나은 선택을 할 넛지를 제공한다.

> 만일 당신이 인생에서 무엇을 달성하고 기여하고 싶은지 명확히 알고 있다면, 당신의 생각과 노력은 이런 열망에 더 잘 집중할 것이다.

인생에서 달성하고픈 것을 확실하게 구체화하면 그것을 달성할 확률이 더 높다—아니, 적어도 더 많이 달성한다. 논리는 간단하다. 만일 당신이 무엇을 달성하고 싶은지 안다면, 그것을 달성할 방법을 생각할 확률이 더 높고, 그것을 추구할 확률이 더 높고, 따라서 그것을 달성할 확률이 더 높다. 미국 야구 선수 요기 베라(Yogi Berra)는 이에 대해 재치 있게 언급했다. "당신이 어디로 가고 있는지 모른다면, 결국 가고 싶지 않은 어딘가에 있게 될 것이다."[3]

인생 목표라는 개념은 분명하므로, 그 개념을 이해해 당신 자신의 인생 목표를 어떻게 개발하고 사용할지 후속 논의를 위한 유용한 배경을 제공하고자 나의 인생 목표를 예로 들어 설명하고자 한다.

나의 인생 목표

다섯 가지 전략적 목표가 궁극적으로 내가 인생에서 추구하는 것을 기술하고 근본적으로 내 삶의 질을 정의한다. 처음 두 가지—"인생을 즐긴다"와 "지적 성취를 이룬다"—는 내가 매일매일 인생에서 바라는 것을 말한다. "풍부한 경험을 한다"는 시간이 지나면서 나의 삶에 영향을 주고 나의 시각과 이해와 개성을 확장시키는 경험을 가리킨다. 마지막 두 가지—"가족과 친구들의 삶을 향상시킨다"와 "사회에 공헌한다"—는 다른 사람의 삶에 긍정적으로 영향을 주고자 하는 나의 바람과 관련이 있다.

다섯 가지 전략적 목표 각각은 더욱 상세한 목표로 정의할 수 있다. "인생을 즐긴다"는 내게 재미, 즐거움, 흥분, 감정을 포함하며 내 기분을 포착한다. "지적 성취를 이룬다"는 배우고 알고 이해하고 추론하는 것을 포함하며, 내 생각을 포착한다. 이런 측면 사이에는 많은 관계가 있다. 학습은 지식으로 이어지고, 지식은 이해로 이어진다. 무엇이 흥미진진하고 즐거운지 더 잘 이해하면 결과적으로 그것들을 더 잘 추구할 수 있다.

"풍부한 경험을 한다"는 감정을 불러일으키며 나로 하여금 경험하고 진정으로 이해하고 사랑, 영감, 자부심, 경이, 환희, 만족, 놀라움, 감사 같은 강하고 긍정적인 기분을 간직하게 해준다. 이런 풍부한 경험 중 일부는 가족과 가장 친한 친구들과의 관계처럼 평생 지속된다. 또 다른 일부는 훨씬 더 짧은 기간에 일어나고 머리와 가슴에 영원히 선명하게 각인된다. 그것들은 다른 기억과 절대 조합되거나 뒤섞이지 않는다. 이것은 내가 그 경험을 자세히 재현하게 해주는 독특한 기억을 제공한다. 그런 추억 중 하나를 끄집어낼 때마다 나는 같은 감정과 기분을 인지할 수 있다.

그림 10.1 나의 인생 목표

수단 인생 목표		전략적 인생 목표
가치 있는 활동을 추구한다 가치 있는 관계를 추구한다 선택의 자유를 극대화한다 선택의 기회를 극대화한다 선택의 자유에 대한 제약을 최소화한다 • 건강을 극대화한다 • 경제적 여유를 극대화한다 • 시간적 여유를 극대화한다 선택의 기회에 대한 제약을 최소화한다 • 창의적 사고를 극대화한다 • 타인에 의한 제약을 최소화한다	——►	**내 삶의 질을 극대화한다** • 인생을 즐긴다 재미있게 산다 흥겹게 산다 한껏 감정에 빠진다 경험을 즐긴다 • 지적 성취를 이룬다 배운다 안다 이해한다 추론한다 • 풍부한 경험을 한다 • 가족과 친구들의 삶을 향상시킨다 아내 재닛과 아들 그레그 다른 가족과 친구들 • 사회에 공헌한다 나의 고용주 내가 속한 조직 나의 전문 분야 나의 공동체 사람들

'——►'는 '영향'을 의미한다

"가족과 친구들의 삶을 향상시킨다"는 많은 사람을 위한 것이므로 근본적으로 내게 중요하다. 이 목표의 두 가지 가장 큰 측면은 아내 재닛과 아들 그레그뿐 아니라 그 밖의 가족 및 친구들과도 관계가 있다. "사회에 공헌한다"와 관련해서 이것은 직원, 내가 속한 조직, 나의 전문 분야, 나의 공동체, 그리고 동료, 독자 및 내가 접촉하는 그 밖의 사람을 포함한다.

그림 10.1 왼쪽에 내 전략적 인생 목표를 더 잘 달성하는 데 이바지하는 주요 수단 인생 목표(means life objective)가 있다. 내 인생 목표 사이의

그림 10.2 나의 인생 목표 도식

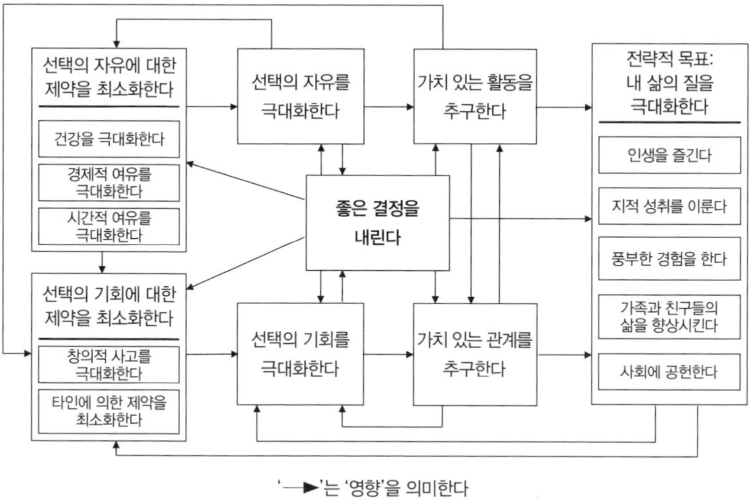

'수단-목적' 관계는 그림 10.2의 인생 목표 도식에 나와 있다. 명확성을 위해 그림 10.1에 있는 더 높은 수준의 전략적 인생 목표만 그림 10.2에 포함시켰다.

건강, 재정적 여유, 시간적 여유와 관련해 그림 10.2에 나와 있는 선택의 자유에 관한 세 가지 제약을 검토하는 것이 좋겠다. 나는 이것들을 양질의 현대적 삶에 필요한 세 가지 필수 수단 목표로 여긴다. 만일 내가 극도로 건강이 안 좋거나 굶지 않을 만큼의 돈만 있거나 사실상 시간적 여유가 없다면, 내가 하고 싶은 것 대부분을 추구할 수 없을 것이다. 하지만 만일 내가 건강하고 충분한 돈과 시간이 있다면, 나는 나 자신을 위해서나 다른 사람을 위해 내가 하고 싶은 것은 이론상 무엇이든 할 수 있을 터이다.

이 이론상의 가능성으로부터 이득을 얻으려면 나는 그림 10.2의 왼쪽 하단에 있는 대로 내가 하고 싶은 재미있는 일들에 관해 좋은 아이디어를 능동적으로 창출하고 나의 가능한 선택에 대한 타인과 상황으로부터의 제약을 제한할 필요가 있다. 통틀어봤을 때 이러한 목표를 달성하면 내가 선택할 수 있는 대안과 그것을 선택할 나의 자유는 확대되고 높아질 것이다. 그러니까 좋은 결정을 내리는 게 필수다.

인생에서 내가 무엇을 하느냐와 누구와 함께 그것을 하느냐는 내가 삶의 질에 영향을 미칠 수 있는 정도까지 거기에 영향을 준다. 만일 내가 더 형편없는 결정을 내린다면, 질이 더 낮은 인간관계를 맺고 질이 더 낮은 활동을 할 가능성이 높고, 이는 더 낮은 삶의 질을 초래할 것이다. 반면 만일 내가 더 나은 결정을 내린다면, 이것은 나의 인간관계와 활동의 질을 틀림없이 향상시킬 테고, 그에 따라 더 높은 삶의 질로 이어질 것이다.

> 당신의 인생을 위한 전략적 목표는 삶에서 당신의 모든 결정을 이끄는 토대다.

인생에서 근본적으로 중요한 게 무엇인지에 관한 다른 이들과의 토론에서 나는 종종 "건강이 저한테는 가장 중요해요" 같은 말을 들은 적이 있다. 건강은 내게도 아주 중요하므로 그것이 내 전략적 인생 목표 중 하나인지에 관해 나도 주의 깊게 생각해봤다. 기본적으로 나는 다음과 같이 자문했다. "나는 믿기 어려울 정도로 건강하지만 즐거움이 거의 없고 지적인 성취도 없고 풍부한 경험도 없고 가족과 친구들의 삶을 향상시키거나 사회에 공헌하지 않는다고 가정하자. 나는 양질의 삶을 살고 있는 것일까?" 답은 확실하다. 아닐 것이다. 그런 삶은 평생 한자리에 붙박여 있는 건강한 나무의 삶과 비슷할 터이다. 따라서 내게 건강은 분명 높은 삶의 질에 이르는 수단 목표다. 하지만 이것이 나의 건강 목표가 나의 전략적 인생 목표 중 어느 것보다 덜 중요하다는 말은 아니다. 만일 건강이 아주 안 좋다면 삶의 질은 어쩔 수 없이 제한될 테고, 건강이 좋다면 삶의 질이 높을 테니 말이다.

그림 10.2의 틀은 내 인생의 결정에 대한 명확한 사고를 용이하게 해준다. 그것은 가치 중심적 의사 결정을 촉진한다. 왜냐하면 내 생각은 그림 10.2의 목표에 서술한 대로 잠재적 대안이 어떻게 나의 가치를 달성하는 데 영향을 주는지에 초점을 맞추기 때문이다. 나의 삶을 변화시키는 결정에서부터 나의 하루를 개선하는 결정에 이르기까지 수시로 모든 결정을 내 인생 목표를 사용해 이끎으로써 나는 일상적으로 더 나은 결정을 내리도록 나 자신에게 넛지하고 있다.

당신의 인생 목표 사용하기

인생 목표는 당신이 바라는 삶을 살도록 당신을 이끄는 로드맵을 제공한다. 당신이 경험하게 될 인생에 미치는 유일한 영향은 당신의 결정에서 기인하므로, 인생 목표 역시 당신이 정의하는 양질의 삶을 제공하기 위한 모든 결정에 일관성의 기초를 제공한다. 아울러 특정 목표는 당신이 바라는 것과 당신이 달성한 것 사이의 차이를 인식하게 하고 당신이 개선할 기회를 파악하도록 도와주는 과정을 용이하게 할 수 있다.

인생 목표는 삶을 살아가는 지침을 제공하므로, 시간이 지나도 거의 바뀌지 않을 것이다. 그렇지 않으면 그건 당신의 인생 목표가 아닐 테니 말이다. 만일 당신이 생각하기에 새로운 인생 목표를 파악한다 해도 대개는 당신의 목표가 변동되지 않을 때가 많다. 오히려 그것은 당신의 인생 목표 중 하나에 대해 더욱 명확한 이해를 얻었다는 표시이거나 특정 인생 목표의 중요한 측면을 당신이 강조하고 싶었음을 보여줄 확률이 높다.

시간이 흐르면 바뀔 **듯한** 것은 당신의 인생 목표를 추구하기 위한 일련의 현실적 대안이다. 예를 들어 당신이 의미 있고 즐거운 관계를 추구한다는 인생 목표를 갖고 있다면 그런 관계를 발전시키는 15세, 25세, 45세, 70세 때의 현실적 대안은 그 나이의 관심사, 건강, 경제적·시간적 여유와 관련한 다른 상황 때문에 굉장히 다를 수 있다.

당신 삶의 질을 정의하고, 당신의 결정을 이끌고, 그 결정에 일관성의 기초를 부여하고, 능동적으로 당신의 삶을 향상시키기 위한 인생 목표의 구체적 사용에 관해서는 좀더 자세히 언급하는 게 좋겠다.

당신 삶의 질 정의하기. '삶의 질'에는 표준이 없다. 사람마다 자신만의 개념이 있을 것이다. 하지만 삶의 질을 지칭할 때 그게 무슨 의미인지 명확한 정의를 하는 사람은 거의 없으며, 자신의 삶의 질에 대해 종합적 설명을 발전시켜본 사람은 그보다 더 적다. 이것이 당신의 인생 목표를 창출하는 게 왜 유용한지 핵심적 이유다. 전략적 인생 목표는 삶의 질을 지칭할 때 당신이 의미하는 바를 정의하고 어떻게 당신이 삶의 질을 판단해야 하는지 기초를 제공한다.

당신의 결정 이끌기. 일단 인생 목표를 창출하고 나면 그것을 자동차 여행을 위한 내비게이션 시스템처럼 사용할 수 있다. 내비게이션 시스템은 당신이 현재 있는 곳에서부터 있고 싶은 곳까지 어떻게 가는지 여행의 지침을 제공한다. 당신의 인생 목표는 당신이 현재 있는 곳에서부터 가고 싶은 곳까지 당신을 데려다주는 모든 결정의 지침을 제공할 수 있다. 당신의 여행 대부분이 당신한테는 익숙하므로 내비게이션 시스템을 대놓고 사용할 필요는 없지만, 아마 당신의 여행이 내비게이션의 제안과 일치할 확률이 꽤 높을 것이다. 당신의 결정도 대부분 익숙하므로, 당신의 인생 목표를 대놓고 점검하지 않을 것이다. 그것들은 내재화해 있어 당신의 신중한 결정을 이끄는 데 자연스럽게 쓰인다.

당신은 한 번도 가본 적 없는 곳으로 가는 중요한 여행에서는 어디로 언제 어떤 결정을 내릴지 제안하며 안내하는 내비게이션 시스템을 사용할 것이다. 마찬가지로, 복잡하거나 독특한 특성이 있는 중요한 결정의 경우, 당신은 그 결정에 적합한 일단의 목표를 구체화하고, 더 나은 대안을 개발하고, 당신이 현재 갖고 있는 정보를 감안해 어떤 대안을 선택할지 평가하는 데 도움이 되는 인생 목표를 아마 대놓고 사용하고 싶을 것이다. 만일 당신이 여정 중에 제안받은 방향 전환을 놓친다면, 내비게이션 시스템은 당신의 목적지로 데려다줄 결정을 어떻게 내려야 할지 제안할 것이다. 마찬가지로, 만일 어떤 개인적 결정 때문에 당신의 의도와 맞지 않는 방향으로 가고 있을 경우, 당신의 인생 목표를 조회하면 당신이 얼마나 벗어나 있는지 인식하고 당신이 목표를 더 잘 추구하도록 현재의 대안을 적용하거나 대체하는 방법을 결정하게 될 것이다. 당신한테 당신의 인생 목표 달성과 긴밀하게 연관된 결정 쪽으로 은근하게 넛지하는 당신의 가치 내비게이션 시스템(value navigation system)이 있다는 것은 다행이다.

당신의 결정에 일관성 부여하기. 당신의 인생 목표는 당신의 모든 결정에 당신이 정의하는 양질의 삶을 제공하기 위한 일관성의 기초다. 당신이 내리는 모든 결정의 목적은 삶의 질을 향상시키는 데 기여하는 것이고, 여기에는 당신이 좋아하는 다른 사람들에 대한 고려도 포함된다. 따라서 당신의 인생 목표, 특히 특정 결정에 영향을 받는 목표는 궁극적으로 그 결정에 대한 대안의 평가와 연관된 것이다. 이것을 대놓고 수행하는 것은 실용적이지 않다. 따라서 우리는 각 결정에 대해 당신 삶의 질에 궁극적으로 영향을 미치는 결과를 더 직접적으로 기술하는 목표를 선택한다.

서로 다른 결정 사이의 일관성은 중요한 결정에 대한 목표를 구체화할 때 그 사람의 인생 목표를 언급함으로써 촉진할 수 있다. 그 결정이 당신의 인생 목표 각각에 어떤 영향을 줄지에 대한 고민이 그 결정을 위해 선택한 특정 목표에 영향을 줄 것이다. 이는 각양각색의 중요한 결정이 당신 삶의 질에 얼마나 효과적으로 공헌하는지에 대한 비공식적 평가를 제공할 터이다. 당신이 2개의 중요한 결정 중 단 한 개를 추구할 시간이나 돈밖에 없고, 그중 하나가 당신이 느끼기에 삶의 질을 향상시키는 데 더 큰 영향을 끼칠 것 같다면, 바로 그것이 당신이 밀어붙여야 할 결정이다. 이것은 당신의 돈 '뭉치'와 시간으로 당신 삶의 질에 어떻게 가장 큰 '대박'을 터뜨릴지 알아내는 데 도움이 된다.

당신의 삶을 능동적으로 향상시키기. 결정 문제를 다루는 것은 삶의 질을 그저 유지할 뿐이다. 삶의 질을 높이고 싶다면 결정 기회를 파악해 추구해야 한다. 7장에서는 향후 당신이 원하거나 원하지 않을 것에 대한 인식을 바탕으로 결정 기회를 창출하는 방법에 관한 정보를 제시했다. 당신의 인생 목표는 더욱 체계적으로 가치 있는 결정 기회를 창출하는 출처를 제공한다. 당신의 어떤 인생 목표에 대해서든 그리고 언제든 당신은 스스로 이렇게 물을 수 있다. "이 목표에 대해 나의 성과를 어떻게 높일 수 있을까?" 머릿속에 떠오르는 대답이 결정 기회를 창출하는 기초가 될 것이다. 이 아이디어를 사례와 함께 사용하는 것은 이번 장 뒤쪽에서 상세히 소개한다.

대부분의 사람은 자신의 인생 목표를 명확히 표현하고 이해하는 데서 이익을 얻을 것이다. 이런 이해는 당신에게 자신의 삶을 더 잘 통제할 힘을 부여하고, 그것이 삶의 질 상승을 초래할 것이다. 이번 장의 남은 부분은 당신의 삶을 이끄는 데 있어 전략적 목표를 창출하고 정리하고 사용하는 방법과 절차를 개괄한다.

당신의 인생 목표 창출하기

인생에서 자신이 무엇을 원하는지 철저하게 이해하는 사람은 거의 없다. 하지만 우리는 각자가 정의하는 식의 좋은 인생을 원한다. 당신이 생각하기에 당신에게 좋은 삶이란 어떤 것인지 확실히 이해하는 게 당신의 인생 목표를 명확히 하는 데 시간을 쏟는 목적이다. 이 과제에 대한 당신의 노력은 사실 명확히 서술된 것은 하나도 없이 시작되므로, 당신의 노력을 보상하는 유용한 진보를 이룰 가능성이 높다.

인생을 위한 목표를 창출하는 것은 개념상 중요한 결정을 위한 목표를 창출하는 것과 같다. 따라서 5장에서 언급했던 결정에 대한 목표 파악 절차를 인생 목표를 파악하는 데도 쓸 수 있다. 사실 인생 목표를 정의하고 명확히 하는 과정은 더 어렵기도 하고 더 중요하기도 하다.

최초의 인생 목표 목록 만들기. 당신 삶의 가치를 창출하려면 개인적으로 당신에게 무엇이 중요한지, 그리고 왜 그런지에 관해 시간을 두고 깊고 오래 생각해야 한다. 거기에는 당신의 생각과 감정이 포함되며, 아울러 당신의 삶이 정말로 어땠으면 좋을지에 관한 당신의 공상도 일부 들어간다. 다행히 그 과정은 재미있고, 깨달음을 주며, 보람도 있다.

인생의 가치를 파악할 때 가장 어려운 측면은 그것을 나열하고 명확히 할 수 있도록 의식으로 끌어내는 것이다. 인생의 가치 목록을 최초로 구축하는 것은 창의적 과정이다. 명확하게 이 가치를 서술할 때 그것이 무엇인지 또는 그것을 어떻게 기술하거나 나열할지에는 제한이 없다. 사고에 제약을 두지 말라. 당신이 느끼기에 삶의 질에 영향을 미칠 수 있는 것이라면 무엇이든 포함시켜라. 이것은 위시리스트를 만드는 것이지 당신이 반드시 달성할 수 있는 것들의 목록이 아니다. 잠재적 가치에 대해 "너무 많이 바라는 거야. 나한테는 그런 게 없어" 식의 생각이 든다면, 그냥 훈계는 잊어버리고 그 가치를 당신의 목록에 집어넣어라.

어느 시점에 당신의 아이디어는 고갈되겠지만, 목록은 끝난 게 아니다. 5장에서 언급한 연구와 경험은 모두 중요한 결정에 대한 가치를 창출하는 개인의 능력에 관해 두 가지 중요한 사실을 입증한 바 있다. 첫째, 사람들은 보통 첫 시도에서 자신의 중요한 가치 중 절반도 파악하지 못한다. 둘째, 처음에 파악하지 못한 가치가 첫 목록에 실제 포함된 것만큼이나 중요할 때가 많다. 전문가와 대학원생 양쪽에 그들 인생의 가치를 파악하라고 요청한 경험을 바탕으로 했을 때, 사람들은 자신의 인생 가치를 창출하는 좀더 어려운 이 도전 과제에서 별로 나을 게 없다는 것이 내 예상이다. 집중적 지침과 충분한 사고와 장시간의 지속적 노력이 있다면 당신은 틀림없이 당신의 인생 가치를 유용하게 표현해낼 수 있을 것이다.

당신이 바라는 삶에 대한 당신의 비전이 당신의 인생 가치에 관한 생각을 자극할지도 모른다. 그것을 평생 동안 당신이 바람직한 경로를 이동하면서 담은 자신의 영상으로 그려볼 수 있다. 그렇지 않으면, 당신이 살고 싶어 하는 삶에 대한 자서전으로 상상할 수 있다. 만일 당신 삶의 비전에 멋진 가정을 꾸리는 것이 포함된다면, 이것이 당신한테 어떤 의미인지 잘 생각해보고 싶을 것이다. 이것이 멋진 가정을 꾸리는 데 대한 당신의 가치를 특징짓게 해줄 것이다. 이것을 고려했을 때 당신은 멋진 가정을 꾸리는 데 기여할 수단 가치를 생각할 수 있다. 이 사고 과정은 또한 멋진 가정을 갖기 위해 추구하면 유용할 많은 결정 기회도 제시할 것이다.

다음은 당신이 예전에 인식하지 못한 인생의 가치를 좀더 잘 파악하는 데 도움이 될 여섯 가지 추가 제안이다.

1. 당신이 상당한 시간을 쏟아가며 해온 활동(가령 일과 레저)을 생각해보라. 이 활동의 어떤 점을 좋아하고 즐기는지 자신에게 물어보라. 또한 당신이 피하고 싶은 의도치 않은 결과가 있는지도 물으라. 이것들 각각에 대한 당신의 답변이 가치를 말해준다.
2. 당신이 내린 아주 좋은 결정과 아주 나쁜 결정을 곰곰이 생각해보라. 좋은 결정의 경우, 그 결정을 그만큼 좋게 만든 어떤 가치를 달성했는지 알아내라. 나쁜 결정의 경우, 달성하거나 고려했어야 할 어떤 가치를 달성하지 못했거나 고려조차 하지 않았는지 알아내라.
3. 과거 중요한 결정의 아주 좋은 성과와 아주 나쁜 성과를 파악하라. 좋은 성과의 경우, 달성된 가치를 알아내라. 나쁜 성과의 경우, 어떤 가치가 부정적 영향을 받았는지 알아내라.

4. 미래에 다른 연령이 된 자신을 상상하라. 당신의 주요 관심사가 현재의 관심사와 다소 달라질 거라고 당신이 생각하는 시기의 다른 연령을 네 개 정도 고르라. 각 연령별로 당신이 당시 갖고 있을 인생의 가치에 대해 곰곰이 생각하라. 당신의 사고를 용이하게 하기 위해 당신이 현재 존중하고 존경하는 그 연령의 친구나 가족 또는 지인을 파악하고, 당신의 존중과 존경을 얻은 그들이 추구할 법한 가치를 고려할 수도 있다.
5. 당신의 인생에 포함시키지 않았거나 거기에 할애할 시간이 충분치 않았다면 나중에 후회할 것 같은 것을 곰곰이 생각해보라. 현재의 삶과 지금으로부터 20년 후의 삶을 점검하고, 누락했거나 누락할 법한 주요 측면이나 경험을 파악하라. 이런 사고가 당신이 중요한 인생의 가치를 파악하는 데 틀림없이 도움을 줄 것이다.
6. 당신의 가족과 친구의 시각을 물어보라. 당신을 위해 그들은 각자 어떤 가치를 제안할까? 이 제안된 가치가 당신에게 적합한지, 그냥 당신이 가졌으면 하고 누군가가 바라는 가치는 아닌지 신중히 생각해보라. 그것이 당신의 가치라고 판단할 경우에는 포함시켜라.

새로 파악한 가치를 전부 당신의 처음 목록에 합쳐라. 겹치거나 혹시 중복되더라도 이 창의적 단계에서는 아무런 문제도 초래하지 않으며 나중에 그 과정에서 쉽게 관리할 수 있으니 걱정하지 말라.

진정한 자기 탐구는 그다음에 등장한다. 지금 당신의 목록에 있는 모든 가치의 근거를 하나하나 따져보라. 각각의 가치마다 그것이 당신의 인생 가치 중 하나인지, 그렇다면 왜 그런지 고려하라. 이 질문에 대해 생각하려면 당신이 삶에서 정말로 원하는 게 뭔지 좀더 깊이 캐내야 한다. 답변과 그다음 답변에 반복적으로 "왜?"라고 묻다 보면 당신이 삶에서 진정으로 원하는 것이 뭔지를 더 잘 이해하도록 당신을 몰아간다. 이 과정에서 당신의 목록에 추가될 새로운 가치가 나타날 수 있다. 그것은 또한 당신의 전략적 인생 가치로 당신을 이끌 수단에서 목적까지(means-to-ends)의 연쇄적 사고를 일으키기도 한다.

이제 당신은 더 크고 더 완전한 인생 가치 목록을 분명 갖고 있다. 그러나 아직 끝이 아니다. 속담처럼 하룻밤 자면서 생각하라—아니, 더욱 적절하게는 깨어 있는 동안 그것과 함께 살아라. 몇 주 또는 심지어 몇 달 동안이라도 때때로 인생의 가치에 대해 숙고하라. 뭔가 새로운 것이 생각나면 목록에 집어넣어라. 이 새로운 가치에서 나온 지침을 재사용하라. 잠재적인 인생 가치에 대한 당신의 거의 모든 생각이 목록에 이미 있다고 느낀 후에야 당신은 기본적으로 끝낸 것이다. 나는 '기본적으로 끝낸'이라고 말했다. 아이디어 하나가 머릿속에 떠오르거나 현재 당신이 더욱 명확하게 이해하고 있는 기존의 가치를 수정할 경우, 새로운 관련 가치는 언제든지 추가할 수 있기 때문이다.

인생 가치를 목표로 서술하기. 인생에서 당신이 신경 쓰는 것에 대한 확실한 기록이 없던 상태에서 인생의 가치 목록이 있는 상태로 가려면 엄청난 노력이 필요하다. 인식한 모든 가치를 하나의 목표로 서술하는 것, 다시 말해 그 가치를 '목적어-동사' 결합으로 명확하게 서술하는 것은 훨씬 덜 어렵다.

당신이 파악한 가치를 목표로 서술하는 데는 두 가지 이유가 있다. 이 과정은 흔히 서술된 가치의 의미를 명확히 해주고, 그러고 나면 모든 가치를 일관된 형식으로 서술할 수 있다.

인생의 가치를 목표로 서술할 때 다음 문장이 틀림없이 이해될 것이다. "만일 내가 〔여기에 목표를 배치하라〕를 한다면 내 삶은 더 나아질 것이다." 예를 들면 "나의 배우자를 기쁘게 한다", "나의 부를 극대화한다", "나의 공동체에 기여한다", "건강을 증진시킨다(또는 유지한다)", "예술을 위해 시간을 낸다"가 있다. 인생 가치를 결국 인생 목표로 서술하는 쪽으로 마무리하길 원한다는 것을 인식하고, 이런 가치를 처음 파악할 때 아예 목표로 적도록 선택해도 된다.

인생 목표 구별하기. 일단 인생의 가치를 목표로 서술하고 나면 목록의 각 항목이 정말 당신 인생의 목표 중 하나인지 확인하기 위해 점검을 해야 한다. 목록의 어떤 항목은 변경하거나 확장하거나 제거해야겠다고 알아차릴 수도 있다.

목록에서 목표가 아닌 것 같은 흔한 항목이 대안이다. 대안도 목표처럼 목적어와 동사로 서술할 수 있다. 어떤 사람은 목표 목록에 "크로아티아를 방문한다"가 있을 수 있다. 이것이 정말 목표인지 아니면 대안인지는 그 사람이 크로아티아를 방문할지 말지에 대해 전권을 가졌는지에 달려 있다. 만일 그가 여행 경비를 감당할 수 있고, 시간을 낼 수 있고, 거기에 갈 만한 건강 상태라면 그것은 대안이다. 그의 관련 목표는 "내가 왜 크로아티아에 가고 싶어 하지?"라는 질문에 대한 답변에서 찾을 수 있을 것이다. 그의 목표 중 어떤 것은 "나의 조상에 대해 더 많이 안다" 같은 크로아티아에 특화된 것일 수도 있고, 또 어떤 것은 "유럽사에 대한 지식을 확장한다"처럼 더 일반적인 것일 수도 있다. 만일 그에게 크로아티아를 방문할지 말지에 대한 전권이 없다면 그것은 목표다. 제약은 돈이나 시간 또는 건강일 수 있다. 만일 자금이 문제라면 그는 목표를 "원하는 여행 자금을 확보한다"가 포함되도록 확대할 수 있다.

당신은 목표 하나하나를 명확하고 모호하지 않게 서술하길 바란다. 이와 관련해 좋은 검증은 또 다른 관계자가 그것을 읽고 당신 목표의 의미를 이해할 수 있는지 여부다. 가령 당신 목록의 목표 중 하나가 "내 삶의 주도권을 잡는다"로 서술되어 있다고 치자. 주도권은 생각 없이 충동적으로 행동하고 싶지 않거나 타인의 제약이나 영향 없이 혼자 힘으로 선택하고 싶다는 뜻일 수 있다. 그리고 당신이 인생의 목표를 추구하는 선택을 제한하는 자금이나 시간 또는 건강 같은 자원이 부족하길 바라지 않는다는 뜻일 수도 있다.

또 다른 목표를 처음에는 "뛰어난 전문 경력을 갖는다"로 서술할 수 있다. 당신이 말하는 "뛰어난 전문 경력"이 무슨 뜻인지는 명확히 밝혀야 한다. 이것이 목록에 추가해야 할 다른 목표를 말해줄지도 모른다. 뛰어난 경력에는 "돈을 많이 번다", "윤리적으로 행동한다", "사회를 위해 가치를 생성한다", "직원에게 많은 양질의 일자리를 제공한다", "오래갈 가치 있는 신제품을 발명한다", "젊은 동료에게 멘토가 되어준다", "내 분야의 최고가 된다", "내 뛰어난 능력을 인정받는다", "유명해진다", "권력을 갖는다", "내 아이디어와 결정으로 존경을 얻는다" 또는 "이것들 모두를 누린다"가 들어갈 수 있다. 대부분의 사람에게 뛰어난 경력이란 위의 목표 중 일부와 목록에 없는 다른 목표도 포함할 법하다.

이 두 가지 사례가 말해주듯 당신이 의미하는 바를 목표로 명확히 해주는 것은 종종 가치 있으며, 그러려면 더 구체적이어야 한다. 더 구체적이려면 가끔 '주도권' 상황에서처럼 목표에서 용어의 의미를 명확히 해야 한다. 그런가 하면 어떤 때는 "뛰어난 전문 경력을 갖는다"처럼 근본적으로 맨 처음 서술된 목표의 의미를 정의하는 구성 요소 목표(component objective)를 구체화해야 한다.

인생 목표 정리하기

전략적 목표의 정리에는 그림 10.1에 나오는 것과 유사하게 그것들을 수단 인생 목표와 전략적 인생 목표로 분리하는 것이 포함된다. 수단 인생 목표와 전략적 인생 목표의 역할은 다르기 때문에 이렇게 하면 인생을 바꾸는 중요한 결정에 대한 당신의 생각이 명확해질 것이므로 중요하다. 전략적 인생 목표는 당신이 인생에서 무엇을 바라는지 확실하게 요약해주고, 수단 인생 목표는 당신의 전략적 인생 목표를 성취할 많은 대안을 제안하는 기초다. 인생 목표를 정리하는 데는 기본적으로 세 단계가 있다. 목록에서 비슷한 목표를 한데 모으고, 수단-목적 관계를 파악하고, 전략적 인생 목표를 고르는 것이다. 실제는 이 단계 사이를 오가는 게 흔히 자연스럽기는 하지만, 나는 이것들을 개별적으로 논의하겠다.

목표를 클러스터로 모으기. 내 경험상 당신은 열심히 생각한 끝에 인생 목표를 20~100개 정도 파악했을 것 같다. 인생 목표를 더 잘 살펴보기 위해 당신이 생각할 필요가 있는 목표 수를 줄이려면 관련된 목표를 더 상위의 일반 목표로 합치는 것이 유용하다. 구체적으로 말하면, 목표를 비슷한 초점과 연관된 집단으로 모을 수 있다. 앞서 언급한 "뛰어난 전문 경력을 갖는다"는 목표는 뛰어난 경력을 특징짓는 많은 구체적 목표를 위한 클러스터 목표(cluster objective)임을 기억하라. 클러스터는 또한 재미있는 것을 계속 배운다든가 자유 시간을 더 늘린다든가 하는 삶의 요소와도 관련이 있을 수 있다. 클러스터 안의 요소를 기술하는 좀더 일반적인 목표를 사용해 각각의 클러스터마다 이름을 붙이면 된다.

목표들 간의 관계에 대한 이해를 단순화시켜줄 한 가지 유형의 클러스터를 포함 클러스터(inclusion cluster)라고 한다. 가령 그림 10.2의 한 클러스터 목표는 "선택의 자유에 대한 제약을 최소화한다"이다. 무엇이 제약인지 생각해보면 거기에는 건강과 경제적·시간적 여유에서 비롯된 것들이 포함된다. 이런 각각의 요소와 연관된 목표가 그 클러스터 목표의 일부분이다. 당신은 인생 목표 도식에 상위의 클러스터 목표만 제시하거나 아니면 상자 안에 그 상위 목표의 의미를 좀더 자세히 정의하는 클러스터 목표의 요소를 포함하면 된다.

수단-목적 관계 파악하기. 일단 많은 인생 목표에 대해 클러스터를 구체화하고 나면, 그 클러스터와 클러스터 안에 없는 목표를 서로 연결하는 것이 유용하다. 지침이 될 원칙은 5장에서 소개했으며, 그림 10.1 및 10.2에서 제시한 것과 비슷한 수단-목적 관계를 파악하는 것이다.

수단-목적 관계는 목표가 서로 어떤 영향을 주는지 나타낸다. 건강이 좋거나 재원이 많은 것은 그림 10.2에 나온 대로 영향을 주는 관계에 있기는 하지만 당신에게 더 큰 선택의 자유를 갖게 하지는 않는다. 우리는 선택의 자유를 확대하는 결정을 내리기 위해 그 건강과 재원을 활용할 수 있다. 건강과 재원 없이는 선택의 자유는 제한될 때가 많다.

당신의 전략적 인생 목표를 파악하라. 당신의 전략적 인생 목표는 궁극적으로 삶에서 당신이 달성하고 싶은 것을 정의한다. 이 전략적 인생 목표는 논리적 목적에 맞춰 일련의 수단-목적 관계를 따름으로써 파악한다.

클러스터 목표를 포함한 각각의 목표에 대해 이것이 왜 중요한지 당신 자신에게 물어보라. 그것은 다른 목표나 클러스터한테는 수단이기 때문에, 혹은 그것을 더 잘 달성하면 당신 삶의 질을 직접적으로 향상시키기 때문에 중요할 수 있다. 인생 목표 도식에 있는 어느 목표를 더 잘 달성하든 당신 삶의 질을 개선하는 데 이바지할 수 있으므로 핵심 쟁점은 이러한 달성이 직접적인지 아닌지 여부다.

어떤 클러스터에는 수단 인생 목표와 전략적 인생 목표가 둘 다 포함될 수 있다. 이런 경우 클러스터를 단지 수단 목표인 것과 전략적 목표인 것으로 나누는 게 유용할 터이다. 일례로 "멋진 대학 경험을 한다"는 클러스터의 경우, 전략적 인생 목표는 당신이 배우고 보유한 지식 및 당신이 누렸던 즐거움과 연관될 수 있다. 당신이 대학 졸업 후 일자리를 얻고 재미있는 사람들을 만나고 생활비를 관리하도록 해주는 목표는 중요하긴 하지만 수단 인생 목표다.

전략적 인생 목표가 수단 목표가 될 수도 있다는 점을 언급하는 게 좋겠다. 이것은 오늘 어떤 전략적 인생 목표를 더 잘 달성한 것이 나중에 다른 인생 목표를 달성하는 데 영향을 미칠 때 발생한다. 가령 그림 10.1과 관련해서 지적 성취의 일환으로는 지식을 학습하고 증진하는 것이 포함된다. 이것은 나중에 더 많은 선택 기회로 이어질 것이다. 그리고 선택지가 늘어나면, 훗날 나의 전략적 인생 목표를 더 잘 성취할 훨씬 나은 대안을 선택할 수 있다.

당신의 결정으로 삶을 능동적으로 이끌기

우리는 모두 평생 많은 결정에 직면한다. 매일매일 우리는 명백하게든 은연중이든 우리의 시간을 어떤 활동에 쓸 것이며 각각의 활동에 얼마나 쓸지에 관해 많은 결정을 내린다. 이 기본적인 결정 중 중요한 것은 거의 없을 수도 있다. 하루를 마감하며 당신은 이런 생각을 할지도 모른다. "오늘 하고 싶었던 일은 거의 못했고. 특별히 재미있거나 중요한 일은 하나도 못했네." 이런 상황이 매일 반복된다면 아마도 인생에서 당신이 원하는 것의 정반대일 터이다. 요점은 무의미해 보이는 수많은 결정이 집합적으로는 중요하다는 것이다.

이런 상황을 통제하는 방법을 알기 위해 당신의 결정이 어떻게 생겨나는지 돌아보는 게 도움이 되겠다. 기본적으로 당신의 결정은 세 가지 원천으로부터 발생한다. 타인의 행동, 외부 환경, 그리고 당신 자신이다. 사장이 당신한테 중요한 과업을 줄 때나 어린 자녀의 학교 성적이 형편없을 때 당신은 다른 사람의 의도적이거나 비의도적인 행동의 결과로 결정을 내려야 한다. 만일 궂은 날씨 때문에 중요한 여행을 한참 연기하게 됐거나, 당신의 금융 투자가 값어치를 잃었거나, 최근 움직일 수 없을 만큼 심각한 골반 통증을 경험했다면 당신은 상황의 결과로 인해 결정을 내려야 한다. 나는 이런 방식 중 하나로 발생하는 결정을 '결정 문제'라고 부른다. 왜냐하면 그것의 발생이 당신의 통제 아래 있지 않기 때문이다. 만일 당신에게 정말 통제권이 있다 치더라도, 당신이 아이의 나쁜 학교 성적을 개선하거나, 여행 경로 혹은 일정을 다시 잡거나, 골반 통증에 대해 어떤 조치를 취하는 방법에 대한 결정에 직면하길 택하지는 않을 것이다. 이것들은 문제가 **맞다**!

만일 당신이 7장에서 언급한 대로 스스로 결정 기회를 선언한다면 상황은 다르다. 당신의 통제로 인해 일어나는 이런 결정은 당신의 삶을 향상시킬 수 있는 기회를 나타낸다. 당신은 이 결정 기회를 창출하기 위해 당신의 권한을 사용해야 하며, 이것이 삶의 질을 상당히 높일 수 있다.

당신의 결정 기회에 관한 사고를 자극하는 원천은 당신이 경험하고 싶은 것을 생각하는 데서부터 7장에서 거론한 대로 무작위로 보이는 통찰의 불꽃에 이르기까지 다양하다. 당신의 시간과 노력을 들일 만한 결정 기회를 체계적으로 창출하려면 인생 목표 도식의 목표를 사용하면 된다. 각각의 목표를 개별적으로 고려하고, 당신의 현재 상황과 이 목표와 연관된 향후 계획에 만족하는지 자문해보라. 만일 답이 "아니요"나 "완전히 그렇지는 않다"라면, 명확한 결정 기회는 "어떻게 하면 이 목표와 관련해 나의 상황을 개선할 수 있을지 결정한다"이다. 당신이 현재에 만족한다 하더라도 미래에 이 목표의 달성을 유지하거나 개선하고 싶은 마음이 있다면 그것은 결정 기회를 시사한다.

> 결정 기회의 잠재성을 알면 당신은 자연히 그걸 창출하는 능력을 개발할 것이다. 체계적인 결정 기회 창출의 기초는 당신이 인생 목표 도식에 적은 목표들이다.

결정 기회의 세 가지 다른 범주를 논의하는 게 도움이 되겠다. 바로 중요한 단일 결정(important single decision), 공조 부류 결정(coordinated classes of decision), 그리고 개인적 정책 결정이 그것이다. 결혼을 할지, 자녀를 가질지, 석사 학위 과정을 밟을지, 아니면 임시직을 수락할지 여부는 모두 중요한 단일 결정이다. 당신의 전문 경력을 향상시키거나 아이를 잘 키우거나 2년짜리 해외 파견 근무로 직업적·개인적 이득을 얻는 방법에는 각각 공조 부류 결정이 포함된다. 건강이나 시간 사용 또는 재정 관리에 관한 결정 기회는 흔히 개인적 정책 결정으로 적절하게 다룰 수 있다.

중요한 단일 결정. 어떤 중요한 개별적 결정은 인생을 바꾼다. 당신의 여러 가지 인생 목표에 영향을 미치기 때문이다. 누구와 결혼할지, 이혼을 할지 말지, 자녀를 가질지 말지와 관련한 가정의 결정과 더불어 인생을 바꾸는 그 밖의 결정에는 커다란 의학적 그리고/또는 재정적 결정, 직업을 바꿀지 여부, 다른 지역이나 다른 나라로 영구히 이주할지가 포함될 것이다.

인생을 바꾸는 결정에서 대안을 평가하는 목표가 전략적 인생 목표다. 인생을 바꾸는 결정은 사실상 당신의 인생 목표 전체에 영향을 줄 가능성이 있으므로 그것을 각각 달성하는 데 끼칠 잠재적 영향을 철저히 따져보는 것이 좋다.

인생을 바꾸는 결정에는 보통 뚜렷이 다른 대안이 몇 개밖에 없다. 첫 아이를 가지려고 노력하기 시작하거나 안 할 수 있고, 혹은 자녀를 하나만 가질지 둘이나 셋을 가질지 결정할 수 있을 것이다. 그리고 현재의 직장에 남을 수 있고, 아니면 떠나서 자신의 회사를 창업한다든가 최신 스타트업에 합류한다든가 하는 몇 가지 다른 옵션 중 하나를 추구할 수도 있다.

당신의 인생을 바꾸는 결정은 다른 가족에게 엄청난 영향을 미칠 수 있다. 당신의 다른 대안이 그들 각자에게 미칠 잠재적 영향을 이해하기 위해 당신은 당신의 인생 목표 도식과 비슷한 그들의 인생에서 중요한 목표의 틀을 활용해 그 영향을 충분히 생각해보고 싶을 수도 있다.

당신의 중요한 단일 결정 대부분이 인생을 바꾸지는 않겠지만, 여전히 당신 삶의 질에는 상당한 영향을 끼칠 수 있다. 예로는 석사 학위 과정을 밟을지, 룸메이트와 살거나 더 작은 아파트에 살지, 차를 팔고 차 없이 살지, 또는 자식과 손주들 근처에서 살지 같은 결정이 있다. 이처럼 중요한 결정에 대해 확실한 선택을 하려면 결정을 적절하게 표현하고, 달성하고 싶은 목표를 구체화하고, 너무 빤한 것보다 나은 창의적 대안을 파악하고, 경쟁 대안의 장단점을 평가하는 집중적인 가치 중심적 의사 결정에 필요한 시간과 노력을 투입할 필요가 있다. 이런 모든 것이 대단히 중요한 이 결정에서 더 나은 선택을 하도록 당신에게 넛지할 것이다.

전문 서비스 마케팅하기

릭 아이작슨(Rick Isaacson)은 전력 가스 관련 공익 기업에서 11년 일한 경험이 있는 전문 리스크 분석가였다. 그는 전기·가스를 사용하는 가정과 건물의 위험뿐 아니라 운영 시설 및 전기·가스의 전송 때문에 생기는 위험을 포함해 공익 기업이 직면한 모든 안전 및 환경 리스크에 관한 지식과 기술에 능통했다. 그는 배관이나 전기 시설망 작동 등이 포함된 프로젝트, 관련 과학(가령 지진에 관한 것), 논리적으로 잠재적 리스크를 분석하고 그것을 줄이기 위해 적절한 행동을 평가하는 다양한 전문가를 포함한 인간의 행동을 관리하고 조정할 수 있었다.

이런 배경을 가지고 릭은 1년 전 회사를 나왔고, 그 같은 리스크를 우려하는 모든 회사에 서비스를 제공하는 독립 컨설턴트가 되었다. 안타깝게도 릭은 자신이 기대했던 것보다 충분한 일감을 찾는 게 어렵다는 것을 알았다. 예전 회사에서는 존경을 받았지만 그 회사 밖에서는 자신이 상대적으로 알려져 있지 않다는 것을 깨달았다. 그는 자신의 기술을 효과적으로 마케팅할 필요가 있다는 결정 기회를 인식했다.

그가 첫 번째로 생각한 것은 마케팅 전략을 위한 목표였다. 파악한 목표는 자신의 컨설턴트 서비스 주문을 늘리고, 대규모 프로젝트의 리더로서 자신이 갖고 있는 기술을 강조하고, 마케팅 전략의 경제적 원가를 낮게 유지하고, 다른 리스크 분석가와 비슷한 관심사를 가진 전문가를 만나고, 마케팅 과정을 즐기는 것이었다. 이런 목표를 바탕으로 그는 여러 가지 보충적 대안을 파악하고 추구했다. 그는 잠재적으로 관련 있는 전문 협회를 조사해 가장 큰 전국리스크분석협회와 지역의 제휴 단체에 가입했다. 그리고 리스크 관리 분야에서 자신의 기술을 활용하는 것과 자신이 참여했던 프로젝트에 관해 기사를 쓰는 것의 유용성을 인식했다. 그는 이 중 몇 편을 기술 전문지와 무역 신문에 게재할 뿐 아니라 자신의 전문적 실무를 설명하기 위해 개인 웹사이트를 개발해보기로 했다. 그리고 개인 웹사이트에 공익 기업의 기술적 리스크에 관해 분석하고 결정을 내리는 데 있어 우수한 실무 특성에 관해 블로그 포스팅을 했다. 아울러 가스 배관 건설 및 작동 같은 기술적 리스크를 포함한 프로젝트 제안 관련 공청회에 참석하고 적절한 때 자신의 의견을 피력했다. 1년 만에 이러한 마케팅 노력의 영향은 컨설팅 실무에 상당히 긍정적인 영향을 미치기 시작했다.

공조 부류 결정. 몇몇 구체적인 결정의 부류가 당신의 목표가 얼마나 잘 충족되는지에 집단적으로 기여하는 경우 가끔 당신은 가치 있는 결정 기회를 생각해내기도 한다. 그 목표가 당신의 전략적 인생 목표인 경우에는 사실 인생의 모든 결정이 공조 부류로 여겨질 수도 있다.

공조 부류 결정에는 대개 중요한 단일 결정보다 더 구체적인 초점이 있다. 보통 어떤 사람의 삶의 질 중 일부를 다루기 때문이다. 이 일부에는 특정 이해관계나 관심사 또는 인간관계나 기간이 포함된다. 당신의 사교 생활과 신체적으로 활동적인 생활은 대부분 골프 및 골프 클럽 활동과 관계가 있는데, 당신이 대륙 반대편으로 반드시 이사를 해야 하는 승진을 수락했다고 치자. 이제 당신은 새로운 장소에서 비슷한 사교 생활과 스포츠 생활의 질을 창출한다는 결정 기회를 인식한다. 또 다른 예는 경제적 독립성을 키운다는 결정 기회인데, 이것은 경제적 문제만을 직접적으로 다룬다. 통틀었을 때 한 부류 안에서 내려진 모든 결정이 인생을 바꿀 수도 있다. 경제적으로 고전하는 데 비하면 경제적 독립은 매우 다른 인생 경험을 유발한다. 하지만 경제적 독립을 추구하기 위해 내리는 결정의 부류 안에서 개별적 결정은 보통 이런 잠재적 결과 범위를 갖고 있지 않다.

당신의 인생 목표 도식은 모든 공조 부류 결정에 대해 구체적 목표를 파악하는 기초를 제공한다. 이 구체적 목표는 그 각각을 달성하기 위한 잠재적 대안을 개발하는 데 사용된다. 이 대안의 다양한 결합을 복합 대안에 포함해야 하고, 그러고 나서는 이것을 특정 목표 전체를 달성한다는 관점에서 선호하는 복합 대안을 파악하기 위해 평가해야 한다.

어떤 부류의 결정에서 당신의 목표를 가장 잘 달성하려면 복합 대안의 일부인 대안에 일관성이 있어야 한다. 이런 공조 결정을 내리는 데 필수인 생각은 시간 소모가 크다. 별개의 결정 자체가 어렵고 중요하기 때문이기도 하지만, 그 복합 대안에 있는 개별 대안의 결과의 총합이 아니라 선택한 복합 대안의 집단적 결과에 당신이 목표를 얼마나 잘 달성하는지가 달려 있기 때문이다. 별개의 결정 사이의 상호관계를 인식하고 이해하는 것, 그리고 종잡을 수 없게 작동하는 비일관적 선택의 확률을 줄이도록 조율하는 것이 공조 부류 결정의 독특한 요소다.

해외 파견 근무

당신이 방금 중국 청두(成都)에서 2년간 근무하라는 제안을 수락했다고 하자. 물론 당신은 2년간의 체류를 최대한 활용하고 싶다. 당신은 파견되어 맡을 전문적 업무 측면은 잘 진행될 거라고 확신한다. 당신의 결정 기회는 청두에 사는 동안 즐겁고 가치 있는 경험이 되도록 개인 생활을 기획하는 것이다. 핵심 첫 단계는 "즐겁고 가치 있는"이 의미하는 바가 무엇인지를 정의하는 것이다.

항상 그렇듯 스스로에게 던질 질문은 "나의 가치는 무엇인가?"이다. 당신의 전략적 인생 목표는 이 질문에 대답할 토대를 제공한다. 청두 체류에 대한 목표에서 처음 줄여야 할 것은 당신의 전략적 목표 하나하나를 2년으로 제한하는 것이다. 그러고 나면 좀더 구체적이 될 수 있다. 청두, 중국, 아시아에 관해 더 많이 배우는 것이 목표 중 하나라고 가정하자. 이것의 구체적 사항으로 다른 언어를 배우고 싶다는 걸 포함할 수 있고, 아마 이 경우는 베이징어일 것이다. 또한 중국의 정치와 정부의 운영은 물론이고 역사, 문화, 지리에 대해서도 훨씬 더 많이 배우고 이해하고 싶다. 두 번째 주요 목표는 파견이 끝나고 한참 뒤에도 유지할 생각인 소중한 인간관계를 발전시키는 것일 수도 있다. 당신은 현지 주민과 친해지고 싶고 그들의 축제와 풍습에 참가하며 즐기고 싶다. 아울러 친구와 동료들이 당신의 나라에 관해 조금이나마 이해하도록 도와주고 싶을 수도 있다.

당신의 중요한 결정 중 일부가 직업적 목표와 개인적 목표 양쪽을 달성하는 데 영향을 미칠 가능성도 있다. 예를 들면 어디에서 살지, 차를 소유할지에 관한 결정이 있다. 더욱이 이 두 결정은 상호 연관될 수 있다. 사무실이 청두 변두리의 대규모 신기술 개발 단지에 있으므로 당신은 개인적 목표에 더 잘 이바지하는 도시에 살 수 있지만 그러면 출퇴근에 시간이 걸릴 것이다. 따라서 사무실을 오갈 때 대중교통을 이용하기 편리한 장소에 살고 싶을 것이다. 그렇지 않고 만일 출퇴근에 차가 필요하거나 어쨌든 차를 가질 계획이라면 당신은 편리한 주차 공간을 원할 것이다.

청두에서 2년간 보낼 삶의 개인적 측면과 직업적 측면 둘 다를 위한 목표로 시작해 그러한 목표를 추구할 대안을 창출하고, 당신의 결정과 잘 맞는 대안을 신중하게 선택한다면 당신은 멋진 체류를 할 수 있을 것이다.

시간이 지나면서—위의 경우는 2년간—결과가 누적되는 결정에는 분명히 미래의 결과에 관한 많은 불확실성이 존재한다. 미래가 어떻게 전개되는지에 따라 당신은 달라지는 상황에 맞춰 현재의 대안을 수정할 수도 있다. 따라서 당신의 맨 처음 선택에는 적절한 대안을 적용하는 유연성을 포함시켜야 한다. 언제 어떻게 대안을 수정하거나 변경할지에 관한 지침을 제공하려면 2년간의 파견을 위해 당신이 세운 각 목표가 관련성을 유지해야 한다.

개인적 정책 결정. 중요한 것처럼 들리기는 하는데, 개인적 정책 결정은 과연 무엇일까? 개인적 정책 결정이란 좀더 장기간의 목표를 달성하기 위해 수시로 발생하는 특정 결정을 내리는 데 사용할 원칙을 선택하는 결정을 말한다. 보통 그것은 이런 특정 결정 상황에서 당신이 할 일과 하지 않을 일은 물론 당신이 그것을 어떻게 할지도 구체화한다. 우리는 모두 어떤 상황에서 정책 결정을 사용하지만, 의식적으로는 인식하지 못할 수도 있다. 자동차에서 언제나 안전벨트를 착용하고, 매일 저녁 치실을 사용하고, 필요하지 않은 물건은 구매하지 않기로 결심하는 것이 흔한 예다.

정책 결정은 하위의 수많은 일상적 결정을 내리는 일을 피하도록 당신이 신중하게 한 가지 결정—정책 결정—을 내리고, 그런 다음 그 정책을 그냥 따르도록 해준다. 근본적으로 이 정책은 유익한 일상적 결정을 일관되게 내리도록 하는 넛지다. 그것은 또한 결정의 부담을 줄여주는데, 이를 통해 시간을 절약하고 스트레스를 피하게 해준다. 당신이 개인적 정책을 선택하고 개선을 위해 그것을 따른다면, 그 결과 당신한테는 흔히 그 개선을 유지할 습관이 생길 것이다.

개인적 정책 결정에는 당신의 삶에서 빈번하게 발생하는 특정 결정을 내리기 위한 원칙을 선택하는 게 포함된다. 이런 결정에 대해 그 원칙을 따르면 일관성이 생기고 시간을 절약한다.

정책 결정은 폭넓게 적용할 수 있다. 정책 결정이 유용할 것 같은 결정 기회로는 체력 관리를 잘하고, 더욱 건강한 식사를 하고, 시간 관리를 더 잘하고, 교육 프로그램에서 두각을 나타내고, 과음을 피하고, 당신이 배우자로 좋아할 만한 사람을 만나는 최선의 방법이 포함된다.

개인적 정책 결정의 목표는 흔히 인생 목표 도식에서 고작 한두 개의 수단 목표에만 직접적으로 영향을 준다. 가령 예비 배우자를 만나는 것과 관련한 결정 기회의 경우, 당신의 주된 목표는 주어진 시간 동안 당신이 만나는 실제 후보자 수를 최대화하는 것일 수 있다. 시간 관리를 더 잘하는 결정의 경우, 당신의 목표는 현재 시간을 우선순위가 더 높은 업무에 집중하고, 더 적은 시간을 사용해 이 업무를 잘 완료하고, 우선순위가 낮은 업무에 할애하는 시간을 줄이는 것일 수 있다.

어떤 정책 결정의 경우, 많은 대안 중 여러 개가 공조하는 방식으로 당신의 목표를 달성하는 데 활용되기도 한다. 이런 결정 기회를 다루는 핵심적 측면은 결정 틀을 만드는 것이다. 결정을 다루는 데 적합한 수준이 있다. 개인적 정책 결정의 수준은 개별적으로 반복되는 수많은 결정을 내리는 것보다 더 높다. 만일 당신이 지출을 더 잘 통제한다는 결정 기회를 선언했다면, 비싼 카푸치노를 구입할지 말지 매일 따로 결정해서는 안 될 것이다. 차라리 "비싼 커피 음료를 개별적으로 구입하지 않는다" 또는 "일 주일에 최대 두 잔의 카푸치노를 구입한다" 같은 정책을 설정하라. 만일 계획적 구매의 필요성을 알지 못한다면 당신이 매력적이라고 여길 또 하나의 보완 정책은 신용카드를 집에 놓고 다니는 것이다. 카드를 소지하고 다니면, 특정 물건을 살 형편이 되는지 또는 사야 할지에 관한 여러 가지 결정을 개별적으로 내리게 된다. 그러다 보면 실제로 유용한 다른 구매를 막아 돈을 아끼기보다는 불필요한 곳에 더 많은 돈을 쓰는 논리적으로 일관성 없는 소비에 이를 수 있다.

체중을 감량하고 건강해지기

나의 의사 결정 강의 수강생은 자신들이 다루고 싶은 중요한 개인적 결정을 파악하는 게 필수다. 대학원생 마리아(Maria)는 체중을 감량하는, 구체적으로는 약 14킬로그램 줄이는 결정 기회를 인식했다. 이를 달성하기 위해 그녀가 고려한 대안에는 식사와 운동 둘 다에 관한 결정이 들어 있었다.

식사와 관련해 그녀는 무엇을 먹고, 언제 먹고, 얼마나 많이 먹을지, 누구와 먹을지, 무엇을 마실지, 심지어 어떻게 먹을지에 관한 결정을 고려했다. 무엇을 먹을지와 관련해 마리아는 항목, 성분, 그리고/또는 포함하거나 제외할 과정의 관점에서 각 결정을 고려했다. 그녀는 주말 및 손님들과의 저녁 파티의 경우 다른 지침을 명시하는 대안을 포함시켰다. 그 밖에 그녀가 창출한 구체적 대안으로는 음식을 한 번 더 담는 것 절대 하지 않기, 언제나 접시의 음식 중 10퍼센트 남기기, 특별한 경우를 제외하면 후식은 삼가기, 평일에는 음주하지 않기, 청량음료 마시지 않기, 점심에는 샐러드만 먹기, 하루에 세 끼를 먹고 간식은 피하기, 끼니 사이에 간식 피하기, 간식으로는 과일만 먹기가 있었다. 그녀는 제법 따르기 쉬우면서도 효과적인 식사 계획표를 짜기 위해 대안을 평가한 결과 다음과 같은 방침을 세웠다. 즉 하루 세 끼니만 먹고, 두 그릇이나 후식을 먹지 않고, 하루에 많아야 한 번 과일로 간식을 먹고, 평일에는 술을 마시지 않고, 금요일이나 토요일 둘 중 하루에 최대 와인 두 잔을 마시는 것이었다.

마리아는 운동 일정의 경우도 비슷한 과정을 이용해 신체 활동을 위한 정책 요건을 정했다. 보통은 조깅이나 테니스지만 적어도 빨리 걷기를 하루 최소 30분이라도 하고 3층 미만일 때는 언제나 계단을 이용하는 것이었다.

마리아는 체중을 줄인다는 결정 기회를 추구하는 데 있어 일관되게 자신의 식사 및 운동 정책을 따랐다고 보고했다. 수업이 끝나고 6개월 뒤 그녀는 과연 바라던 대로 14킬로그램을 감량했다.

좋은 정책 결정은 효과가 있어야 하고 이행하기 쉬워야 한다. 너무 범위가 좁거나 넓어서는 안 된다. 가령 접시에 있는 특정 음식 조각을 하나하나 먹을지 말지 수준에서 정책을 짠다면 분명 비합리적일 터이다. 더 상위의 원칙이 어떤 특정 음식을 먹을지에 관한 결정을 이끌어야 한다. 아울러 한 달에 4만 5000칼로리나 하루에 1500칼로리로 식단을 제한하는 정책은 월 단위로 동일한 칼로리를 산출한다. 하지만 후자의 더 좁은 틀이 더 의미 있고 따르기도 훨씬 더 쉬울 것이다.

실제로 높은 삶의 질 추구하기

삶의 질을 높이는 열쇠는 항상 인생 목표를 의식하는 것이다. 그러자면 인생 목표를 명확히 표현하고, 이해하고, 정리해야 한다. 인생 목표에 대한 자각은 자연히 어떻게 하면 삶의 질을 향상시킬 수 있는지 결정 기회에 대한 생각을 자극할 것이다.

누구에게나 개인적 인간관계, 참여하는 활동, 갖고 있는 경험의 질은 그들의 삶의 질에 직접적으로 기여한다. 당신이 만일 의미 있는 인간관계를 확립하고, 추구하기에 재미있는 활동이 되거나 멋진 경험으로 이어질 결정 기회를 인식한다면, 그 기회를 신중히 고려하라. 당신이 멋진 경험으로 이어질 인간관계나 활동을 추구하는 대안을 선택할 수 있는 입장에 있다고 하자. 만일 그 경험이 독특하고 그 추억이 시간이 흘러도 당신의 삶에서 다른 경험과 뒤섞이지 않는다면, 당신이나 타인에게 피해를 초래하지 않을 것이라는 가정 아래 그것을 추구하는 게 아마 좋은 생각일 터이다.

일단 결정 기회를 생각하고 나면 그것을 추구할 몇 가지 잠재적 대안을 창출하고 싶어진다. 가끔 단 하나의 일반적 대안만 있는 경우도 있다. 물론 이 일반적 대안과 일치하는 구체적 대안도 많이 있겠지만 말이다.

이 단계에서 당신은 결정 기회를 명확히 한 상태다. 이제 그것이 실행 가능한지와 그것을 추구하기 위해 노력할 만한 가치가 있는지 양쪽을 평가해야 한다. 만일 당신이 평가하기에 일반적 대안과 일부 구체적 대안이 바람직해 보인다면, 실행 가능한 대안 중 하나를 추구하라. 만일 대안 중 하나가 개념상으로는 최고지만 비용 같은 단점이 있다면, 그 단점을 없애거나 줄이는 결정 기회를 창출할 수 있어야 할 것이다. 그렇지 않으면 다른 구체적 대안 중 최상의 것을 선택하라.

만일 평가한 결과, 이 결정 기회가 추구할 만하지 않다고 밝혀진다 해도 당신의 노력이 헛된 것은 아니다. 당신은 아마 결정 기회를 파악하고 평가하는 과정에 좀더 익숙해졌을 것이다. 만일 결정 기회에 대한 관심을 유지한다면, 당신은 분명 삶의 질에 긍정적 영향을 주고 추구해서 결실을 맺을 다른 결정 기회를 생성할 것이다.

조직의 결정에 대한 추가적 생각

이번 장의 모든 아이디어와 절차는 조직 및 조직적 결정과 관계가 있다. 개인의 경우와 마찬가지로 결정은 그 조직의 성과가 얼마나 좋은지에 의도적으로 영향을 주는 유일한 방식이다. 따라서 조직이 대안을 창출하고 평가할 뿐 아니라 전략적 목표의 달성을 향상시키는 결정 기회를 인식하고 추구하기 위해 조직적 목표를 이해하는 것은 매우 중요하다.

개인의 인생 목표와 조직의 조직적 목표를 창출하는 것 사이에는 핵심적 차이가 있다. 조직의 전략적 목표 도식의 기초인 가치의 근원은 그 조직의 몇몇 운영진과 지도자의 집단적 사고다. 따라서 조직을 대표해 결정을 내리는 모든 이가 이용해야 할 공동의 조직 목표를 확립할 때는 다른 개인들의 시각을 고려할 필요가 있다. 그렇지 않으면 조직의 한쪽에서 내린 결정이 또 한쪽에서 내린 결정의 긍정적 결과와 충돌하고 그것을 무효화시킬 수 있다.

조직적 가치에 대한 완전한 설명은 두 가지 방식으로 정할 수 있다. 주된 방식은 이번 장에서 거론한 개인의 인생 목표를 얻는 것과 동일한 방침에 따라 다양한 경영진과의 논의 속에서 가치를 끌어내는 것이다. 이 논의에는 조직 기능의 다양한 측면을 주로 책임지고 있는 경영진을 참여시켜야 한다. 그들이 그러한 기능에 대한 관련 목표를 더 잘 이해할 것이기 때문이다. 아울러 조직은 흔히 강령과 다양한 보고서(가령 연례 보고서) 및 웹사이트에 운영 가치와 전략적 목표에 관한 정보를 기록한다. 이런 문서를 면밀히 검토하면 조직의 가치를 파악할 수 있다.

나는 크고 작은 기업, 정부 기관, 비정부 기구를 포함해 수많은 조직이 그들의 조직적 목표를 명확히 표현하고 정리하고 이해하고 활용하도록 도우면서 그들과 작업해봤다.[4]

미국 국토안보부(Department of Homeland Security, DHS)는 테러리즘, 자연재해, 전국적 유행병, 밀매와 초국가적 범죄, 대규모 산업 재해를 처리하는 주된 책임을 다루기 위해 약 700억 달러의 연간 예산을 운용한다. 국토안보부의 목적은 이 다섯 종류의 모든 위협이 미국 국민에게 미치는 부정적 영향을 줄이는 결정을 내리고 이행하는 것이다. 그곳의 결정을 이끌기 위해 나는 국토안보부에서 다양한 부문의 고위급 책임자 13명으로부터 가치를 끌어냈고, 이것을 국토안보부의 전략적 목표 도식을 구축하는 데 사용했다.[5]

국제적 에너지 회사 셰브론(Chevron)은 결정전문가협회(Society of Decision Professionals)로부터 전반적인 조직 의사 결정의 일관되고 지속적인 우수성을 인정받아 라이파-하워드상(Raiffa-Howard Award) 수상자로 선정된 최초의 조직이다. 셰브론은 전략적 목표 도식에서 가치의 주요 원천을 제공하는 강령, 비전, 원칙을 포함해 그곳의 가치가 담긴 많은 기업 문서를 보유하고 있다. 나는 이 문서를 활용해 셰브론의 결정 전문가와 함께 회사의 전략적 목표 도식을 구축했다. 최상위로 집계된 회사의 전략적 목표는 셰브론의 기본 가치와 일관되게 행동하는 것, 고품질의 결정을 내리는 것, 안전하고 수익성 있게 운영하는 것, 주주·고객·회사가 지역 사회, 협력 업체, 직원, 인류를 위해 세계적 수준의 성과를 내는 것이었다.

조직의 전략적 목표 도식을 구축하는 데는 개인의 인생 목표 도식과 똑같은 지침이 사용된다. 그것은 서술한 목표 전체의 목록으로 시작된다. 목록에 있는 목표가 여러 조직 구성원한테서 나오면 안전, 환경적 영향, 기업의 수익성과 관련한 조직 목표는 거의 참여한 모든 이들에 의해 서술된다. 그 밖의 조직 목표는 아마 한두 명에 의해서만 서술될 것이다. 하지만 조직 내에서는 다른 사람들이 서술한 목표의 적합성을 놓고 좀처럼 의견 충돌이 없다. 의견 충돌이 일어난다면 대개는 서로 다른 목표의 구체적 달성에 대한 상대적 중요도와 관계가 있다.

조직의 전략적 목표 도식은 개인의 인생 목표 도식에서와 유사하게 조직적 결정에 대한 일련의 공통적이고 적절한 목표를 제공한다. 전략적 목표 도식에 전략적 목표를 명확하게 표현하고 정리하면 중요한 결정에서 중요한 목표를 간과할 확률이 줄어든다.

조직의 전략적 목표는 또한 조직의 모든 결정을 일관되게 내리기 위한 논리적으로 탄탄한 기초도 제공한다. 소비재를 판매하는 어떤 대기업이 전국 곳곳에 다른 부서를 갖고 있다고 가정하자. 두 부서가 따로 각자의 구역을 크게 확대하는 걸 고려 중이다. 개별적으로 분석해보니 기업의 전략적 목표라는 관점에서 확대의 비용과 이익은 양쪽의 경우가 근본적으로 같은 것으로 나타났다. 만일 그 기업에 양쪽 부서의 확대를 지원하는 데 필요한 자금이 있다면, 한 부서는 확대하고 다른 부서는 안 하기로 정하는 것은 회사에 이익이 되지 않을 터이다. 이런 결정은 같은 목표를 사용해 내려야 한다. 아울러 비용과 이익에 관한 같은 정보를 감안해 일관되게 내려서 확대와 관련해 공통된 결정에 도달해야 한다.

전략적 인생 결정의 경우, 그 또는 그녀의 결정이 다른 이들에게 미치는 영향이 상당할 수도 있지만 단 한 명의 의사 결정자가 관여한다. 조직의 경우, 서로 다른 많은 개인과 때로는 개인들의 집단이 결정을 내린다. 따라서 조직의 전략적 목표 도식에는 개인을 위한 전략적 목표 도식의 사용 말고도 두 가지 중요한 장점이 더 있다.

조직의 전략적 목표 도식은 조직의 모든 사람이 같은 팀에 들어가게 할 수 있다. 조직의 모든 개인은 조직의 목표를 알고 이해하고 동의해야 한다. 만일 조직의 전략적 목표 도식을 위해 맨 처음 가치 목록을 제공한 개인들 사이에 의견 충돌이 있다면, 이 의견 충돌을 전략적 목표 도식을 구축하는 과정에서 제거하기 위해 철저히 논의해야 한다. 목표에 관한 의견 충돌을 제거한다 함은 모든 개인이 그것을 추구할 최선의 대안에 동의할 거라는 뜻이 아니다. 만일 개인들이 최선의 대안에 동의하지 않는다면, 그것은 분명 다른 개인들이 관련 목표를 (대안이 얼마나 잘 달성될지에 관해) 다르게 판단하거나 일부 목표에 대한 구체적 달성을 다르게 평가하기 때문일 것이다. 이런 경우, 의견 충돌의 근거를 파악하면 최선의 대안 선택에 관한 합의에 도달하는 생산적 과정을 이끄는 데 필요한 토대가 생긴다.

조직의 전략적 목표는 모든 직원에게 정확하게 전달되었을 때 조직의 정신과 윤리에 긍정적으로 이바지할 수 있다. 게다가 대규모 조직에서 전략적 결정보다 훨씬 중요도가 떨어지는 많은 중요한 결정 하나하나가 경영진이 아닌 직원에 의해 내려진다. 전략적 목표 도식은 그런 결정에 적합한 목표에 대한 지침을 제공한다. 아울러 그러한 목표는 당신이 다뤄야 하는 조직에 유리한 결정 기회의 창출을 자극할 수 있다.

11

의사 결정에 관한 유용한 시각

이번 장에서는 의사 결정과 그것이 가장 유익하기 위해 삶에서 담당해야 할 역할에 대한 유용한 시각을 제공하려 한다. 구체적인 주제는 '객관적 의사 결정'이라는 부정확한 명칭, 결정을 최적화하려는 시도의 부적절함, 의사 결정에 써야 할 적절한 시간의 양과 그 시간을 할당하는 방법, 삶을 제한하는 나쁜 결정을 피하는 것의 특별한 중요성, 당신의 결정이 때 이른 죽음에 미치는 영향, 의사 결정에서 자발적인 것과 즐기는 것을 어울리게 하는 방법, 그리고 넛지 및 당신의 삶과 관계가 있다.

이런 주제를 논의하려면 삶의 활동을 2개의 범주로 분류하는 단순한 시각이 유용하겠다. 이 범주는 결정을 내리는 것과 삶을 사는 것으로, 곧 당신의 모든 결정의 집합적 결과를 경험한다는 뜻이다. 이 '결정-경험' 시각은 개별적인 모든 결정에 대한 합리적 설명이며, 우리의 논의에 유용한 이유도 그 때문이다. 하지만 당신은 아마 삶의 어느 시점이든 많은 결정을 내리는 과정에 있을 것이다. 다른 시기에 시작된 다른 결정에 관해 생각해왔고, 이러한 결정을 미래의 다른 시기에 내릴 것이다. 따라서 어느 시점이든 당신은 집합적으로 과거의 많은 결정에서 비롯된 결과를 경험하고 있는 것이다.

의사 결정은 객관적이지 않으며, 객관적일 수 없고, 객관적이어서도 안 된다

사람들이 "좋은 의사 결정은 객관적이어야 한다"와 비슷한 말을 하는 것을 많이 들어봤다. 이게 말이 되는지는 '객관적 의사 결정'의 정의에 달려 있다. Businessdictionary.com은 '객관적'을 "오직 엄격한 사실에만 바탕을 두며 감정 및 견해와 관련한 주관적 시각은 전혀 없는 과정"이라고 정의한다. 이러한 정의로는 객관적 의사 결정은 불가능하며 사실 바람직하지도 않을 것이다.

당신의 가치는 당신의 감정과 신념에 기반을 두고 있으므로 자연히 주관성을 바탕으로 한다. 이는 우리가 좋은 결정 또는 좋은 의사 결정 과정의 개념을 정의할 수 없다는 뜻이 아니다. 둘 다 좋은 결정은 당신의 가치, 당신이 파악한 대안, 당신이 그 결정을 내릴 당시 갖고 있던 정보와 논리적으로 일치하는 결정이라는 통념에 바탕을 둔다. 당신의 결정의 경우, 당신이 생각하고 느끼기에 가장 그 결정과 관련 있는 것에 관한 한 당신이 세계적 권위자다.

실제 결정 문제에 대해 보편적으로 옳은 대안은 없다. 당신의 결정에서는 당신의 가치가 중요한 기준을 설정하며, 당신의 가치가 다른 사람의 가치와 같을 이유는 없다. 당신이 직면한 결정에 대해 객관적으로 옳은 대안이라는 것이 있다고 가정해보자. 이는 당신의 가치와 정보가 인생에서 당신이 선택해야 하는 것에 아무런 영향을 미치지 않을 거라는 뜻일 게다. 당신의 가치, 정보, 논리가 결정의 신들(gods)이 사용하는 가치, 정보, 논리와 같다면 그것은 그냥 우연인 것이다. 내게 이런 인생은 결정을 이끌며 삶을 향상시키고 즐기기 위해 자신의 가치를 사용할 기회로 가득 찬 우리의 삶보다 훨씬 덜 매력적으로 보인다.

대부분의 결정을 최적화하는 것은 최적이 아니다

결정을 최적화한다는 것은 그 결정에 대한 최선의 대안, 당신 삶의 질에 가장 많이 기여할 것으로 예상되는 대안을 선택한다는 뜻이다. 기술적(記述的)으로 말해, 대부분의 사람이 자신들의 많은 결정을 최적화하지 않는다는 것은 확고부동한 사실이다.[1] 처방적으로 말해, 나는 개인들이 모든, 아니 심지어 대부분의 결정을 최적화하려고 노력해야 한다고는 생각하지 않는다. 바꿔 말하면, 나는 당신의 결정 대부분을 최적화하지 않는 것이 합리적이고 권장할 만하다고 생각한다. 이제 그에 대해 설명해보자.

결정-경험 연속체는 당신이 직면하는 특정 결정을 최적화하는 것이 언제나 바람직한지 검토하게 해준다. 보통 결정을 내리는 데 더 많은 시간을 할애하면 최선의 대안을 선택할 확률을 높일 수 있다. 물론 결정을 내리는 데 1시간을 더 쓰면 그 시간은 당신의 삶을 경험하는 데 이용하지 못한다. 만일 특정 결정을 개선하느라 쓴 그 추가 시간 때문에 당신이 이 결정과 다른 결정의 혜택을 경험한 시간 전체가 당신 삶의 질에 기여한 것보다 적은 기여를 경험하는 시점에 도달한다면, 당신은 이제 결정 과정을 끝내고 지금 생각할 때 최선인 대안을 선택함으로써 전반적인 삶의 질을 증대시킬 것이다. 즉 당신의 결정을 일일이 최적화하는 것이 당신 삶의 질에는 최적이지 않다는 말이다.

대부분의 결정을 최적화하느라 당신의 시간과 노력을 들일 가치는 없다. 중요한 결정을 신중하게 내리는 데는 시간과 노력을 들일 만하다.

어떤 이들은 이것을 역설적이라 여길지도 모른다. 인생에서 당신이 내리는 모든 결정을 최적화하는 것과 당신 삶의 질을 최적화하는 것이 서로 일치하지 않는다는 게 말이다. 이는 모순으로 보일 수 있지만, 해결책은 간단하다. 삶의 질을 최적화하는 것은 당신의 전반적인 전략적 인생 목표인 반면, 삶의 모든 결정을 최적화하는 것은 전반적인 인생 목표의 달성 정도에 영향을 주는 수단일 뿐이다. 극단적으로 말하면, 당신의 모든 결정을 일일이 최적화하는 전략을 추구하는 것은 근본적으로 의사 결정에 당신의 모든 시간을 요구하며 삶을 즐길 시간을 내주지 않는다. 따라서 모든 개별 결정을 최적화하는 것은 말도 안 되지만, 그에 반해 당신의 삶에 상당한 영향을 줄 결정에는 시간과 관심을 쏟을 가치가 있다.

결정을 내리는 데 얼마나 많은 시간을 써야 할까

나는 결정 내리는 시간을 그 결정에 대해 의식적으로 생각하고 대안을 고르는 데 쓴 시간의 총합으로 생각한다. 이것은 결정에 대해 당신이 생각하기 시작한 때와 그 결정을 내릴 때까지 경과된 시간보다 훨씬 더 적을 수 있다.

결정을 내리는 적절한 시간 및 노력의 양은 그 결정의 결정-경험 연속체가 삶의 질에 최대한 기여하는 결과를 낳는 양이다. 이 사실은 특정 결정을 내리는 데 얼마나 많은 시간을 써야 할지에 대한 기초를 제공하지만, 물론 당신은 모든 결정을 평가할 때 삶의 질을 고려하고 싶어 하지는 않는다.

생각할 만한 모든 결정에 대해서는 적어도 당신이 내리고 싶은 결정을 이해할 만큼의 충분한 시간은 들여야 한다. 그러자면 당신이 다루고 싶은 결정을 서술하고, 이 결정에 대한 당신의 가치를 구체화하고, 그 가치를 달성하기 위해 확연히 다른 대안을 파악해야 한다. 당신한테 일단 가치 중심적 의사 결정의 경험이 좀 생기고 나면, 이 과업을 완성하는 데 필요한 시간은 생각할 만하나 덜 복잡한 결정에는 2분만큼 짧을 수도 있고, 결정의 복잡성과 중요성이 둘 다 상당할 때는 몇 시간 혹은 심지어 며칠만큼 더 긴 시간을 쏟아야 할 수도 있다. 생각의 결과가 좋은 결정을 내리고 그 결정에 관한 추가적 생각이 가치 있는지 고려하는 틀을 제공한다.

> 당신이 직면하고 싶은 결정을 철저히 이해하는 데 필요한 시간을 써라. 그러고 나면 대안 평가에 적절한 시간을 유효하게 결정할 수 있다.

당신이 직면하고 싶은 개별 결정을 이해한다고 할 때, 당신은 대개 지금 선택하라면 고를 그 대안이 얼마나 좋은지에 관한 생각을 어느 정도 갖고 있다. 아울러 뛰어난 대안이 너무나 좋아서 당신이 결정 과정을 중단하고 그것을 바로 선택하는 경우에는 뛰어난 대안이란 얼마나 좋아야 하는 것인지에 대한 생각도 아마 갖고 있을 것이다. 이 뛰어난 대안과 현재 최선인 대안의 전반적 타당성의 차이가 당신이 결정 과정에 쓴 추가적 시간에서 예상할 수 있는 삶의 질의 최대 이익을 나타낸다.

이제 이러한 최대 이익을 경험할 수 있다면 당신은 기꺼이 얼마나 많은 시간을 쓸지 고려해보자. 이 질문에 대한 당신의 대답은 현재의 지식을 감안할 때 그 결정에 당신이 추가로 쏟아야 할 최대 시간이다. 만일 최대 시간이 몇 분(즉 1시간 미만)이라고 판단된다면, 당신의 결정에 약간 더 시간을 쓰는 것은 아마 합당할 터이다. 노력에 시간을 더 쓸 가치가 없다고 당신이 느낄 때 멈춰야 하는데, 이런 일은 필시 1시간 내에 일어날 것이다. 만일 최대 시간이 몇 시간이라면, 한두 시간을 더 쓴 다음 얼마나 많은 시간을 더 써야 할지에 관한 사고 과정을 되풀이하는 것이 합리적일 듯하다. 만일 맨 처음 질문에 대한 대답이 며칠이나 몇 주라면 이것은 인생을 바꾸는 결정의 경우일 것이다. 이 경우 확실히 더 많은 시간은 정당화되며 당신은 고품질의 결정을 내리는 진행 상태를 주기적으로 재평가해야 한다. 이를 통해 당신의 현재 정보를 감안했을 때 지금의 결정에 할애하면 유용하겠다 싶은 최대 추가 시간의 양을 업데이트할 수 있을 것이다.

분명히 생각해볼 만하지만 좀더 중요한 결정에는 속하지 않는 결정일 경우, 가끔 추가적인 결정 시간을 사용할 가치가 있는지 결정하는 더 쉬운 방법이 있다. 이것은 결정을 내리는 데 쓴 시간의 기여와 그 결정의 바람직하지 못한 잠재적 영향의 결과로 허비한 시간의 기여를 비교할 수 있는 결정의 경우다.

외과 의사 선택하기

당신이 매우 운이 나빠서 부러진 발목을 고칠 의사를 선택하는 결정에 직면했다고 치자. 당신이 생각하기에 수술에 똑같이 적격인 3명의 외과 의사를 파악했다. 하지만 수술 후 그들 각각의 진료실 직원이 어떻게 환자와 소통하고 어떻게 환자를 다루는지에 관해서는 거의 아는 게 없다. 개인적인 지식과 비슷한 수술을 받아 본 다른 이들과의 논의를 통해 당신은 병원 직원으로부터 수술 후 문제에 대한 시의적절하고 질 높은 처치를 받지 못하면 정확히 사흘 이상 불편, 악화, 만성적 통증을 겪을 수 있음을 깨닫는다. 만일 당신이 세 외과 의사의 진료실에 근무하는 직원들의 수술 후 상호 작용의 질을 점검하는 데 서너 시간을 쓰는 게 비참한 사흘의 가능성을 제거할 수 있다고 믿는다면, 추가적 결정 시간을 쓰는 게 맞을 것이다.

의사 결정 시간은 어떻게 할애해야 할까

의사 결정 과정은 네 가지 활동으로 범주화할 수 있다. 바로 결정을 인식하고 이해하기, 그것과 관련한 가치 파악하기, 대안 창출하기, 그리고 대안을 평가하고 선택하기다. 처음에는 이런 활동을 순차적으로 다뤄야 한다. 차후 활동에서 생성된 생각을 따라 이전 활동으로 되돌아가는 것이 유용할 때도 많지만 말이다.

생각할 가치가 있는 어떤 결정이든 좋은 결정을 내리려면 당신이 직면한 그 결정을 철저히 이해해야 한다. 따라서 처음 세 가지 활동을 제대로 완수하는 데 드는 시간은 잘 쓴 시간이다. 4장부터 6장까지는 이런 활동 각각을 능숙하고 철저하게 수행하는 지침을 제공했다. 부록에 있는 대안의 평가와 선택은 만일 처음 세 가지 활동을 제대로 수행한다면 덜 어렵고 더 나은 결과를 가져올 것이다. 당신의 목표를 바탕으로 하면 어떤 대안이 적어도 다른 하나의 대안보다 열등하다는 것이 확연해질 수 있다. 이런 열등한 대안은 좀더 생각해보고 없애면 된다. 남은 대안의 집합은 원래 집합보다 수는 더 적은 동시에 질은 더 높을 것이다.

남은 대안 중에서 한 대안이 다른 것들보다 확실하게 더 나을지도 모른다. 그런가 하면 당신이 어떤 게 최고인지 잘 모르는 상황도 있을 수 있다. 그러니까 당신이 보기에 이런 대안은 선호도가 어느 정도 비슷한 것이다. 당신은 특정 가치의 관점에서 어떤 대안이 더 나은지 흔히 알지만 얼마나 훨씬 더 나은지는 그다지 확실하지 않은데, 그 차이가 중요하다. 여기서 당신은 또 하나의 결정을 인식할 필요가 있다. 대안이 한 개 또는 그 이상의 목표에 얼마나 잘 부합하는지에 관한 정보를 수집할 수 있을 것이다. 이렇게 하면 그 정보를 통해 확실한 선택을 할 수 있을지도 모른다. 하지만 이런 정보 수집에는 시간이 걸리고 비용도 많이 들 수 있다. 따라서 추가 정보를 수집할 가치가 있는지 결정해야 할 것이다.

어떻게 앞으로 나아갈지 결정하려면 그다음을 생각하라. 수집한 정보로부터 추가 정보를 얻을 수 없다면 지금 선택할 대안에서 결정을 바꿀 가능성은 얼마나 있는지 고려하라. 만일 수집한 정보가 결정을 바꿀 가능성이 없다고 느낀다면, 당신이 수집할 수 있었던 정보는 아무런 값어치가 없으므로 지금 당신이 최선이라고 느끼는 대안을 그냥 선택하라. 추가 정보를 수집해 결정을 바꿀 가능성이 있다고 믿는다면, 가능성은 얼마나 되는지와 그 경우 선택한 대안을 교체하는 것의 순(純)가치를 고려하라. 대안을 교체할 가능성이 더 크고 교체의 가치가 더 높다면, 정보 수집의 가치는 올라간다. 만일 당신한테 정보의 가치가 그 정보를 수집하는 시간과 비용의 가치보다 더 크다면, 정보 수집은 더 나은 선택이다. 그렇지 않으면 어떤 추가 정보도 모으지 말고 지금 결정을 내려라.

나쁜 결정을 피하는 것의 중요성

우리는 흔히 결정을 내리는 주된 목적이 최선의 대안을 선택하는 것이라고 말한다. 하지만 많은 중요한 결정의 경우, 나쁜 대안의 선택을 피하려 애쓰는 것이 결과적으로 당신 삶의 질에 훨씬 더 큰 전반적 영향을 미칠 수 있다. 다음에 언급할 삶을 제한하는 결정을 곰곰이 생각해보면 당신은 한 가지 중요한 사실을 알아낼 것이다. 다수의 아주 좋은 결정도 삶을 제한하는 아주 나쁜 결정 하나가 삶의 질에 미치는 영향을 보상하거나 무효화하지 못한다는 사실이다. 좋은 소식은 보통 최선의 대안을 선택하기보다 나쁜 대안을 알아보기가 훨씬 더 쉽다는 것이다.

> 잘못된 결정을 내리는 것을 피하는 게 특히 중요하다. 한 번의 잘못된 결정이 수많은 좋은 결정의 누적된 혜택을 제거할 수 있기 때문이다.

대단히 잘못된 결정으로, 이런 예를 생각해보자. 술에 취한 당신은 친구를 차로 집에 데려다주기로 한다. 따라서 심각한 사고의 확률이 상당히 높다. 만일 당신이 사고를 내서 친구가 죽는다면, 당신의 삶은 결코 예전 같지 않을 확률이 높다. 만일 당신이 죽는다면, 확실히 절대 같아지지 않을 것이다. 삶을 제한하는 잘못된 결정이란 당신 삶의 질을 상당히 저하시킬 확률을 엄청나게 높이는 것이다.

삶을 제한하는 결정의 어떤 부류는 즉시 알아볼 수 있다. 예를 들면 낮은 학력, 술이나 마약 중독 또는 범죄 활동 가담에 기여하는 결정이다. 이상의 모든 것은 보통 수년 또는 영원히 삶의 질에 심히 부정적인 영향을 미친다.

잘못된 선택이 삶의 질을 심각하게 저하시키는 결과를 낳는 또 다른 부류의 결정은 결혼, 이혼, 자녀 갖기와 관련한 중요한 개인적 결정이다. 이런 결정 각각의 영향은 한 개인의 삶의 질에 미치는 아주 중요한 긍정적 영향에서부터 아주 중요한 부정적 영향에 이르기까지 다양하다. 분명 당신한테는 이런 결정의 향후 결과에 대한 전권이 없다. 하지만 신중한 결정은 많은 잘못된 선택을 파악해 막을 수 있고, 이는 잘못된 결과가 될 확률을 꽤 줄일 수 있다.

어떤 단일 결정은 긍정적이든 부정적이든 커다란 영향을 초래하기도 한다. 어떤 사람이 일하고 경제적 책임을 지는 인생을 살면서 많은 돈을 벌어 저축했다고 가정하자. 이 상황은 다수의 좋은 결정, 지속적 노력, 그리고 아마 약간은 행운의 결과였다. 그가 주장하는 삶의 질은 높았다. 그러던 중 그는 자신이 보기에 돈을 2배로 불릴 게 거의 확실한 투자나 베팅에 거의 모든 자금을 투자했다. 그러나 투자 성공 확률에 관한 그의 판단은 비합리적이었고, 단 한 번에 자금 대부분을 투자한 것은 무모했다. 간단히 말해, 그는 잘못된 대안을 선택했다. 그 결과 수년간의 좋은 결정으로 축적한 자금 대부분을 한 번의 아주 잘못된 결정으로 잃었다. 그리고 삶의 질은 상당히 떨어졌다.

삶을 제한할 가능성이 있는 결정에서 한 번의 선택으로 인해 당신 삶의 질이 상당히 저하될 확률을 줄이려면 어떻게 해야 할까? 요약하면, 우선 인생을 제한할 모든 결정은 선택하기 전에 신중히 생각할 만한 가치가 있다는 점을 인식하라. 두 번째, 미래에 언젠가 당신이 결국 마주하게 될지 모르는 삶을 제한하는 결정을 예상해보라. 그 시기 전에 당신이 현재 그 결정에 직면해 있다고 가정하고 대안의 잠재적 결과를 이해하도록 도와줄 이 책의 아이디어를 따르라. 그런 다음 그 결정에 직면할 때 그리고 혹시라도 직면한다면 당신이 선택해야 할 대안을 파악하기 위해 각 대안을 평가하라. 이 평가는 틀림없이 당신이 잘못된 대안들로부터 빠져나오도록 넛지할 것이며, 그것들을 피할 잠재적 단계에 대한 당신의 인식도 높여줄 것이다. 세 번째, 만일 당신이 정말로 인생을 제한하는 그런 결정 중 하나에 직면한다면, 그리고 그렇게 직면했을 때에는 급하거나 생각 없이 조치를 취하지 말라. 이것이 흔히 다수의 아주 잘못된 결정을 내리는 방식이다. 예전에 이런 결정에 직면할 것을 예상해봤다면 당신이 내리려 했던 선택을 떠올리고 그렇게 하라. 만일 그런 결정을 예상해본 적이 없다면 멈춰야 하고 삶의 가치와 가능한 대안의 결과를 숙고하는 데 시간을 쓰라. 그런 다음—반드시 그런 다음—당신이 생각하기에 당신의 삶에 상당히 지장을 줄 수 있는 잠재적 결과를 인식하고 적절하게 대처하는 대안을 선택하라.

당신의 결정과 조기 사망

당신의 결정은 당신이 살아 있는 동안의 삶의 질뿐 아니라 당신이 얼마나 오래 살지에도 커다란 영향을 미친다. 미국 사망자 수의 40퍼센트 이상은 조기에 사망한 사람들이 즉시 동원 가능한 대안을 선택했다면 막을 수 있을 것이다. 즉시 동원 가능한 대안이란 이행하는 데 시간이나 돈 또는 노력이 거의 들지 않으며 손쉽게 구할 수 있고 누구나 아는 정보와 지식만 있으면 되는 대안이다. 이런 즉시 동원 가능한 대안을 선택하면 미국에서 매년 발생하는 100만 명 이상의 사망자를 막을 수 있을 것이다. 이것이 어떻게 가능할까?

미국 사망자 수의 40퍼센트 이상은 조기에 사망한 사람들이 즉시 동원 가능한 대안을 선택했다면 막을 수 있을 것이다.

개인적 결정에서 조기 사망자가 되기까지의 경로는 짧고 직선적이다. 그림 11.1은 많은 종류의 개인적 결정을 보여주며 이것들이 실제 사망 원인과 연결된다. 그러고 나서 의학적 사망 원인을 제공하기 위해 실제 사망자를 각각 검토한다. 사망의 실제 원인을 의학적 원인과 연결한 사망률 데이터 분석에 따르면 15~64세의 각 연령대 사망자의 약 55퍼센트는 그림 11.1의 내용과 관련한 개인의 결정 때문에 조기 사망에 이르는 것으로 밝혀졌다.[2]

사망의 가장 큰 의학적 원인은 심장병과 암으로 매년 미국 전체 사망자 수의 약 절반을 차지한다. 이들 중 심장병 사망자의 46퍼센트와 암 사망자의 66퍼센트는 흡연(즉, 담배를 피우지 않거나 끊는 것)이나 체중(가령 식습관을 개선하고 과도한 음주를 피하고 건강을 유지하는 것)에 관해 다른 결정을 내렸다면 죽음을 피할 수 있었을 것이다. 이런 원인 중 하나로 조기 사망하는 사람

그림 11.1 개인의 결정이 조기 사망에 미치는 영향

'—►'는 '영향'을 의미한다

은 대부분 50세 이상이며, 이들은 평균 13년의 기대 수명을 잃는다.

대부분의 죽음이 50세 이상에서 일어나므로 10대와 청년들에게는 개인적 결정과의 관련성이 덜하다고 생각하는 게 타당할 듯하다. 불행히도 비록 사망을 초래하는 결정이 다르기는 하지만 이 집단에서도 근본적으로 결과는 같다. 15~24세의 경우, 역시 사망자의 55퍼센트 이상은 즉시 동원 가능한 대안을 선택함으로써 죽음을 피할 수 있었을 것이다.[3] 개인의 결정은 자동차 사고(가령 음주 운전, 과속, 휴대폰 문자 보내기 때문), 살인과 자살(가령 범죄, 조직 폭력 가담, 마약 복용, 과음 때문), 그리고 무방비적 성관계(가령 마약 복용, 과음, 콘돔 미사용 때문)로 이어지는 결정과 관련이 있다. 이 연령 집단의 경우, 각각 조기 사망 때문에 잃는 평균 수명은 58년이다.

통계가 약간 과장 및 혼재되었을 가능성도 있지만, 개인에게 주는 메시지는 명확하고 이해하기 쉽다. 당신이 내리는 건강과 안전에 영향을 주는 결정은 당신의 수명과 삶의 질 둘 다에, 그리고 당신이 조기 사망에 이를지 여부에 상당한 영향을 준다는 것이다. 당신이 직면한 결정에서 대안의 잠재적 결과를 이해하면 그림 11.1의 심각한 위험 요인을 수반하는 결정을 더 잘 내리도록 자신에게 넛지할 정보가 더 많아질 것이다. 아울러 당신이 그림 11.1의 결정 범주와 연관된 구체적 행동을 이끌었으면 하는 정책 결정을 능동적으로 생각해볼 기회도 있다. 이렇게 하면 당신의 삶에서 엄청나게 높아진 위험을 수반하는 결정이 발생했을 때 당신의 가치와 일치하는 대안을 정확하고 자신 있게 선택하는 기초가 생길 것이다.

자발성, 재미 그리고 결정

몇 년 전 MBA 프로그램에서 학생들에게 가치 중심적 의사 결정에 관해 발표할 때, 한 젊은 여성이 다음과 같은 말을 했다. "이게 매우 재미있고 도움이 될 것 같기는 한데, 확실히 교수님이랑 식료품점에 쇼핑하러 가고 싶지는 않을 것 같아요." 나를 포함해 모두가 웃었다. 그러나 그 여성은 매우 중요한 포인트를 제기했다. 마치 내 모든 결정이 계획되고 계산적이며 자발성과 재미가 없는 것처럼 들렸을 것이다. 그렇게 통제된 계획을 사용해 누가 자신의 삶을 제한하고 싶겠는가? 나라도 안 그럴 것이며, 그러지 않는다. 이에 대해 설명해보겠다.

삶을 즐기는 것은 그림 10.1에 나왔듯 내 전략적 인생 목표 중 하나다. 여기에는 재미있게 사는 즐거움도 포함된다. 만일 재미있게 사는 것이 당신의 근본적 인생 목표 중 하나라면, 당신 삶의 질은 틀림없이 당신이 얼마나 많은 재미를 느끼고 있는지에 달려 있을 것이다. 당신이 내리는 모든 결정은 삶에서 당신이 갖는 재미에 영향을 줄 수 있고 어떤 대안을 선택할지 결정할 때에도 고려해야 한다.

> 당신의 의사 결정은 삶에서 재미와 즐거움에 기여해야 한다. 의사 결정만이 삶에서 무언가에 영향을 줄 수 있는 유일하게 목적의식적인 방법이기 때문이다.

자발성 또한 내게 중요하다. 자발적인 것은 삶을 즐기기 위한 수단 목표다. 사람들이나 아이디어가 있으면 다음에 어떤 일이 일어날지 몰라도 가끔 재미있고 흥미진진하다. 사실 인생에서는 다음에 어떤 일이 일어날지 절대 알 수 없다. 다른 것은 불확실함의 정도일 뿐이며, 상황에 따라 불확실성이 더 클수록 종종 즐거움이 커지기도 한다. 대부분의 사람은 만일 기적처럼 대형 스포츠 경기의 결과가 어떻게 될지 안다면 거기에 참가하는 걸 덜 재미있다고 여길 것이다.

다소 반직관적으로 보일지도 모르지만, 재미있고 즐거운 기회를 창출하는 일부 능동적 결정은 삶에서 자발성을 줄이는 게 아니라 엄청나게 높여준다. 당신이 인생에 충분한 재미 그리고/또는 자발성이 없다고 생각한다고 치자. 거기에 대해 울적해할 수 있고 상황이 나아지길 기대할 수도 있다. 만일 당신이 그저 방구석에 앉아 최고의 '울적해하고 기대하기'

전략을 따른다면, 재미를 유발하는 일은 아마 별로 일어나지 않을 것이다. 그러나 이 책의 주요 넛지 개념 중 하나를 사용한다면 거기에 대해 확실히 어떻게 해볼 수 있다. 결정 기회, 즉 "어떻게 해야 내 삶에 더 많은 재미와 자발성을 들여올까?"라고 선언하라. 그런 다음 그 결정 기회를 추구하라. 당신의 기대에 이바지할 많은 대안을 반드시 파악할 수 있을 것이다.

당신은 다음 토요일에 뭘 할지 생각 중일 수 있다. 재미가 있기에 좋은 대안은 아니지만 집에 있을 수도 있고, 아니면 영화나 야외 콘서트를 보러 갈 수도 있다. 콘서트의 한 가지 장점은 당신이 현재 모르는 사람들을 포함해 다른 이들과의 상호 작용이 더 많아지고 자발성이 더 커질 가능성이 있다는 것이다. 만일 당신이 파티나 네트워킹 행사 같은 활동에 참가할 계획이라면 혼자 갈 수도 있고 누군가와 같이 갈 수도 있다. 혼자 간다면 자발성이 더 생길 수 있다. 현재 모르거나 잘 알지 못하는 사람들과 더 많은 상호 작용을 할 가능성이 높기 때문이다. 여행에 관해 당신은 어디로 갈지는 계획하지만 의식적으로 무엇을 할지는 계획하지 않는다. 일단 여행길에 오르면 마음 가는 대로 따르고 거기 도착하고 나서 하고 싶은 일을 할 것이다.

만일 당신이 가치 중심적 의사 결정을 활용하고 있다면, 다양한 종류의 결정 기회를 파악함으로써 자신에게 넛지할 것이며, 이것은 필시 삶의 질 향상으로 이어질 터이다. 당신은 또한 정보가 더욱 풍부한 결정을 내릴 수도 있는데, 그러면 일반적으로 그 결과도 반드시 더 좋을 것이다. 결과적으로, 당신의 통제를 벗어난 상황으로 인해 나타나는 결정 문제는 더 적어질 게 틀림없다. 이것이 그 결정 문제를 다루기 위해 대안을 파악하고 실행하는 데 필요한 시간을 줄여줄 것이다. 늘어난 자유 시간으로 당신은 많이 생각할 것 없이 그냥 마음 가는 대로 하는 걸 포함해 당신이 좋아하는 것이면 무엇이든 할 수 있다. 당신은 이 추가된 시간을 당신의 삶을 즐기는 데 사용할 수 있고, 그게 내가 바라는 것이다.

당신, 당신의 넛지 그리고 당신의 삶

이 책은 당신의 의사 결정을 향상시키도록 돕는 나의 넛지다. 만일 당신이 이 책의 아이디어를 사용한다면 당신의 결정과 의사 결정 기술을 향상시키기 위해 자신에게 넛지하는 게 될 것이다. 그 결과는 더 나은 결정과 스트레스가 덜한 의사 결정일 터이다.

당신의 결정과 의사 결정을 위한 넛지는 많다. 표 11.1은 당신이 직면하는 결정의 모든 관련 요인을 포함하는 결정 틀의 구축에 필요한 다섯 가지 핵심 의사 결정 요소 각각에 대해 주요 넛지를 요약한 것이다. 결정 틀은 관련 있는 것들과 당신이 아마도 관련 없다고 생각했을 것들을 훨씬 더 잘 알게 해주며, 이는 결정 및 대안 평가를 위해 당신이 고려해야 할 것을 확실히 이해하는 데 도움이 된다. 이 지식은 당신의 결정에 대한 대안을 평가하게 해주는 몇 가지 넛지를 제공하는데, 이는 표 11.1의 마지막 항목에 들어 있다.

당신 자신이 더 나은 결정을 내리도록 넛지하려고 이 책의 아이디어를 사용하는 것은 당신이 더 나은 의사 결정자가 되도록 넛지하기도 할 것이다. 당신이 더 나은 의사 결정자가 되도록 도와주는 여러 넛지가

표 11.1 당신이 더 나은 결정을 내리게 해주는 넛지 요약

1. 결정 서술 관련
    - 결정 서술을 정의하는 데 시간을 쓴다
    - '결정한다'로 결정 서술을 끝낸다
    - 다른 결정 서술을 고려한다
    - 결정 서술을 목표나 대안으로 표현하는 것을 피한다
    - 당신이 직면한 결정에 대해 명확성을 요구한다
    - 제한적인 좁은 범위를 피한다

2. 가치 관련
    - 가치를 파악하는 데 시간을 쓴다
    - 많은 자극 테크닉을 사용한다(표 5.2 참조)
    - 가치를 목표로 서술한다
    - 목표의 '수단-목적' 관계를 알아낸다
    - 근본적 목표를 파악한다
    - 학습 및 유연성의 목표를 고려한다
    - 인식하지 못한 가치가 있다고 믿는다
    - 타인에게 가치 제안을 요청한다

3. 대안 관련
    - 대안을 창출하는 데 시간을 쓴다
    - 첫 번째 대안을 파악하고 나면 추가적 대안을 파악한다
    - 개별 가치를 사용해 대안을 창출한다
    - 일단의 가치를 사용해 대안을 창출한다
    - 새로 창출할 대안의 수에 대해 목표를 설정한다
    - '대안 상자' 구석구석을 뒤진다
    - 좋은 대안을 추가적 혜택으로 수정한다
    - 더 좋은 대안이 존재한다고 믿는다
    - 타인이 당신을 위해 대안을 창출하게끔 한다

4. 결정 기회 관련
    - 결정 기회를 창출하는 데 시간을 쓴다
    - 인생 목표를 사용한다
    - 당신이 원하는 미래를 생각해본다
    - 예기치 않은 꿈을 추구한다
    - 결정 문제를 결정 기회로 전환한다
    - 결정 기회를 추가적 혜택으로 확장한다
    - 결정 문제에 학습 목표를 덧붙인다

5. 원하는 대안의 승인 관련
    - 수권 의사 결정자를 파악한다
    - 수권 의사 결정자의 가치를 파악한다
    - 수권 의사 결정자가 현 상태보다 선호할 수 있도록 원하는 대안을 수정한다

6. 대안 평가 관련
    - 결정 틀을 사용한다
    - 결과를 기술하는 데 필요한 관련 정보를 인식한다
    - 결과를 비교하는 데 필요한 가치 거래를 인식한다

표 11.2 당신을 더 나은 의사 결정자로 만들어주는 넛지 요약

의사 결정 기술 관련
• 좋은 의사 결정의 요소를 이해한다(3장)
• 핵심 의사 결정 기술의 중요성과 역할을 이해한다(4~8장)
• 이 기술을 기본적 결정에 사용하는 연습을 한다
• 이 기술을 생각할 만한 결정에 사용한다
• 과거의 결정을 검토하고 무엇을 잘했는지, 그것을 어떻게 했는지 파악한다
• 과거의 결정을 검토하고 무엇을 더 잘했다면 좋았을지, 그걸 어떻게 할 수 있었을지 파악한다
• 인생 목표를 시각화하고 구축한다
• 의사 결정 기술을 향상시키기 위해 계속 학습한다

표 11.2에 있다. 모든 기술이 그렇듯 당신이 그걸 의도한 대로 사용하면 기술 수준은 향상할 것이다. 그리고 당신의 향상 속도는 초기에 사용하는 동안 훨씬 더 높다. 하지만 더 많이 사용할수록 속도는 느려지더라도 계속 향상시킬 수 있다. 나는 이것을 보여주기 위해 테니스를 활용하지만, 이 아이디어는 당신이 키워온 다른 어떤 운동이나 기술로도 시각화할 수 있다.

당신은 지난 몇 년간 가끔 테니스를 쳤지만 굳이 레슨을 받은 적은 없다고 치자. 최근에는 관심이 더 많아져서 레슨을 받았다. 현재 당신은 막 배운 것을 활용해 테니스 경기를 시작할 참이다. 당신이 테니스 경기의 모든 측면에 대해 배운 구체적 테크닉은 근본적으로 당신의 경기를 향상시키는 넛지다. 이 중 2개는 필시 즉각적으로 먹히는 것처럼 보이지만, 다른 것들은 약간 서툴고 그다지 도움이 되지 않는 듯하다. 이건 당연하다. 당신은 향상되고 있지만, 어떤 기술이든 진정한 발전은 느리고 쉽지

않다. 하지만 경기를 할 때마다 당신은 곧 새 테크닉을 더 편하게 느끼는 경향이 생기고 그걸 활용하는 게 더 쉬워질 것이다. 그 결과, 당신은 테니스를 더 잘 치게 될 것이다. 이 새로운 테크닉은 추가적으로 사용한 이후 습관이 된다. 그즈음 당신의 테니스 실력은 눈에 띄게 향상할 테고 상당 기간 그 수준이 지속될 것이다.

이 간단한 이야기는 당신의 의사 결정과 결정의 질에 일어날 현상과 유사하다. 이 책은 당신이 결정을 향상시키는 방식으로 자신에게 넛지할 수 있도록 가치 중심적 의사 결정의 개념과 그것의 사용을 연습하고 거기에 능숙해지는 방법을 제시한다. 분명 당신의 가치에 초점을 맞추면 자신에게 넛지하는 데 훨씬 효과적일 수 있다. 자신에게 넛지하는 새로운 결정 기술을 개발하는 것이 중요한 이유는 당신이 더 나은 결정을 할 테고, 그로 인해 자신의 의사 결정에 더욱 만족하게 될 것이며, 당신 삶의 질이 나아질 거라는 데 있다.

조직의 결정에 대한 추가적 생각

이상에서 거론한 의사 결정에 관한 시각은 어느 회사나 조직과도 연관이 있다. 그것은 조직 내에서 결정을 내리는 모든 개인에게 직접적으로 적용된다. 한 사람의 개인적 결정은 그 또는 그녀의 삶의 질을 향상시키는 것이어야 하지만, 조직을 대표해 내린 결정은 조직의 복리를 증진시키는 것이어야 한다.

개인에게 삶을 제한하는 잘못된 결정을 내리는 일을 피하라는 제안은 실행 가능한 대안이라고는 하나같이 그 조직의 제품, 재정적 복리, 평판 또는 심지어 존재에 심각한 위협을 주는 것뿐인 상황에 처하는 것을 피하기 위해 조직 내 선견지명의 중요성을 제안하는 것과 유사하다.

자발성과 재미는 모든 개인에게 전략적 인생 목표일 테지만, 조직에서 그것의 역할은 조직 그 자체가 재미를 느끼지는 않으므로 수단 목표다. 하지만 조직의 개인들이 업무와 일터를 즐기고 있을 때 조직의 복리에 더 많이 기여할 가능성이 높다. 따라서 직장에서의 재미도 중요한 고려 사항이다.

개인이 그렇듯 만일 당신이 회사나 조직의 경영인이고 의사 결정 기술을 키운다면, 이것은 당신의 업무와 회사에 대한 기여도를 향상시킬 것이다. 당신이 업무에서 직면하는 중요한 결정에 대한 관련 가치를 전부 파악하고 그걸 다룰 대안을 창출함으로써 조직은 더 나은 결정을 내리기 위한 탄탄한 기초를 갖게 될 것이다. 가치 중심적 의사 결정 개념을 사용하면 당신과 당신의 팀은 더 나은 업무 결정을 내리도록 스스로 넛지할 수 있고, 이것이 당신의 조직이나 회사에 상당한 긍정적 기여를 유발할 것이다. 조직 내 결정을 위해 넛지를 사용하는 것의 중요한 의의는 경영진과 직원이 더 나은 결정을 내리고, 이것이 전략적 목표의 관점에서 조직의 성취를 증진시킬 거라는 점이다. 능숙한 의사 결정자가 회사와 조직의 훌륭한 리더가 되며, 그 혜택은 모두가 누릴 수 있다.

부록: 대안 평가와 의사 결정

결정을 내릴 필요가 있거나 내리고 싶다고 인식하는 순간부터 당신의 결정 내용에 대한 이해를 높이는 것이라면 무엇이든 더 나은 선택을 하도록 당신에게 넛지할 수 있다. 당신의 결정을 위한 유용한 넛지를 창출하는 토대는 3장에서 개괄한 가치 중심적 의사 결정 과정이다. 3장에서 파악한 이 과정의 여섯 단계를 편의상 표 A.1에 다시 옮겨 적어봤다.

모든 넛지가 동등하게 만들어지는 것은 아니다. 만일 당신이 예전에 생각했을 때는 최선이던 대안의 치명적 단점을 드러내는 추가적 결정 목표를 파악한다면, 그 넛지가 매우 중요하다. 만일 경쟁 대안 2개를 평가했더니 하나가 다른 것보다 나을 확률이 60퍼센트지만 결과는 그다지 다르지 않을 것임을 알게 된다면, 그 정보적 넛지는 당신에게 아주 약간만 도움이 될 뿐이다.

과정의 전단이라 부르는 처음 세 단계는 당신이 직면하고 싶은 결정의 철저하고 명확한 정의와 구조를 제공한다. 이 세 단계에서 구축된 결정을 위한 결정 틀은 대안 평가와 관련한 모든 목표와 결정에 대해 당신이 고려 중인 대안을 전부 포함한다. 전단의 세 단계를 제대로 수행하면 당신

표 A.1 가치 중심적 의사 결정 과정의 단계

전단: 직면한 결정을 정의하고 구조화한다	
	1. 당신이 직면한 결정 문제 혹은 결정 기회를 서술한다
	2. 당신이 달성하고자 하는 바를 명확히 하기 위해 당신의 가치를 파악하고 그것을 목표로 서술한다
	3. 당신의 목표를 달성하는 데 기여할 대안을 창출한다
후단: 대안을 평가하고 결정을 내린다	
	4. 각 대안이 당신의 목표를 얼마나 잘 달성하는지 나타내기 위해 그것의 잠재적 결과를 기술한다
	5. 각 대안의 장단점을 파악하고 그것들의 중요도를 매긴다
	6. 당신의 평가로부터 나온 정보와 통찰력을 활용해 대안을 선택한다

은 좋은 결정을 내리는 쪽으로 자신에게 많은 넛지를 한 상태가 될 것이다. 가치 중심적 의사 결정의 후단 단계도 결정에 대해 추가로 넛지를 제공할 수 있지만, 대개는 남은 개선의 가능성이 별로 많지 않다.

간단한 사례가 이 중요한 요점을 잘 보여준다. 당신이 국제적 대기업의 한 소그룹 관리자라고 가정하자. 어제 당신은 다른 모든 관리자처럼 연간 실적을 통보받았는데 좋지 않았다. 요약하면 용납할 수 없는 점수 0부터 훌륭한 점수 100까지의 만족지수 중 당신의 연간 실적은 25점이었다. 당신의 현재 수준이 형편없는 실적이라는 뜻이다. 이제 당신한테는 상황을 개선해야 한다는 결정 문제가 생긴 것이다.

첫 번째 단계는 당신의 결정 문제를 서술하는 것이다. 직관적으로 당신은 결정 서술이 "내 연간 실적을 개선하는 방법을 결정한다"여야 한다고 느낀다. 좀더 깊이 생각한 뒤, 당신은 이것이 당신이 원하는 만큼 업무를 제대로 수행하지 않은 결과임을 깨닫는다. 이 결정 서술이 원인이 아닌 결과를 다루고 있음을 인식하고 당신은 결정 서술을 "내 휘하의 직원들을 더 잘 이끌어 회사에 더 많이 기여하는 방법을 결정한다"로 바꾼다. 그런 다음 나머지 두 전단 단계인 이 결정에 대한 목표를 명확히 하고 대안을 파악하는 쪽으로 나아간다. 결정 서술이 더 좋아진 만큼 당신이 목표를 달성하기 위해 추구하는 대안이 무엇이든 내년에는 적어도 만족도 40점의 결과가 정말 나올 것 같다.

결정을 철저하게 구조화해 당신이 여러 대안을 파악했다고 치자. 그것들의 효과는 아마 다양할 테고, 당신의 느낌으로는 임의로 선택한 대안의 만족도가 40~85점을 제공할 것 같다. 이러한 대안을 한 가지 핵심 목표에 대해 평가함으로써 파악하기 쉬운 열등한 대안, 즉 만족도 70점 이상이 나올 것 같지 않은 대안을 제거할 수 있어야 한다. 그러고 나서 다양한 목표를 사용해 당신이 느끼기에 적어도 80점, 어쩌면 그보다 높은 점수가 나올 대안을 창출하도록 자신에게 넛지할 수도 있다. 이 새 대안을 표준으로 삼아 당신이 생각하기에 80점 미만인 모든 대안을 제거할 수 있다. 그 결과 당신이 생각하기에 모두 80~90점 사이에 있는 4개의 경쟁 대안이 생길 수 있다.

다음을 유념하라. 전단의 결정 구조화 노력이 당신의 결정에 대해 넛지했고, 따라서 당신의 만족도는 25점에서 적어도 80점까지는 분명 개선될 것이다. 후단의 평가는 기껏해야 만족도 80점에서 90점으로 개선할 수 있다. 이는 어떤 결정에서 고품질의 전단 구조화가 결정의 대안에 대한 고품질의 후단 평가보다 훨씬 더 큰 영향을 미칠 수 있다는 핵심을 잘 보여준다.

이 단계에서는 후단의 대안 평가로 나아가는 게 아마 도움이 될 것이다. 후단 노력의 적정 수준은 80~90점의 차이가 당신한테 갖는 의미, 그리고 당신의 시간을 다른 문제에 쓰는 것의 중요성에 달려 있다. 경쟁 대안 4개의 짝짓기 비교를 활용하는 데 시간과 노력을 들일 만할 듯하다. 당신의 목표 각각을 얼마나 잘 달성하는지의 관점에서 두 대안을 검토하라. 그러면 한 대안이 열등하다는 게 명확해질 테니 제거하면 된다. 나머지 대안에 이 과정을 반복하면 최선의 대안을 파악할 수 있든지 아니면 적어도 실행 가능한 경쟁 대안을 어느 것도 다른 것보다 확연히 떨어지지 않는 두세 개의 대안으로 줄일 수 있을 것이다. 똑같은 결정에 대해 당신은 시간과 노력을 더욱 체계적인 후단의 대안 평가를 진행하는 데 들일 가치가 없다고 느낄 수도 있다.

가치 중심적 의사 결정 과정의 후단

표 A.1 후단의 세 단계는 체계적인 대안 평가를 실행하는 데 필요한 단계와 사고를 기술한다. 이 내용은 이 책에서 심층적으로 다루지 않았다. 하지만 대안 평가는 직관적이든 공식적이든 결정을 내리는 데 필요한 만큼 세 가지 이유로 이러한 단계의 요약을 여기에 제공한다.

1. 결정 구조화가 양질의 결정을 내리는 모든 과정에서 담당하는 결정적 역할을 명확히 하고 강조하기 위해서.
2. 어떤 결정이든 명확하게 구조화한 후 대안을 평가하는 데 필요한 체계적 사고 과정의 개념적 지침을 제공하기 위해서.

3. 지식과 정보, 그리고 분석이 있든 없든 데이터를 이용해 경쟁 대안을 평가하는 논리적 틀을 보여주기 위해서.

결과표(consequences table)를 활용하면 어떤 결정이든 각각의 대안에 대한 후단의 설명과 그것들에 대한 평가를 명확하게 보여주고 관리할 수 있는데, 이것은 특정 결정에 대한 각 대안의 관련 결과를 전부 기술하기 위해 작성하는 그림 3.1에 제시된 결정 틀이다.

요점을 설명하기 위해 나는 다음의 결정을 활용하고자 한다. 각각 30세 정도의 리(Lee) 씨 부부는 결혼한 지 3년 되었다. 둘 다 아주 좋은 직업이 있고 바다에서는 약 190킬로미터, 산과 호수로부터는 400킬로미터 떨어진 대도시권에 산다. 부부는 자신들도 쓰고 투자도 할 겸 별장을 하나 구매하기로 결정했다. 그런 다음 자신들의 결정에 대한 가치 중심적 의사결정 과정의 전단을 신중하게 끝마쳤는데, 이를 요약하면 아래와 같다.[1]

그들의 결정 서술은 "어떤 별장을 구매할지 결정한다"이다. 이 중요한 결정을 위해 그들은 신중하게 다음의 가치를 파악했다. "자주 방문한다", "방문할 때마다 즐겁다", "방문하기가 편하다", "구매 가격", "연간 가격 상승률", "세금과 관리에 드는 연간 경비", 그리고 "미래의 자녀와 성인 친구들의 방문을 위한 집의 유용성". 그들은 구매 가능한 별장을 파악하기 위해 여러 가능한 지역을 찾아다녔고 자신들의 가치를 바탕으로 4개의 현실적 대안을 파악했다. 이 별장들은 각각 내륙의 커다란 연못가, 작은 바닷가 마을, 산기슭의 호숫가 부지, 그리고 스키장 근처 산속의 호숫가에 있었다.

그들이 파악한 가치 및 대안과 함께 결정을 위한 결정 틀이 표 A.2에

표 A.2 별장 결정을 위한 결정 틀

가치: ~ 관련 목표 \ 대안	A: 내륙의 연못가 별장	B: 바닷가 별장	C: 산기슭 호숫가 별장	D: 스키장 산속 호숫가 별장
방문 용이성		X		
연간 방문 횟수				
별장에서의 즐거움				Y
구매 가격				
연간 경비				
연간 가격 상승률				
친구들을 위한 유용성				
자녀를 위한 유용성				

나와 있다. 결정 틀은 가치 중심적 의사 결정 과정에서 대안을 평가하는 후단의 결과를 드러내고 논의하는 알기 쉽고 정리된 방식을 제공한다.

첫 번째 후단 단계에는 결과표에 있는 모든 경쟁 대안의 관련 결과를 기술하는 게 포함된다. 결정 틀의 각 칸에 있는 설명은 해당 대안이 해당 목표를 얼마나 잘 달성하는지 나타낸다. 가령 표 A.2에서 X 표시가 있는 칸의 경우, 리 씨 부부는 집에서 바닷가 별장까지 이동 시간이 약 4시간 걸릴 거라고 생각하는데, 이 내용이 그 칸에 들어갈 결과가 될 것이다. Y 표시가 있는 칸의 경우, 이 설명은 단락 전체가 될 수도 있고 "수상 스포츠, 낚시, 하이킹, 겨울에는 스키" 같은 요약일 수도 있다. 어떤 칸이든 모든 설명을 검토하면 그 칸에 있는 대안의 결과를 합리적으로 이해하게 될 것이다.

대안의 잠재적 결과 기술하기

결정을 내리기 위해 당신이 수집해야 할 적절한 정보는 오직 당신이 더 나은 결정을 내리게 도와줄 정보뿐이다. 다음의 경우를 활용해 두 가지 사례를 보여주겠다.

사례 1 가장 개인적인 결정과 많은 사업 결정의 경우, 정보가 풍부한 선택을 내리는 데 완전히 채워진 결과표는 필요하지 않다. 일부 결과에 관한 합리적 설명이면 충분할 듯하다.

별장 결정의 경우, 즉시 입수 가능한 정보가 있는 칸을 채우는 것은 유용하고 꽤 간단하다. 표 A.3에 있는 것처럼 여기에는 수천 달러의 비용과 방문 용이성을 표시하는 집에서 별장까지의 예상 이동 시간이 들어간다. 아울러 리 씨 부부는 각 별장에 대해 연간 가격 상승률 범위의 추정치를 집어넣을 수 있다. 또한 표에 나온 대로 각 부지에서 그들이 기대하는 상대적 즐거움을 몇 단어로 짧게 묘사할 수도 있다. 이는 부부가 각 별장에서 겪을 거라고 생각하는 훨씬 더 폭넓은 경험을 묘사한 것이다.

이상의 정보를 사용하면 리 씨 부부는 결정을 내리기가 편하다고 느낄 것이다. 표 A.3을 보면서 그들은 각 별장을 방문하는 게 즐거울 것이라고 결론 내릴 수 있다. 하지만 내륙의 연못가 별장에서 시간을 보내는 것은 다른 곳들보다 약간 덜 즐겁고, 스키를 탈 수 있는 별장이 가장 재미있을 것이다. 그런가 하면 내륙의 연못가 별장은 찾아가기 가장 쉽고 스키 별장은 가장 어렵다. 이를 바탕으로 그들은 매년 방문 용이성과 즐거움을 결합한 관점에서 보면 네 별장이 모두 비슷하다고 추론할 듯하다. 즐거움

표 A.3 별장 결정을 위해 부분적으로 채운 결과표

가치: ~ 관련 목표 / 대안	A: 내륙의 연못가 별장	B: 바닷가 별장	C: 산기슭 호숫가 별장	D: 스키장 산속 호숫가 별장
방문 용이성: 집으로부터 이동 시간	1.5시간	4시간	3시간	5.5시간
연간 방문 횟수				
별장에서의 즐거움	유쾌한 휴가	해변과 해안 생활	수상 스포츠, 낚시, 하이킹	수상 스포츠, 낚시, 하이킹, 겨울엔 스키
구매 가격	17만 5000달러	42만 달러	28만 달러	35만 달러
연간 경비				
연간 가격 상승률	1~4%	3~5%	2~4.5%	4~5.5%
친구들을 위한 유용성				
자녀를 위한 유용성				

이 더 크다(즉, 장점)는 추가적 이득이 방문하는 이동 시간이 더 길다(즉, 단점)는 점 때문에 대충 상쇄되고 그 역도 마찬가지이기 때문이다. 또한 리 씨 부부는 연간 방문 횟수도 모든 별장이 대략 같을 거라고 느낄 수 있다. 따라서 부부는 최선의 대안 선택이 이 두 가지 목표에 달려 있지 않을 거라고 결론지을 것이다.

구매와 관련해서는 대안의 상대적 가격이 확실해서 내륙의 연못가 별장이 훨씬 더 저렴하다. 하지만 리 씨 부부는 어느 별장이라도 구매할 자산을 갖고 있고, 재정적 투자로서 그것을 소유하는 게 부분적 목적이다. 별장 구매에 사용하지 않은 모든 자금은 주식으로 투자할 수 있다. 그들은 주식 시장 투자로 향후 5년간 얻을 수익이 별장의 가격 상승률보다 2퍼센티지 포인트 더 높을 것이라고 본다. 따라서 각 별장의 가격 및 잠

재적 상승률은 차이가 꽤 나지만, 이 두 요인을 결합한 것이 재정적 복리에 미치는 영향은 차이가 훨씬 덜하다. 하지만 리 씨 부부에게 내륙의 연못가 별장은 여전히 다른 대안보다 더 나은 재정적 영향을 끼친다.

현재 리 씨 부부에게는 자녀가 없으므로 이것은 결정과는 그다지 관련이 없다. 성인 친구들은 내륙의 연못가 별장이 약간 더 작기는 하지만 모든 별장에 즉시 초대할 수 있을 것이다. 이런 이유로 그들은 모든 목표를 감안할 때 내륙의 연못가 별장이 자신들에게 최선의 대안이라고 느낀다.

대안의 잠재적 결과를 상의하면서 리 씨 부부는 어느 별장이든 자신들이 실제로 어떻게 사용할지에 많은 불확실성을 갖고 있음을 알게 된다. 그들은 별장을 소유해본 적이 없어 얼마나 많이 사용할지, 얼마나 많이 즐길지 잘 모른다. 그들은 방문하기 가장 쉬운 내륙의 연못가 별장을 소유하는 게 별장과 관련해 자신들이 특히 좋아하고 싫어하는 것을 알게 해줄 것임을 깨닫는다. 이것을 알고 나니 생기는 많은 가치가 있다. 만일 자신들의 라이프스타일을 감안할 때 노력을 들일 가치가 거의 없다는 교훈을 얻는 게 아니라 별장이 확실히 삶의 질을 높인다는 것을 알게 된다면 몇 년 뒤 또 다른 별장으로 업그레이드하는 결정을 내리면 된다. 이제 선택은 아주 분명해졌고, 그들은 내륙의 연못가 별장의 값을 흥정할 것이다.

사례 2 일부만 채운 결과표 A.3의 정보와 함께 각 대안의 전체 결과 세트를 체계적으로 생각했는데도 한 개의 대안 선택을 위한 명확한 선호로 귀결되지 않았다고 가정하자. 그렇다면 표 A.4에 나와 있듯 결과표를 완전히 채우는 게 도움이 될 것이다. 이 결과표는 별장 소유의 장단점과 그들이 별장을 얼마나 많이 사용하고 즐길지 더 많이 알기 위한 목표를 포

표 A.4 별장 결정을 위해 완전히 채운 결과표

가치: ~ 관련 목표 \ 대안	A: 내륙의 연못가 별장	B: 바닷가 별장	C: 산기슭 호숫가 별장	D: 스키장 산속 호숫가 별장
방문 용이성: 집으로부터 이동 시간	1.25~2시간	3~5시간	2.5~5시간	4.5~7시간
연간 방문 횟수	당일치기 여행 20회, 1박 2일 여행 8회	1박 2일 여행 8회, 여름 4주	1박 2일 여행 8회, 봄과 여름 4주	1박 2일 여행 4회, 여름 2주, 겨울 2주
별장에서의 즐거움	유쾌한 휴가	해변과 해안 생활	수상 스포츠, 낚시, 하이킹	수상 스포츠, 낚시, 하이킹, 겨울엔 스키
구매 가격	17만 5000달러	42만 달러	28만 달러	35만 달러
연간 경비	5000달러(60%), 7000달러(40%)	1만 달러(50%), 1만 3000달러(30%), 1만 5000달러(20%)	6000달러(30%), 9000달러(70%)	1만 1000달러(20%), 1만 4000달러(70%), 1만 8000달러(10%)
연간 가격 상승률	1~4퍼센트	3~5퍼센트	2~4.5퍼센트	4~5.5%
친구들을 위한 유용성	유용함	매우 유용함	매우 유용함	매우 유용함
자녀를 위한 유용성	그저 그렇다	유용함	매우 유용함	매우 유용함
별장의 사용과 즐거움에 관해 알기	사용과 즐거움에 대해 많이 알게 됨	즐거움은 약간, 사용은 거의 알게 된 게 없음	사용과 즐거움에 대해 약간 알게 됨	즐거움은 약간, 사용은 그보다 덜 알게 됨

함하도록 확장되었음에 유의하라.

의사 결정자가 결과표의 칸에 집어넣고 싶은 내용에는 상당한 유연성이 있다. 개인적 결정의 경우 의사 결정자가 각 대안의 결과가 무엇인지 이해할 충분한 설명을 원한다. 한 단어나 숫자가 이것을 잘 달성할 수 있을 터이다. 단어나 숫자는 훨씬 더 많은 것을 암시하는 것으로 이해될 수 있기 때문이다. 기업 결정의 경우, 특히 한 명 이상의 개인이 결과표에 입력 작업을 하고 그것을 조직 내 다른 이들(가령 경영진)에게 전달하는 데 사용할 때는 각 칸의 정보가 훨씬 상세하고 명확해야 한다.

표 A.4는 결과표에 결과를 기술하는 여러 가지 방식을 나타낸다. 가장 간단한 방식이 돈이나 시간처럼 모두가 아는 측정값의 추정치다. 별장의 구매 가격이 결과 중 한 가지 측정값을 사용한 예다. 한 가지 이상의 측정값이 더 완벽한 결과 설명을 제공할 때도 있을 것이다. 별장 사용에 관해서는 연간 방문 횟수와 별장에서 보내는 일수(日數) 둘 다가 유용하다. 이를 통해 의사 결정자는 다른 목표를 가지고 고려하는 이동 시간 외에 한 주 전체의 여행과 일곱 번의 당일 여행의 가치를 다르게 매길 수 있음을 간단하게 알아보게 된다. 특정 결과에 관한 불확실성이 관련될 때는 모두가 아는 측정값으로 잠재적 결과의 범위를 사용하면 된다. 집에서 별장까지의 이동 시간 범위가 한 가지 예다. 불확실성에 관해 더 명확하기를 바란다면, 이것들의 추정치를 논리적으로 구축할 수도 있다. 표 A.4의 연간 운영 경비의 경우, 각각의 가능 수준과 확률(또는 퍼센티지)을 확인할 수 있다.

몇몇 중요한 목표의 경우, 잠재적 결과를 기술하고 그것을 비교할 확립된 기준이 없을 수 있다. 이것을 다루는 한 가지 방법은 그런 결과를 측정하는 기준을 구축하는 것이다.[2] 자녀 및 성인 친구들을 위한 유용성과 연관된 두 가지 목표 각각에 대해 '0점은 무용하다', '10점은 매우 유용하다'로 정의하는 0~10점의 척도를 만들면 된다. 또한 '3점은 그저 그렇다', '6점은 유용하다'로 정의하고, 이 모든 것의 명확한 언어적 설명을 제공할 수도 있다. 그게 아니면 아예 한 단락 전체를 이런 구축된 척도에서 각 수준의 의미를 설명하는 데 사용해도 된다.

개인적 결정의 경우, 의사 결정자가 척도를 만들므로 해당 목표의 관점에서 각 점수의 의미와 영향에 대해 명확한 직관적 이해를 틀림없이 갖고 있을 것이다. 기업 결정의 경우, 다른 수준의 의미를 적을 때 명확하게 밝히는 것(가령 척도의 다른 수준에 해당하는 결과의 특정 사례를 기술하는 것)이 유용하다.

표 A.4의 즐거움 및 배움 목표의 경우가 그렇듯 가끔 언어적 설명이 결과를 기술하는 효과적 방식일 때가 있다. 이것은 표에서처럼 그냥 몇 단어밖에 안 될 수도 있고 한 단락 전체일 수도 있다. 언제나 목적은 결과를 알 필요가 있는 모든 이들이 명확하게 그것을 이해하도록 하는 데 있다.

대안의 장단점 파악과 중요성 따지기

일단 당신의 결정을 위해 명확히 기술한 결과표에 몇몇 결과를 적고 나면, 흔히 체계적인 추론으로 정보가 풍부한 결정을 내릴 수 있다. 그 밖의 경우와 중요한 조직 결정에서는 완전히 채운 결과표를 원할 때가 더 많을 것이다. 이것은 더 체계적이고 상세한 대안 평가의 토대를 제공한다.

대안을 평가하려면 대안 각각의 잠재적 결과의 장단점을 따져볼 필요가 있다. 이는 표 A.1에 표시된 가치 중심적 의사 결정 과정 후단의 두 번째 단계다. 여기에는 다른 대안이 가진 장단점의 상대적 중요성에 대해 가치 판단을 내리는 것이 들어간다. 실제로 이것을 하는 논리적으로 탄탄한 방식에는 여러 가지가 있다. 단순히 결정 틀에 있는 대안 쌍들의 장단점을 비교하는 것에서부터 철저한 양적 분석을 사용하는 것에 이르기까지 다양하다.

예를 들면 여러 가지 가능한 대안이 있는 제품 구매와 관련된 결정을 생각해보자. 목표가 단 2개라고 가정하자. "품질을 극대화한다"와 "비용을 최소화한다". 만일 가능한 대안 중 하나가 다른 한 대안보다 값은 더 비싸고 품질은 더 낮다면, 전자의 대안은 고려 대상에서 제외하면 된다. 그것은 성공할 수 있는 두 번째 대안에 의해 '장악'당했다. 이런 식으로 한 쌍씩 대안을 비교해 재고할 대상에서 장악당한 대안을 빼면 된다.

남은 대안 중에서 한 번에 두 대안을 비교하면서 계속하면 된다. 만일 첫 번째 대안이 두 번째 대안보다 더 비싸지만 품질은 더 좋다면, 쟁점은 첫 번째 대안의 추가 비용(즉, 단점)이 두 번째 대안의 품질 개선(즉, 장점)만한 가치가 있는지 여부다. 여기서 쓰는 "그럴 가치가 없다"는 말은 "두 번째 대안과 비교해 그럴 가치가 없다"는 뜻이다. 만일 그럴 가치가 없다면 첫 번째 대안을 재고 대상에서 빼라. 그럴 가치가 있다면, 두 번째 대안을 빼라. 만일 고려 대상으로 가능한 대안이 이 2개뿐이라면, 당신의 결정은 이제 해결됐다. 만일 다른 대안이 있다면, 같은 식으로 남은 두 대안을 비교하면서 이 과정을 다시 반복하라. 열등한 대안을 제거할 때마다 고려해야 할 나머지 대안이 더 적어질 테니 결정이 단순해질 것이며 동시에 최종적으로 열등한 대안을 선택할 확률도 줄어들 것이다. 당신이 비교하려고 고른 대안의 쌍들이 당신이 느끼기에 비교하기 더 쉬운 것들이라면 진행은 더 빠를 것이다.

표 A.4와 같은 결과표에 기술된 대로 결과를 알고 있다고 했을 때 의사결정자는 한 대안 대 다른 대안의 장단점을 즉시 파악할 수 있다. 이런 표의 표현이 다른 이들에게 명확히 전달하기에는 유용하지 않을지 몰라도, 그것을 만들고 더 자세한 사실의 요약 설명으로 사용하는 의사 결정자에게는 의미가 있다.

흥미롭게도 거의 250년 전에 벤저민 프랭클린은 중요한 의사 결정에 관한 조언을 구하는 동료 조지프 프리스틀리(Joseph Priestley)에게 대안들의 쌍을 비교하는 간단하고 논리적인 접근법을 제시했다. 1772년 9월 19일 프랭클린의 대답은 다음과 같았다.[3]

안녕하신가.

자네가 내 조언을 구하는 너무나도 중요한 사안에서 충분한 전제가 부족해 어떤 결정을 내릴지 조언하지 못하겠네만, 자네만 괜찮다면 내 방법을 한 번 말해보겠네.

그런 어려운 경우가 생길 때 힘든 이유는 주로 우리가 그것들을 고민하는 동안 장단점이 모두 한꺼번에 머릿속에 떠오르는 게 아니라 어떤 때는 일부가 모습을 드러내고, 또 어떤 때는 다른 게 나타나면서 첫 번째 것들이 시야에서 사라지기 때문이지. 그러니까 번갈아가며 우세한 다양한 목적이나 성향, 그리고 우리를 당황하게 만드는 불확실성 말이네.

이것을 극복하기 위한 나의 방법은 종이 한 장을 가운데에 선을 그어 두 칸으로 나눈 뒤 한쪽에는 장점을, 다른 한쪽에는 단점을 쓰는 것이네. 그런 다음 사나흘 생각하는 동안 그 안에 찬성이든 반대든 다른 시간대에 떠오르는 다른 이유를 짧은 힌트로 다른 쪽에 적어둔다네.

이렇게 해서 그것들 전체를 한 번에 볼 수 있게 모으면 나는 그것들 각각의 가중치를 추정하려고 하지. 각 면에서 1개씩 동등해 보이는 2개를 찾을 경우 그것들을 둘 다 삭제하네. '장점인 이유 1개=단점인 이유 2개'를 찾으면 그 3개를 없애네. '단점인 이유 2개=장점인 이유 3개'라고 판단하면, 그 5개를 빼고 말이지. 이렇게 진행하다 보면 마침내 균형 지점을 발견하네. 그리고 만일 하루나 이틀 더 생각해본 후에도 중요한 것이 어느 쪽에서도 새로 나타나지 않으면 거기에 맞춰 내 결심이 서지.

그리고 이유들의 가중치를 대수학적 양의 정밀도로 매길 수는 없겠지만, 그래도 각각을 이렇게 따로 비교하면서 고려하고 전체가 내 앞에 놓여 있으면 판단이 더 잘되는 것 같고 성급하게 진행하는 경향도 덜해지는데, 사실 나는 도덕적 대수학 혹은 신중한 대수학이라고도 할 수 있는 이 방법의 이런 등식 유형에서 엄청난 장점을 찾았다네.

최선의 결정을 내리길 진심으로 바라며, 나의 소중한 벗에게, 그럼 이만.

B. 프랭클린

프랭클린이 분명히 밝혔듯 이 책의 용어로 좋은 결정을 내리는 데 주요 걸림돌은 당신 자신의 가치를 당신이 잘 모르고 있는 것이다. (즉 장단점이 모두 한꺼번에 머릿속에 떠오르지 않는다.) 그는 며칠 동안 그것들을 적으라고 권유한다. 우리의 결정 틀이 모든 가치를 나열하면 다 채워진 결과표는 그 즉시 모든 장단점을 기술하는 데 필요한 정보를 제공한다. 표 A.4에서 대안 C는 28만 달러이고 대안 D는 35만 달러이므로 대안 C가 대안 D에 비해 7만 달러의 '장점'을 갖고 있다. 즐거움의 목표와 관련해 한 가지 차이는 대안 D가 대안 C의 수상 스포츠, 낚시, 하이킹에 추가로 스키를 포함한다는 점이다. 그러므로 대안 C는 대안 D에 비해 '단점'을 갖고 있다. 즉 스키장에 대한 유용한 접근성이 없다. 아울러 두 대안의 수상 스포츠, 낚시, 하이킹 옵션이 동등한지 또는 한 장소가 훨씬 더 나은 옵션을 갖고 있는지 고려하는 게 유용하다. 만일 이것이 맞다면, 대안을 최종적으로 비교하기 위한 장단점이 더 있을 것이다. 결과표가 있으면 우리는 대안

쌍의 장단점을 평가하고 최종적으로 최선의 대안을 파악하는 프랭클린의 체계적 과정으로 곧장 나아갈 수 있다.

자신의 생각이 약간 더 체계적이길 바라는 의사 결정자라면 다음과 같이 결과표를 사용할 수 있다. 즉 실제 대안 중 하나와 동등하게 평가되는 가상 대안을 하나 만들어라. 그러기 위해 한 목표의 성취도는 높이고 두 번째 목표의 성취도는 낮춰 대안 하나를 수정하라. 이 경우 의사 결정자는 첫 번째 목표의 향상된 양(즉 추가된 긍정적 효과)을 두 번째 목표의 저하된 양(즉 추가된 부정적 효과)과 동등하다고 평가하게 된다. 이러한 수정을 '균등한 교환(even swap)'이라 부르며, 수정된 가상의 대안이 하나의 목표에서는 두 번째 대안의 경우와 똑같은 성취도를 갖는데, 이로써 그 두 대안의 타당성을 비교하기가 더 쉬워진다.[4]

리 씨의 별장 사례를 활용해 이 과정을 살펴보자. 리 씨 부부가 스키장에 대한 접근성 가치를 3만 달러로 여긴다고 치자. 부부는 스키장에 대한 접근성이 있고 실제 대안 C 가치의 등가물로서 3만 달러 더 비싸다는 점을 제외하면 C와 같은 가상의 대안 C′를 평가해야 한다. 이제, 만일 수정한 대안 C′를 대안 D보다 선호한다면, 원래의 대안 C도 대안 D보다 선호할 것이 틀림없다. 균등한 교환을 사용하면 대안의 비교가 더 용이해진다. 두 대안에 대해 성취도가 같은 목표는 선호도 평가와는 무관하기 때문이다. 이 경우 균등한 교환 이후 즐거움의 요인은 대안 C′와 D의 비교와는 무관하다. 어떤 대안을 선호하느냐가 명확해질 때까지 다중의 균등한 교환을 사용할 수 있다.

양적 분석은 유난히 복잡한 결정의 경우 유용하다. 특히 그 결정과 관련한 정보와 가치 판단이 다중의 개인으로부터 나오는 조직 결정의 경우가 그렇다. 이런 분석은 각각의 목표의 관점에서 각 대안의 결과를 따로 따로 기술할 것이며, 그 결과가 중요할 때는 그 불확실성도 포함한다. 그런 다음 의사 결정자의 가치 판단을 기초로 가치의 양적인 표현이 구축될 것이다. 결과를 기술하고 대안의 잠재적 결과를 각각 평가하는 별도의 양적 모델이 있으면 다양한 대안의 타당성을 계산할 수 있으며, 민감도 분석으로 그 대안의 타당성에 어떤 요인이 상당한 영향을 미치는지 검토할 수 있다.[5] 조직이 이 양적 접근법을 사용한 경험을 갖고 있지 않다면, 이런 지식을 보유한 분석가의 도움이 아마 필요할 것이다. 개인적 결정의 경우, 양적 분석은 대부분의 사용자한테는 너무 복잡하고 시간 소모도 크다. 특히 앞서 기술한 대로 덜 공식적인 평가로 진행해도 확실한 결정을 내리는 데 필요한 정보를 제공할 수 있기 때문이다.

정보와 당신의 평가에서 나온 통찰을 이용해 대안 선택하기

대안 선택은 대안 평가와 같지 않다. 결과의 기술과 대안 평가는 결정을 내리는 데 유용한 정보로 다뤄야 한다. 가치 중심적 의사 결정 과정에서 후단의 세 번째 단계다. 이 정보는 당신에게 각 대안의 모든 장단점에 대해 훨씬 더 잘 알려주므로 자연히 당신이 더 나은 결정을 내리도록 넛지한다.

당신은 또한 이 과정에서 무엇을 배웠는지와 이것이 당신의 결정에 어떤 통찰을 제공하는지도 고려할 필요가 있다. 이 새로운 이해를 감안했을 때 최선이라고 평가한 대안을 선택하고 싶지 않을 수도 있다. 어떻게 이게 가능할까?

이 부록에서 논의한 설명과 평가는 당신의 결정 모델을 구성한다. 요컨대 그것은 당신의 결정이 아니다. 논리란 "이것은 파이프가 아니다(Ceci n'est pas une pipe)"라는 문구가 쓰여 있는 마그리트(René Magritte)의 유명한 파이프 그림과 비슷하다.[6] 아주 간단히 말하면 파이프 그림은 파이프가 아니다. 결정 모델은 풍부한 정보를 제공하지만 그 결정과 관련한 모든 것을 포함할 수도 없고 포함해서도 안 된다. 대안의 선택에는 대안을 평가하기 위해 당신의 모델을 이용해 창출한 정보를 사용하는 것과 당신이 모델에 포함시키지 않은 어떤 것이나 그것에 바탕을 둔 평가가 포함된다. 그 한 예가 별장에 관한 결정에서 잘 드러난다. 대안을 평가하다 보니 가족이 별장을 어떻게 사용하고 얼마나 많이 즐길지에 관한 학습이 매우 유용할 거라는 통찰이 생겼고, 이것이 결과적으로 더 가까운 내륙 연못가 대안을 선택하는 데 도움을 줬다. 다음 사례는 논리와 과정을 좀더 심층적으로 보여준다.

당신이 서로 다른 세 도시에서 흥미로운 세 일자리 제의를 평가하는 과정에 있다고 치자. 이 중 어느 곳에도 현재 살고 있지 않으므로, 일자리 선택과는 무관하게 당신은 이사를 가야 할 것이다. 당신은 어떤 일자리를 선호하는지 정하기 위해 당신의 결정을 정의한다. 이미 일자리 결정만으로도 충분히 힘들기 때문에 정의한 결정에서 각 도시에서의 개인 생활은 의도적으로 제외한다. 일자리 선호도를 알고 난 다음 개인 생활에 대한 고려를 추가한다. 결과표를 채우고 각 대안의 장단점을 따져보면서 일자리 대안에 대한 철저한 평가를 수행한다. 균등한 교환 평가로 도시 A, B,

C의 일자리에 대해 각각 연봉 말고는 모든 목표의 관점에서 봤을 때 동일한 가상의 대안 A′, B′, C′를 발전시킨다. 가상의 대안 A′의 결과적인 연봉은 B′보다는 1만 5000달러, C′보다는 2만 달러가 더 많다. 도시 B와 C의 일자리에 대한 도시 A의 일자리 선호는 각각 추가적인 연봉 1만 5000달러와 2만 달러의 가치에 상응한다는 결론에 곧바로 이르게 된다.

당신의 실제 결정은 일자리와 도시의 결합을 선택하는 것이다. 도시 C보다 선호하는 도시 A보다는 도시 B에 사는 쪽을 당신이 선호한다는 것을 즉시 알 수도 있다. 이것을 알면 도시 C의 일자리를 선택하는 걸 고려 대상에서 제외할 수 있다. 일자리와 생활 양쪽의 관점에서 도시 A에 사는 것보다 열등하기 때문이다. 도시 A와 B를 비교하려면 이 두 도시의 생활에서 연봉에 상응하는 차이가 당신한테 어떤 것인지 생각해볼 필요가 있을 것이다. 만일 당신이 연봉 2만 5000달러에 상응하는 것만큼 도시 A보다 도시 B에 사는 것을 더 좋아한다면, 도시 B의 일자리를 선택해야 할 것이다. 거기서 살고 일하는 게 연간 1만 달러에 해당하는 가치만큼(2만 5000달러에서 1만 5000달러를 뺀 금액) 당신에게 선호되기 때문이다. 하지만 연간 겨우 8000달러에 해당하는 가치 때문에 도시 A보다 도시 B에 사는 것을 더 좋아한다면, 당신은 도시 A의 일자리를 선택해야 한다.

주

머리말

1. 초판은 Thaler, R. H., and Sunstein, C. R. (2008). *Nudge: Improving Decisions about Health, Wealth, and Happiness*. New Haven, CT: Yale University Press이다. Thaler, R. H., and Sunstein, C. R. (2008). *Nudge: Improving Decisions about Health, Wealth, and Happiness*. New York: Penguin Books가 더 구하기 쉽다.
2. Halpern, D. (2015). *Inside the Nudge Unit: How Small Changes Can Make a Big Difference*. London: W. H. Allen; 그리고 Naru, F. Behavioral insights and public policy. https://twitter.com/faisal_naru/status/978359326845947905 참조. 후자는 공공 정책과 관련해 넛지를 사용하는 기관이 전 세계에 약 200군데 있음을 보여준다.
3. Thaler and Sunstein (2009), 255.

01 더 나은 결정을 내리도록 자신에게 넛지하라

1. Edwards, W. (1954). The theory of decision making. *Psychological Bulletin*, 51(4), 380-417.
2. Simon, H. (1955). A behavioral model of rational choice. *Quarterly Journal of Economics*, 69(1), 99-118.
3. Tversky, A., and Kahneman, D. (1974). Judgment under uncertainty: heuristics

and biases. *Science*, 185, 1124-1131; Kahneman, D., Slovic, P., and Tversky, A. (1982). *Judgment under Uncertainty: Heuristics and Biases*. Cambridge: Cambridge University Press; Gilovich, T., Griffin, D., and Kahneman, D. (2002). *Heuristics and Biases: The Psychology of Intuitive Judgment*. Cambridge: Cambridge University Press.

4. 결정의 덫, 함정, 편향의 목록은 Hammond, J. S., Keeney, R. L., and Raiffa, H. (1999). *Smart Choices: A Practical Guide to Making Better Decisions*. Boston: Harvard Business School Press; Baron, J. (2008). *Thinking and Deciding*, 4th ed. New York: Cambridge University Press; Hastie, R., and Dawes, R. (2020). *Rational Choice in an Uncertain World: The Psychology of Judgment and Decision Making*, 2nd ed. Thousand Oaks, CA: Sage; Montibeller, G., and von Winterfeldt, D. (2015). Cognitive and motivational biases in decision and risk analysis. *Risk Analysis*, 35(7), 1230-1251; and Spetzler, C., Meyer, J., and Winter, H. (2016). *Decision Quality: Value Creation from Better Business Decisions*. Hoboken, NJ: Wiley에서 찾아볼 수 있다.
5. Ariely, D. (2008). *Predictably Irrational: The Hidden Forces that Shape Our Decisions*. New York: HarperCollins; Ariely, D. (2010). *The Upside of Irrationality: The Unexpected Benefits of Defying Logic at Work and at Home*. New York: HarperCollins; and Ariely, D. (2012). *The Honest Truth about Dishonesty*. New York: HarperCollins. *The Wall Street Journal*에 장기간 게재된 의사 결정에 관한 통찰과 조언을 제공하는 그의 칼럼 참조.
6. 예를 들면 Pratt, J. W., Raiffa, H., and Schlaifer, R. (1964). The foundations of decision under uncertainty: an elementary exposition. *American Statistical Association Journal*, 59, 353-375; Raiffa, H. (1968). *Decision Analysis*, Reading, MA: Addison-Wesley; and Raiffa, H. (1969). Preferences for multi-attributed alternatives, Memorandum RM-5868-DOT/RC. Santa Monica, CA: RAND Corporation 참조.
7. 개인의 결정과 조직의 결정을 위한 이러한 단계의 실제 사용은 Hammond, Keeney, and Raiffa (1999)에 나와 있다.
8. Samson, A. (ED.) (2018). *The Behavioral Economics Guide 2018*. Behavioral

Economics. www.behavioraleconomics.com/BEGuide2018.pdf.

9. 지난 40년간 전망 이론(prospect theory)은 선택의 기술적 모델에 심오한 영향을 끼쳐왔다. 전망 이론의 결정적 특징 중 하나는 결정 틀을 만드는 최초의 편집 단계다. 더 자세한 내용은 Kahneman, D., and Tversky, A. (1979). Prospect theory: an analysis of decision under risk. *Econometrica*, 47(2): 263-291; Tversky, A., and Kahneman, D. (1981). The framing of decisions and the psychology of choice. *Science*, 211, 453-458; and Kahneman, D., and Tversky, A. (2000). *Choices, Values, and Frames*. Cambridge: Cambridge University Press 참조.
10. 넛지 개념의 자세한 설명에 관해서는 Thaler and Sunstein (2009) 참조. 최근 42개의 다른 실험에 대한 한 메타분석은 넛지가 더 건강한 식이 요법이나 영양분 선택에서 평균 15.3퍼센트의 향상을 가져온다고 결론지었다. Arno, A., and Thomas, S. (2016). The efficacy of nudge theory strategies in influencing adult dietary behaviour: a systematic review and meta-analysis. *BMC Public Health*, 16: 676.
11. 이 말을 알베르트 아인슈타인이 했다는 결정적 문서는 없는 듯하다. 여기에 관한 관련 정보는 다음의 웹사이트에서 찾을 수 있다: http://quoteinvestigator.com/2014/05/22/solve/#content.

02 결정과 삶

1. 성인 의사 결정 능력(Adult Decision Making Competence, A-DMC) 척도는 신뢰할 만하며 실질적 의사 결정 기술의 개인차 측정을 제공한다. A-DMC와 결정 성과 목록(Decision Outcome Inventory, DOI) 및 둘 간의 상관관계(인구학적, 인지적, 성격적)에 대한 정보에 관해서는 Parker, A., Bruine de Bruin, W., and Fischhoff, B. (2007a). *Journal of Personality and Social Psychology*, 92(5), 938-956. Parker, A., Bruine de Bruin, W., and Fischhoff, B. (2007b); Maximizers vs. satisficers: decision-making styles, competence, and outcomes. *Judgement and Decision Making*, 2(6), 342-350; and Parker, A., Bruine de Bruine, W., and Fischhoff, B. (2015). Negative decision outcomes are more common among people with lower decision-making competence: an item-level analysis of the Decision

Outcome Inventory (DOI). *Frontiers in Psychology*, 6: 363 참조.

2. MBA 수업을 듣는 학생 295명(평균 연령 27세) 전원을 상대로 세미나를 하기 전에 나는 의사 결정 능력에 관해 두 가지 질문을 던졌다. 첫째, 그들이 스스로를 좋은 의사 결정자라고 생각하는지 물었다. (94퍼센트가 '그렇다'고 응답했다.) 둘째, 그들이 수강생 평균 이상으로 더 나은 의사 결정자냐고 물었다. (84퍼센트가 '그렇다'고 응답했다.) 후자의 응답은 타인과 비교했을 때의 의사 결정 능력에 대한 상당한 과대평가를 나타낸다. 이 경우 '그렇다'는 응답의 합리적 수치는 50퍼센트 정도일 것이기 때문이다.
3. Keeney, R. L. (1980). *Sitting Energy Facilities*. New York: Academic Press.

03 가치 중심적 결정을 내려라

1. 사실 결정을 위한 양질의 진단을 생산하고 나면 그 틀을 사용해 대안의 장단점을 명확히 사고하게 되므로 대개는 매우 합리적 선택을 한다. 대다수 결정에는 후단의 대안 분석이 없을 것이다. 사실 대부분 결정의 경우, 이런 평가는 가능하지도 않을 것이다. 왜냐하면 의사 결정자가 달성하고 싶은 모든 가치를 확실하게 정의하는 명확한 진단의 구조가 전혀 없기 때문이다.
2. 복잡한 결정의 경우, 수학적 모델을 사용한 완벽한 대안 평가는 흔히 통찰을 제공하며 불확실성, 위험 관용도, 다중의 경쟁 목표, 시간 할인, 다수의 주주를 확실히 다루는 데 유용하다. 탁월한 입문용으로 Hammond, Keeney, and Raiffa (1999); Edwards, W., Miles, R., and von Winterfeldt, D. (2007). *Advances in Decision Analysis: From Foundations to Applications*. New York: Cambridge University Press; Eisenfuhr, F., Weber, M., and Langer, T. (2010). Rational Decision Making. Heidelberg: Springer-Verlag; Clemen, R. T., and Reilly, T. (2014). *Making Hard Decisions with Decision Tools*, 3rd ed. Mason, OH: South-Western/Cengage Learning; Goodwin, P., and Wright, G. (2014). *Decision Analysis for Management Judgment*, 5th ed. New York: Wiley; and Spetzler, Meyer, and Winter (2016) 참조.

04 결정을 정의하라

1. Samuelson, W., and Zeckhauser, R. (1988). Status quo bias in decision making. *Journal of Risk and Uncertainty*, 1(1), 7-59.

05 가치를 파악하라

1. Bond, S. T., Carlson, K. A., and Keeney, R. L. (2008). Generating objectives: can decision makers articulate what they want? *Management Science*, 54(1), 56-70.
2. Bond, S. T., Carlson, K. A., and Keeney, R. L. (2010). *Improving the generation of decision objectives. Decision Analysis*, 7(3), 238-255.
3. 이것은 1772년 벤저민 프랭클린이 친구 조지프 프리스틀리에게 보낸 편지에 있는, 일자리 제의의 수락 여부에 관한 글의 일부다. 편지 전문은 이 책 부록에 있으며 Isaacson, W., ed. (2005). *A Benjamin Franklin Reader*. New York: Simon & Schuster를 비롯한 여러 곳에 실려 있다.
4. Nietzsche, F. (1879). The Wanderer and His Shadow. Reprinted in G. Colli and M. Montinari, eds. (1980). *Friedrich Nietzsche, Sämtliche Werke: Kritische Studienausgabe*. Berlin: De Gruyter. 인용문은 642쪽에 있다.

06 대안을 창출하라

1. 예를 들면 Jungermann, H., von Ulardt, I., and Hausmann, L. (1983). The role of the goal for generating actions. In P. Humphreys, O. Svenson, and A. Vari, eds., *Analyzing and Aiding Decision Processes*. Amsterdam: North-Holland, 223-236; Gettys, C. F., Pliske, R. M., Manning, C., and Casey, J. T. (1987). An evaluation of human act generation performance. *Organizational Behavior and Human Decision Processes*, 39(1), 23-51; and Butler, A. B., and Scherer, L. L. (1997). The effects of elicitation aids, knowledge, and problem content on option quantity and quality. *Organizational Behavior and Human Decision Processes*, 72(2), 184-202 참조.

2. Pitz, G. F., Sachs, N. T., and Heerboth, T. (1980). Procedures for eliciting choices in the analysis of individual decisions. *Organizational Behavior and Human Performance*, 26(3), 396-408.
3. Siebert, J. U., and Keeney, R. L. (2015). Creating more and better alternatives for decisions using objectives. *Operations Research*, 63(5), 1144-1158.
4. Tversky and Kahneman (1974); 아울러 Hastie, R., and Dawes, R. (2010). *Rational Choice in an Uncertain World: The Psychology of Judgment and Decision Making*, 2nd ed. Thousand Oaks, CA: Sage도 참조.
5. 이 실험은 Siebert and Keeney (2015)에 자세히 묘사되어 있다.
6. Bond, Carlson, and Keeney (2010).
7. Siebert, J. U. (2016). Can novices create alternatives of the same quality as experts? *Decision Analysis*, 13(4), 278-291.
8. 브레인스토밍은 Alex Osborn (1953)에서 맨 처음 소개됐다. 현재는 Osborn, A. F. (1963). *Applied Imagination: Principles and Procedures of Creative Problem-Solving*, 3rd ed. New York: Charles Scribner's Sons로 구입할 수 있다.
9. Keeney, R. L. (2012). Value-focused brainstorming. *Decision Analysis*, 9(4), 303-313.

07 결정 기회를 파악하라

1. 이 책의 결정 틀과 비슷한 것은 한 전문직 여성이 첫 아이를 가지려고 노력하기 시작할지, 언제 그래야 할지를 결정하도록 도우려고 개발됐다. 이는 Keeney, R. L., and Vernik, D. A. (2007). Analysis of the biological clock problem. *Decision Analysis*, 4(3), 114-135에서 찾아볼 수 있다. 이 모델은 삶에서 여성의 직업적, 사회적, 가족적 측면에 대해 별도의 목표를 포함하며 그것을 평생 여성의 연령과 함께 변해가는 이러한 측면의 상대적 중요성을 포함한 삶의 질 평가 기능에 통합시킨다. 어떤 연령의 여성이든 고려하는 대안은 지금 임신할 것이냐, 지금부터 1년 뒤에 할 것이냐, 2년 뒤에 할 것이냐 등이다.
2. Frank, S. E. (1997). American Express credit card share increased to 18.9% in first half a year. *Wall Street Journal*, September 22.

3. 닐슨 보고서는 전 세계 카드 및 모바일 지불 업계의 소식과 분석을 다루는, 현재 50년째 출판되고 있는 구독자 전용 뉴스레터다.

08 타인에 의해 좌우되는 대안을 선택하려면 승인을 얻어라

1. 초판은 Keeney, R. L., and Raiffa, H. (1976). *Decisions with Multiple Objectives: Preferences and Value Traeoffs*. New York: Wiley였다. 이 책은 1993년 이래 Cambridge University Press에서 발간했다.
2. 협상에 관한 고전적 저서 두 권은 다음과 같다. Raiffa, H. (1982). *The Art and Science of Negotiation*. Cambridge, MA: Harvard University Press; Fisher, R., Uri, W., and Patton, B. (1991). *Getting to Yes: Negotiating Agreement without Giving In*, 2nd ed. New York: Penguin Books.

09 가치 중심적 의사 결정자가 되어라

1. Siebert, J. U., and Kunz, R. (2016). Developing and validating the multidimensional proactive decision-making scale. *European Journal of Operational Research*, 249(3), 864-877; and Siebert, J. U., Kunz, R. and Rolf, P. (근간). Effects of proactive decision making on life satisfaction. *European Journal of Operational Research* 참조.

10 삶의 질을 높여라

1. www.goodreads.com/quotes/73656 참조.
2. www.goodreads.com/quotes/766869 참조.
3. www.goodreads.com/quotes/7614663 참조.
4. 이 기관들에는 British Columbia Hydro and Power Authority 〔Keeney, R. L. (1992). *Value-Focused Thinking: A Path to Create Decision-Making*, Cambridge, MA: Harvard University Press, 342-371 참조〕; BC Gas, 지금의 Fortis BC Energy Inc. 〔Keeney, R. L., and McDaniels, T. L. (1999). Identifying and structuring

values to guide integrated resource planning at BC Gas. *Operations Research*, 47(5), 651-662 참조]; California Seismic Safety Commissionn; Chevron; Conflict Management Inc.; Energie Baden-Wurttemberg AG; Kaiser Permanente Northwest; SYKE (a Finnish environmental organization); the US Army Corps of Engineers; and the US Department of Homeland Security [Keeney, R. L., and von Winterfeldt, D. (2011). A value model for evaluating homeland security decisions. Risk Analysis, 31(9), 1470-1487 참조]가 포함된다.

5. Keeney and von Winterfeldt (2011).

11 의사 결정에 관한 유용한 시각

1. Parker, Bruine de Bruin, and Fischhoff (2007b); Spetzler, Meyer, and Winter (2016).
2. Keeney, R. L. (2008). Personal decisions are the leading cause of death. *Operations Research*, 56(6), 1335-1347.
3. Keeney, R. L. and Palley, A. B. (2013). Decision strategies to reduce teenage and young adult deaths in the United States. *Risk Analysis*, 33(9), 1661-1676.

부록: 대안 평가와 의사 결정

1. 가치 중심적 의사 결정의 사용을 잘 보여주는 다른 결정은 Hammond, Keeney, and Raiffa (1999)에서 찾을 수 있다. 특정 용례는 Morais, D. C., Alencar, L. H., Costa, A. P. C. S., and Keeney, R. L. (2013). Using value-focused thinking in Brazil. *Pesquisa Operacional*, 33(1), 73-88; Keeney, R. L., McDaniels, T. L., and Swoveland, C. (1995). Evaluating improvements in electric utiility reliability at British Columbia Hydro. *Operations Research*, 43(6), 933-947; and Merkhofer, M. W., and Keeney, R. L. (1987). A multiattribute utility analysis of alternative sites for the disposal of nuclear waste. *Risk Analysis*, 7(2), 173-194에 잘 나와 있다. 최근 독일 RWTH 아헨 대학에서 뤼디거 폰 니치(Rüdiger von Nitzsch) 교수가 이끄는 결정 도구 프로젝트는 요하네스 시버트 교수와 협력해 개인

들이 자신의 결정을 정의하고 구조화하며, 결과를 기술하기 위해 자신의 정보를 정리하고, 각 대안의 평가 및 그 대안의 상대적 장단점과 그것들의 전반적 타당성에 관한 통찰을 얻기 위해 민감도 분석을 수행하는 가치 중심적 의사 결정의 모든 단계를 따라가도록 도와줄 컴퓨터 프로그램을 제작했다. http://entscheidungsnavi.de에서 독일어와 영어로 볼 수 있다.

2. Keeney, R. L. (1981). Measurement scales for quantifying attributes. *Behavioral Science*, 26(1), 29-36.
3. 1772년 벤저민 프랭클린이 친구 조지프 프리스틀리에게 보낸 일자리 제의 수락 여부에 관한 편지. Isaacson, W., ed. (2005). *A Benjamin Franklin Reader*. New York: Simon & Schuster를 비롯한 여러 곳에 실려 있다.
4. 다중 목표와 관련한 결과가 있는 대안 평가를 돕기 위한 균등한 교환 절차는 Hammond, Keeney, and Raiffa (1999) 6장에서 논의한다.
5. 다중 목표와 대안을 평가하기 위해 그것의 사용을 결합하는 가치 모델 구축은 다음의 세 책에서 논의한다. Keeney, R. L., and Raiffa, H. (1993). *Decisions with Multiple Objectives: Preferences and Value Tradeoffs*. Cambridge: Cambridge University Press; Kirkwood, C. W. (1997). *Strategic Decision Making: Multi-objective Decision Analysis with Spreadsheets*. Belmont, CA: Brooks/Cole: and Clemen and Reilly (2014).
6. 르네 마그리트는 1929년 캔버스에 '이것은 파이프가 아니다'의 원화를 제작했다. 그의 핵심은 파이프 그림은 진짜 파이프와 혼동해서는 안 된다는 것이었다. 마찬가지로 결정 모델을 진짜 결정과 혼동해서는 안 된다.

찾아보기